August Horneffer
Symbolik der Mysterienbünde

August Horneffer

Symbolik der Mysterienbünde

Edition Pleroma

Die Deutsche Bibliothek verzeichnet diese Publikation
in der Deutschen Nationalbibliographie; detaillierte bibliographische
Daten sind im Internet unter http://dnb.d-nb.de abrufbar.

Reinhardt Verlag, München 1916
Anthropos Verlag, Prien 1924
Ansata Verlag, Schwarzenburg 1979
Vierte überarbeitete Auflage:

ISBN 978-3-939647-02-7
www.edition-pleroma.de
E-Mail: info@edition-pleroma.de

DANKSAGUNG

Der Verlag dankt dem Rechtsinhaber Prof. Dr. Klaus Horneffer für die Erlaubnis, diesen Klassiker der Einweihungstradition neu gestalten und auflegen zu dürfen. Mögen auch künftige Generationen von Sinnsuchenden die Fackel einer höheren Erkenntnis darin leuchten sehen!

INHALTSVERZEICHNIS

VORWORT 11

EINLEITUNG.. 13

ERSTES KAPITEL - DAS GEHEIMNIS........................ 21
Mysterien 21
Berufsgeheimnisse.. 22
Esoterische Lehren.. 27
Gnosis.. 38
Das Wunder.. 48
Der Ritus als Mittler 55
Tod und Wiedergeburt.. 58
Verwandlung.. 73
Die Große Sehnsucht 82
Seelenwanderung.. 91
Kosmologie.. 94
Häretik.. 97
Öffentlichkeit.. 99

ZWEITES KAPITEL - DIE REINHEIT 103
Vorbereitung 103
Taufe.. 105
Salbung 112
Krankenheilung 114
Sühne 116
Namengebung und Namennennung........................ 120
Abzeichen.. 122
Verhüllung 126
Das Anziehen des neuen Menschen 130
Entkleidung 134

Barfüßigkeit 137
Enthaltung 140
Fesselung 142
Gericht 144

DRITTES KAPITEL - DAS LICHT 147
Offenbarung 147
Lichtentzündung 149
Die Höhle 150
Die Nachtzeit 152
Das Lichttragen 153
Die Lichtfeste 155
Der Liebeskampf von Licht und Finsternis 159
Lichtkult 162
Der Osten 164
Spiegel und Auge 166
Astrologie und Geometrie 169
Die Sphären und die Himmelstreppe 172
Die Freiheit im Licht 176
Die heiligen Farben 178
Die Anrede 182

VIERTES KAPITEL - DIE VERBRÜDERUNG 187
Bruder und Vater 187
Der Unionsgedanke 188
Unionshandlung 194
Der Kuss 196
Der Schlag 200
Handauflegung und Handreichung 201
Verpflichtung 204
Das Mahl 205
Grenzen der Verbrüderung 211
Familienkult und Männerbund 215

FÜNFTES KAPITEL - DIE ARBEIT 219
Die Tätigkeit der Mysterienbunde 219
Kultvereine 220
Medizingesellschaften 222
Ritterschaften 223
Kriegerbünde 225
Landsmannschaften 226
Weisheitsbünde 230
Spielvereine 232
Arbeit und Egoismus 233
Die Arbeit als Mysterium 237
Kultische Arbeit 239
Magie 241
Rosenkreuzer 250
Werkkult 254
Das Meisterstück 258

SCHLUSSBEMERKUNG 265
Nachweise 265

NACHWORT 271

Vorwort zur Neuauflage

Der Autor dieses Werkes, Dr. August Horneffer, verstarb am 8. Oktober 1955 im 81. Lebensjahr. Wenige Monate zuvor hatte mein Vater, Dr. Lutz Horneffer, den Bruder seines Vaters noch auf dem Krankenbett besucht. Ich begleitete ihn nach Berlin. Mein Vater konnte seinem Onkel noch berichten, dass er mich, unmittelbar nach erfolgreicher Abiturientenprüfung, in den Bund der Freimaurer führen würde, in dritter Generation. In diesen Jahren vor und vor allem nach meiner Aufnahme im Jahr 1956 und bis heute wurde das Buch *Symbolik der Mysterienbünde* eine meiner wichtigsten Erkenntnisquellen. Ich fand es in der freimaurerischen Bibliothek meines Vaters. August Horneffer war im Jahr 1911 in München zum Freimaurer aufgenommen worden. Obwohl Gegenstand der Symbolik der Mysterienbünde keineswegs nur die Freimaurerei betrifft, sondern wesentlich weiter gefasst ist, spielt dieser Menschheitsbund hier doch eine große Rolle. Denn es ist ja das Merkwürdige, dass dieser Bund fast die einzige Möglichkeit bietet, das Wesen des Symbols in einer lebendigen Gemeinschaft zu erleben. So schlägt sich die freimaurerische Erfahrung August Horneffers in dem Werk deutlich nieder, aber es benutzt, ohne auf die Quellen im Einzelnen hinzuweisen, das weite Feld der Literatur über das Mysterienwesen, worauf der Verfasser in der Schlussbemerkung eingeht. August Horneffer bringt sein Thema auf den springenden Punkt, wenn er lapidar feststellt: Wesen und Inhalt der Mysterienbünde ist ein Geheimnis. Dieses Geheimnis, das haben Freimaurer aller Zeiten erfahren, ist nicht durch Worte mitteilbar, sondern es ist Gnosis, also Erkenntnis durch Erleben.

Vorwort

Ich freue mich, dass das Werk *Symbolik der Mysterienbünde* nun in vierter Auflage neu gestaltet vorliegen wird. Ich bin sicher, es wird noch vielen Lesern Wege der Selbstfindung und Sinngebung weisen.

Klaus Horneffer
Ritterhude, im Herbst 2016

Einleitung

Erkennen und Leben gehören zusammen. Eine vom Volksleben und von den Zeitströmungen unabhängige Wissenschaft kann es und darf es nicht geben. Zwar ruhen des echten Forschers Augen unbestechlich und unbeirrt auf den Gegenständen seiner Forschung, aber die Auswahl, die er unter den Gegenständen trifft, und die Art, wie er seine Einzelbeobachtungen zu allgemeineren Erkenntnissen zusammenfügt, wird, ihm selber vielleicht unbewusst, durch die Bedürfnisse seiner Zeit und durch seine eigenen Herzenswünsche bestimmt.

Am deutlichsten kommt das naturgemäß bei denjenigen Wissensgebieten zum Ausdruck, die das leibliche oder geistige Wohl des Menschen unmittelbar berühren. Diese Wissensgebiete verändern unter dem Einfluss der wechselnden Kulturrichtungen von Zeit zu Zeit in auffallender Weise ihre Gestalt und ihren Inhalt. Die Forscher bevorzugen plötzlich Gegenstände, die vorher vernachlässigt wurden, sie entdecken neue Zusammenhänge und stellen Fragen, die vor wenigen Jahrzehnten noch der Beantwortung kaum bedürftig schienen.

So hat das Gebiet der Kultur- oder Geistesgeschichte in der jüngsten Zeit starke Wandlungen erfahren. Die Studienfächer, die man bis dahin gern getrennt hielt: Philologie, Geschichte, Theologie, Psychologie haben ihre Grenzen verschoben und sind zu Hilfswissenschaften einer allgemeinen Menschenwissenschaft (Anthropologie, Humanitätskunde) und deren Teilen geworden, also der Moralwissenschaft, der Gesellschaftswissenschaft, der Religionswissenschaft. Probleme der menschlichen Denk-, Tat- und Glaubensentwicklung, die die dahingegangene Forschergeneration kaum beachtete, sind in den Mittelpunkt der Forschung getreten. Und wer kein Fremdling in seiner Zeit ist, wird gewahr, dass diese Wandlung eng mit den Entwicklungskämpfen und praktischen Forderungen der lebendigen

Gegenwart zusammenhängt. Die Zeit hat den Forschern die Augen für die neu entdeckten Probleme geöffnet.

Zwei solche Grundfragen, die lange Zeit wenig Beachtung fanden, weil ihre Lösung leicht oder doch nicht eilig schien, und die man daher im Rahmen der einzelnen Forschungszweige nebenher behandeln zu können glaubte, bilden den Gegenstand des vorliegenden Buches. Seit kurzer Zeit erst wird die hohe Bedeutung dieser beiden Grundfragen erkannt, immer mehr ziehen sie die Aufmerksamkeit der Forschung auf sich und werden zu einer der wichtigsten Angelegenheiten der gesamten Wissenschaft vom Menschen. Die eine Frage ist die der Symbolbildung, die andere die der Gemeinschaftsbildung.

Symbole begegnen dem Forscher auf allen Kulturgebieten, in der Religion und der Kunst so gut wie im Rechts- und Staatsleben. Unser Denken und Sprechen, Handeln und Gestalten geht mit Hilfe von Symbolen vor sich. Die kostbarsten und unzerstörbarsten Güter, die das Menschengeschlecht besitzt, sind Symbole oder symbolisch ausgedrückte Werte. Diese Tatsache entging den Gelehrten der letzten Generationen oder, wenn sie sie zugeben mussten, erkannten sie nicht ihre Bedeutung. Sie standen im Banne des Glaubens, dass wohl die unreifen und kulturarmen Völker symbolisch dächten und lebten, dass aber die Kulturmenschheit der symbolischen Auffassung mehr und mehr entwachsen sei. Die Forscher entlehnten diese falsche Meinung den kritischen Zeitströmungen, die sich gegen den Symbolbesitz der überlieferten Religion und dessen kirchliche Dogmatisierung richteten. Auf diese Zeit der Kritik ist heute eine Zeit des Aufbaus gefolgt. Die Menschen fühlen in wachsendem Maße den Mangel an Symbolen als eine geistige Verarmung, sie suchen alte Symbole zu beleben oder neue zu finden. Dadurch wird die Forschung angeregt, die älteren Symbolschätze des Menschengeschlechts eifriger als bisher zu studieren, ihren Ursprung, ihre Geschichte, ihren Zusammenhang durch die Zeiten und Völker aufzudecken und den Sinn jener merkwürdigen Gebilde des menschlichen Geistes, die das Glück von Millionen ausgemacht haben und auch weiterhin ausmachen werden, zu erklären. Infolgedessen hat in den letzten Jahrzehnten eine rege

Symbolforschung eingesetzt. Zahlreiche Forscher sammeln, vergleichen, deuten die symbolischen, mythischen, kultischen Bestandteile der verschiedenen Religionen, und diese Forschungen gruppieren sich aus mehreren Gründen um einen Mittelpunkt: um die an symbolischem Schaffen reichste und gewaltigste Zeit, die wir kennen, das ausgehende Altertum und beginnende Christentum.

So erfolgreich diese Symbolforschungen sind, so leiden sie doch bisher fast durchweg an dem Fehler, dass sie die Bedeutung der zweiten der genannten Grundfragen übersehen und die Symbolbildung nicht in Zusammenhang mit der Gemeinschaftsbildung bringen. Von jeher schufen die Menschen geistige Verbände, hielten mit äußerster Zähigkeit an ihnen fest und brachten ihnen opferfreudige Verehrung dar. Auf diesen Verbänden ruht alle menschliche Kultur. Und diese Verbände sind ausnahmslos symbolischer Art! Keine echte Gemeinschaft unter Menschen, die sich nicht der Symbole bediente, und umgekehrt. Kein echtes Symbol auf Erden, das nicht Gemeinschaftssymbol wäre. Daher kann die Symbolforschung nie zum Ziel gelangen, wenn sie nicht dem Gemeinschaftsproblem ihre ernste Aufmerksamkeit zuwendet, ebenso wie das Verlangen unserer Zeit nach lebendigen und als wahr empfundenen Symbolen nie befriedigt werden kann, wenn sich die Menschen nicht zu engen Geistesbünden und Brüderschaften zusammenschließen. Nur mühsam bricht sich diese Erkenntnis heute Bahn. Die meisten Führer und Förderer einer sittlich-religiösen Vertiefung in unserem Volk denken immer noch, es käme nur auf die Erweckung der persönlichen Religion und auf individuelle Erziehung zum wahren Leben an, sie sehen nicht, dass dieser Weg zur geistigen Zerbrökkelung und Verwüstung führen muss, wenn man nicht gleichzeitig zur Gemeinschaftsbildung aufruft und, falls man die überlieferten Geistesbünde für ungeeignet hält, zu neuen Bundes- oder Ordensgründungen schreitet. Wenn nichts Anderes, so sollte der große Krieg jeden über die Gewalt des Gemeinschaftssinnes und über die Notwendigkeit der Verbrüderung der Geister belehrt haben. Zugleich

Kein echtes Symbol auf Erden, das nicht Gemeinschaftssymbol wäre.

lehrt uns der Krieg auch, dass der Gemeinschaftswille unwillkürlich Symbole hervortreibt: Das Verlangen nach Verbrüderung und das Wissen, einem Bruderkreise anzugehören, sucht sich in Bildern und Zeichen auszuprägen und zu entladen.

Möchten sich die Forscher diese Erfahrung zu Eigen machen! Viele Irrwege würde sich die gesamte Kulturwissenschaft, in Sonderheit auch die Religionswissenschaft ersparen, viel tiefer würde sie in das Wesen der großen geistigen Schöpfungen unseres Geschlechts (z. B. des Christentums) eindringen, wenn sie die Ursachen und Erscheinungsformen der geistigen Gemeinschaftsbildung mit den Untersuchungen über Symbol-, Mythen- und Lehrbildung in Zusammenhang brächte.

Indem das vorliegende Buch die innere Einheit von Symbol und Gemeinschaft in den Vordergrund rückt, gibt es notwendigerweise noch einer anderen Überzeugung Ausdruck, dass nämlich alle Symbolbünde des Menschen Mysteriencharakter tragen. Das Mysterienproblem ist das dritte, das neben und mit dem symbolischen und dem Gemeinschaftsproblem die nachfolgenden Ausführungen beherrscht. Alle Symbole haben etwas Geheimnisvolles und alle Symbolbünde haben sich im Besitz von Geheimnissen gefühlt, die sie nach außen durch Verhüllung und Verhehlung zu schützen suchten. Der heutigen, nach Öffentlichkeit und Allgemeinheit drängenden Zeit, ist diese Tatsache unbekannt oder man durchschaut wenigstens ihre Bedeutung nicht. Ebenso fehlt die Einsicht in die tiefsten Ursachen sowie in den Umfang des Mysterienwesens in der Geistesgeschichte der Menschheit fast allen zeitgenössischen Forschern. Dieser Erkenntnis die Bahn zu brechen ist ein Hauptzweck meines Buches.

Aus dem Gesagten ergibt sich die Darstellungsweise, deren wir uns bedienen müssen, von selber. Es kann nicht unsere Absicht sein, alle Symbole einzeln aufzuzählen, ihre Entwicklung historisch zu verfolgen und die Geschichte der zahlreichen Mysterienbünde alter und neuer Zeit zu schreiben. Vielmehr müssen wir psychologisch vorgehen und die symbolischen Kerngedanken, die symbolischen Grundwahrheiten herausheben, die in den wichtigsten Symbolbünden

Geltung gehabt haben und noch heute haben. Es wird sich zeigen, dass die Menschheit immer wieder dieselben symbolischen Wege gegangen ist und ihr geistiges Verbrüderungsbestreben immer wieder auf ähnliche Bilder und Gleichnisse gegründet hat. Das Tatsachenmaterial, das wir vorlegen, hat nur den Zweck, diese symbolischen Grundwahrheiten deutlich in das Licht zu stellen. Vollständigkeit streben wir nirgends an, rechnen vielmehr darauf, dass den Kennern unser Beispielmaterial als Anregung dienen wird, die Darstellung im Geiste zu ergänzen und den gegebenen Grundriss auszufüllen. Es wird den Kennern nicht entgehen, dass es dem Verfasser ein Leichtes wäre, für die erwähnten Symbole und Gemeinschaftsbräuche sehr viele weitere Belege beizubringen. Aber dieses würde die Übersicht erschweren und den Zweck des Buches verdunkeln, nämlich durch Zusammenschau des geistigen Symbolwesens und des mysterienartigen Gemeinschaftsstrebens der Forschung neue Ausblicke zu eröffnen und den edelsten Bedürfnissen der Gegenwart entgegenzukommen.

Die Blütezeit der Symbolbünde ist, wie schon gesagt, das ausgehende Altertum, als eine zweite Blütezeit dürfen wir das 17. und 18. Jahrhundert bezeichnen. Diese beiden Epochen kommen für uns daher hauptsächlich in Betracht. Jedoch lässt es sich nicht vermeiden, weiter hinaufzusteigen und das frühere Altertum zu berücksichtigen, ebenso wie wir gelegentlich die reiche Symbol- und Bundestätigkeit der primitiven Völker und die im europäischen Volksglauben und -brauch aufgespeicherten Früchte des symbolischen Schaffens unserer Vorfahren mit heranziehen müssen. Die Frage, ob die Symbole meist durch Entlehnung von einem Bund zum andern gekommen oder immer wieder selbstständig gefunden worden sind, ist für uns von geringem Belang. Sie geht den Historiker mehr an als den Psychologen, denn es leuchtet ein, dass Entlehntes nur dann Kraft und Leben hat, wenn es den Bedürfnissen der Nachkommen so entspricht, dass sie es hätten selber finden können und müssen. Die Symbolbünde sind

Die Symbole und Bundesformen sind in allen geschichtlichen Epochen und bei allen Völkern einander ähnlich, sodass eingehende Vergleiche das Verständnis ungemein fördern.

meist des Glaubens, dass sie von jeher bestanden und ihr Geheimnis durch Tradition aus den urältesten Zeiten, schließlich von Gott selber empfangen hätten. Besonders im Freimaurerbund hat der Gedanke einer lückenlosen Überlieferung der Bundesgeheimnisse vom Ursprung der Menschheit durch alle Zeiten bis zur Gegenwart Ausdruck gefunden. Dieser Gedanke ist auf jeden Fall innerlich, das heißt geistig und symbolisch wahr. Ob er auch äußere, das heißt historische Wahrheit besitzt, ist eine andere Frage, die hier nicht erörtert werden kann. Uns genügt die folgende Feststellung: Die Symbole und Bundesformen sind in allen geschichtlichen Epochen und bei allen Völkern einander ähnlich, sodass eingehende Vergleiche das Verständnis ungemein fördern. Bei den Symbolen des orientalisch-europäischen Kulturkreises geht die Ähnlichkeit so weit, dass allerdings eine Übertragung und Vererbung in größerem Umfange angenommen werden muss. Die Linie geht von den staatlichen und privaten Kultverbänden der Babylonier, Ägypter, Inder, Perser, Vorderasiaten, Griechen, Römer, zu den synkretistischen Gemeinden und Vereinen der hellenistischen und frühchristlichen Zeit, unter denen für uns besonders die Mysterienbünde von Wichtigkeit sind. Im engeren Sinne sind dies der Isis-, Mithras-, Attiskult, ferner die christlichen und halbchristlichen Gemeinden, endlich die Philosophen- und Theosophenbünde, weiter zu den christlichen Neben- und Engbünden des Mittelalters, Häretikergemeinden, Ritter- und Mönchsorden, Kunst- und Werkbruderschaften, und endlich zu den Symbolschöpfungen der neueren Zeit. Zu nennen wären hier Humanistenbünde, Rosenkreuzer, Freimaurer und was sich an sie angelehnt hat. Bei der Übermittlung alten Symbolgutes an die moderne Welt haben außerdem mitgewirkt: die Kabbala, die Magie, die Alchemie und die Astrologie sowie andere in Gemeinschaften verkörperte Bestrebungen, die wir im 5. Kapitel näher kennen lernen werden. Gern bekenne ich, dass ich die Hauptanregung zu dem vorliegenden Buch dem Freimaurerbund verdanke. Der Freimaurerbund ist einer der echten Mysterienbünde, die in der Gegenwart noch lebendig sind. In ihm kann man durch die Erfahrung und das unmittelbare Erlebnis lernen, was sich sonst nur aus Büchern mühsam gewinnen lässt. Durch die Freimaurerei hat sich mir gleichsam die Innenseite des symbolischen Bundeswesens der Menschheit erschlossen, und von da aus haben sich mir auch neue Zugänge zum menschlichen und geschichtlichen Verständnis der Religion, in Sonderheit des Christentums eröffnet. Daher bilden die nachfolgenden Untersuchungen eine notwendige Ergänzung zu meinem Werk *Der Priester* (2 Bände, Jena 1912), für welches ich die freimaurerischen Erfahrungen noch nicht genug hatte verwerten können.

Indessen wäre es ein Irrtum, wenn man annehmen wollte, es handle sich in dem vorliegenden Buch ausschließlich oder auch nur vorwiegend um Freimaurerei. Die Freimaurerei ist ein Glied der großen Familie der Mysterienbünde. Die besonderen Eigenschaften und persönlichen Charakterzüge dieses einen Gliedes zu schildern ist nicht unsere Absicht, nur insofern werden dieselben hier Berücksichtigung finden, als sie das Gesamtbild zu beleben vermögen und uns den Einblick in das Wesen der Mysterienfamilie und die Formen der symbolischen Bundesbildung im Allgemeinen erleichtern.

Erstes Kapitel

DAS GEHEIMNIS

▲ *Mysterien*

Alle Symbole religiös-ethischen und künstlerischen Charakters haben im Grunde den gleichen Inhalt. Sie zeigen an, dass eine Einheit errungen oder erstrebt worden ist. Sie sind Denkmale der Überwindung einer innerhalb des Menschen oder zwischen Mensch und Mensch bestehenden Zweiheit oder Zwietracht. Und sie haben die Kraft, in die Einzelüberwindung zugleich die Gesamtüberwindung bildlich einzuschließen: Das Symbol verkündet, dass mit der Einheit im Kleinen auch die Einheit im Großen und Größten erzielt worden ist. So ist jedes Symbol ein Zeichen des geschlossenen Bundes, des Friedens, des Feiertags, es ist eine Verheißung und Bürgschaft des Sieges, um den alles Leben so heiß und rastlos ringt.

In jedem Symbol liegt das große Urgeheimnis des Lebens entschleiert da, und doch zugleich verschleiert, weil bildlich gefasst.

Das klingt geheimnisvoll und ist auch ein Geheimnis. In jedem Symbol liegt das große Urgeheimnis des Lebens entschleiert da, und doch zugleich verschleiert, weil bildlich gefasst. Jedes spricht von ihm, aber jedes in anderer Weise. Die Symbole nähern sich dem Geheimnis der Einheit auf verschiedenen Wegen und zeigen sie von verschiedenen Seiten. Daher ihre Mannigfaltigkeit: jedes Ding kann Symbol werden. Jedoch das Ziel und der Inhalt sind letzthin immer gleich.

Es herrscht heute eine weitverbreitete Abneigung gegen alles Verborgene, Abgeschlossene und Geheimnisvolle. Aber nur wer diese Abneigung überwindet, kann in den Kern der Symbolbildung und der Gemeinschaftsbildung eindringen. Daher richten wir unser Augenmerk zunächst auf das Mysteriöse in aller Symbolik und suchen das Streben nach Geheimhaltung und Abschließung, das allen geistigen Verbindungen eignet, zu erklären und zu rechtfertigen.

Zweierlei ist hier zu unterscheiden: Erstens das Geheimnis selber und zweitens die Mittel, die angewendet werden, um das Geheimnis teils zu verbergen, teils auszusprechen und verständlich zu übermitteln. Beides wird oft miteinander verwechselt. Auf dieser Verwechslung beruht z. B. die Gleichsetzung von religiösen Symbolen mit dogmatischen Lehren. Auf der Verwechslung von Sache und Mittel beruht die übertriebene Geheimtuerei in manchen Mysterienbünden.

Wir beginnen mit der Besprechung der Mittel, also des Äußerlichen des Mysterienwesens, und gehen erst nachher auf das Wesen des Geheimnisses selber ein.

▲ *Berufsgeheimnisse*

Wenn man von dem Esoterismus antiker Philosophen, von esoterischen Lehren älterer Priesterschaften, von esoterischen Kenntnissen und Übungen der Künstler und Praktiker spricht, so wird in der Regel nicht beachtet, dass die Esoterik zwei verschiedene Dinge bezeichnet, nämlich erstens die Berufsgeheimnisse gewisser menschlicher Tätigkeitsgruppen, zweitens das große Mysteriengeheimnis, das wir suchen. Die Berufsgeheimnisse sind sehr mannigfach und gehen uns hier nur insofern an, als sie bundesbildend und symbolbildend gewirkt haben. Geheim gehaltene Werkzeuge und Verfahren haben Anlass zur Gründung fester Verbände mit symbolischen Zeichen und Handlungen gegeben. Die ältesten und symbolisch folgenreichsten sind die Werkzeuge und Verfahren des religiösen Berufes. Die praktischen Berufe und ihre Geheimnisse sind jünger, die Zünfte haben sich nach dem Vorbild der ältesten menschlichen Berufsvereinigung, der priesterlichen, gebildet. Über die Kriegerbünde und ihre Berufssymbolik sprechen wir später.

Auf der Verwechslung von Sache und Mittel beruht die übertriebene Geheimtuerei in manchen Mysterienbünden.

Die Geheimnisse des religiösen Berufes bestehen vornehmlich in Krafthandlungen, Kraftgegenständen und Kraftworten. Bei den meisten Völkern, die wir kennen, haben einst die Priester, oder wer ihre Stelle einnahm, mit Eifersucht diese Geräte und Verfahren ihres Berufes vor den Laien oder den Fremden geheim gehalten und in ihnen ihre wertvollsten Besitztümer verehrt. Handlungen, Gegenstände, Worte, die eine besondere Kraft auszuströmen schienen, schufen also eine enge Vereinigung zwischen gewissen Menschen und sicherten ihnen einen Vorrang vor den übrigen. Um ein paar Beispiele zu nennen, so war der heilige Gottesname, dem man geheime Kräfte zuschrieb (Tetragrammaton), bei den Juden einst den Eingeweihten vorbehalten und wurde von den Rabbinen nur an ihre Lieblingsschüler mitgeteilt. So hatten die Priester in Indien und anderwärts ihre besonderen Gebete, Gesänge und heilige Überlieferungen, die streng geheim gehalten und nur an den priesterlichen Nachwuchs weitervererbt wurden. Deshalb sind in vielen Religionen auch gewisse Räume, heilige Gemächer, Abteilungen des Gotteshauses für die Laien unbetretbar. So haben die Priester oder religiösen Brüderschaften ihre eigenen Abzeichen, Kleider usw., denen eine besondere Macht innewohnt und die von den Unberufenen nicht getragen werden dürfen. Bildet der religiöse Beruf die herrschende Klasse, so bestraft er die Übertreter oder verflucht sie wenigstens, er hat dann nicht nötig, das Verbotene zu verbergen. Seine Geheimnisse sind dann bekannt, aber nur der Berechtigte und Zugehörige darf sie ausüben. Im anderen Fall findet die Ausübung im Geheimen statt, die Kleider werden nur bei den zeugenlosen Zusammenkünften getragen oder die Abzeichen etwa unter dem gewöhnlichen Kleid verborgen. Und die heiligen Worte werden nur leise geflüstert. Man sprach zum Beispiel Zaubersprüche immer nur mit gedämpfter Stimme. Heilige und allerheiligste Dinge vertragen den lauten Ton nicht. Der Grund ist natürlich der, dass Unberufene es nicht hören sollen.

Dabei ist zu beachten, dass zu den Unberufenen nicht bloß etwaige lauschende Menschen gehören, sondern auch böse Geister und feindliche Götter, vor denen man noch weit mehr auf der Hut sein musste. Der Mensch fühlte sich früher niemals allein, je mehr er sich von der Menge absonderte, umso beängstigender drangen Naturgeister, Totenseelen und andere Gebilde auf ihn ein. Sie neideten ihm sein Wissen und wollten ihn in ihre Gewalt bringen. Hatte er sich mit anderen Auserwählten zur Pflege eines einzigen Geistes verbunden, so wurde dieser Bund ständig umlauert von feindlichen Dämonen. Auf ihre Abwehr und Unschädlichmachung zielten viele Riten und Zeichen, an sie und ihre lästige Nähe dachte man beständig, vor ihnen musste man die segensvollen Bundesfeiern verborgen halten. Daher findet sich in den meisten Mysterienbünden die Vorschrift, leise zu sprechen. Daher auch finden Zauberbeschwörungen — die auch eine Art von Bundesfeiern sind — stets an abgelegenen Orten statt, wo man vor Lauschern und unerwünschtem Geistervolk sicher ist. Nur dann kann, wie uns die Zauberbücher versichern, die Beschwörung gelingen, das heißt die Verbindung mit dem zu beschwörenden Geist hergestellt und seine Willigkeit errungen werden. Nur wenige Vertraute dürfen mit zugegen sein, jeder Fremde und Ungeweihte bricht den Zauber und stört den günstigen Verlauf. Wir wissen, ein wie großer Wert auch bei heutigen Ritualen noch auf die Deckung gelegt wird. Ungeeignete Personen werden ferngehalten, alles geht möglichst leise vonstatten.

Man kann hier noch Folgendes hinzufügen. Geheime Verbindungen pflegen sich nicht an die bekannten, durch den öffentlichen Priesterkult verehrten Götter und Geister zu wenden, sondern an neue und besondere Mächte. Daher sind sie ihrer nicht so ganz sicher, man will sie erst gewinnen, will sie aus bösen Gewalten erst in gute und helfende umwandeln. Man kennt sie noch nicht. So haben die Zauberer immer die Furcht gehabt, ob die erscheinenden Geister nun auch die gerufenen und gemeinten sind, oder ob sich falsche in ihre Gestalt verkleidet haben, und auch vor den richtig zitierten mussten sie sich in Acht

Jeder Mysterienkult fürchtet, dass verkappte Schädlinge sich einschleichen.

nehmen. Jeder Mysterienkult fürchtet, dass verkappte Schädlinge sich einschleichen. Also trifft man Vorsichtsmaßregeln gegen die etwaigen gefährlichen Begleiterscheinungen des Verkehrs mit den unbekannten, nicht von der amtlichen Religionsbehörde abgestempelten und empfohlenen Geistesmächten. Jeder echte Bund ist ein Wagnis, ein Schritt in das Ungewisse. Er fordert daher trotz allen Vertrauens auch ein gewisses Misstrauen, das sich außer in der Wahl sicherer Orte und der Vermeidung von Lärm auch in der Anwendung von Schutz- und Reinigungsvorkehrungen äußert, die wir im zweiten Kapitel kennen lernen werden.

Die Geheimhaltung religiös-magischer Mittel ist uralt. Wir finden allenthalben geschlossene Kulte, die sich aus der Vorzeit vererbt haben, so in Altgriechenland manche Thiasoi und Familienkulte, aus denen später die Mysterienvereine, zum Beispiel die Eleusinien hervorgegangen sein sollen. Sie verfügten über heilige Worte, Zeichen und Handlungen, die den Außenstehenden nicht verraten werden durften und die ein besonders inniges Verhältnis mit bestimmten Bundesgottheiten schufen. In der Kenntnis und Ausübung dieses Kultes bestand der Vorzug der Mitglieder. Durch den Kult waren sie Berufene, waren Freunde geheimer Mächte, Besitzer höherer Kräfte und Gaben. Jeder dieser Kulte legte den größten Wert auf den Schatz, den er an den bewährten Handlungen, Zeichen und Worten zu haben glaubte, und setzte alles daran, ihn unversehrt an würdige Nachfolger zu vererben.

Es gab auch Klassen, Stämme, Kasten, die sich solcher Besitztümer erfreuten. So waren die persischen Magier zugleich ein Volksstamm und eine abgeschlossene religiöse Gesellschaft, die ein Monopol auf das Priesteramt in ganz Persien erwarb. Sie waren vermutlich in Grade und Unterabteilungen gegliedert. Diese Magier gewannen im späteren Altertum, als sie westwärts zogen, einen bestimmenden Einfluss auf das europäische Bundes- und Kultwesen. Von ihnen ging der Mithraskult aus und dessen christlich-häretische Nachfolger. Ihre geheimen Riten hielten die Magier fest und behielten auch die feierlichen Einweihungen bei, durch die unter Schutz- und

Reinigungsmaßregeln Novizen in den Bund aufgenommen wurden und Kenntnis von den wertvollen Bundesgeheimnissen erhielten. Ähnlich war es mit den übrigen Mysterienbünden. Immer sind sie im Besitz von religiösen Berufsgeheimnissen, die sie nur Berufenen mitteilen, das heißt sie sind im Besitz von Methoden und Werkzeugen, sich einer Gottheit auf besondere Weise zu versichern und dadurch für das Leben und Sterben besser gerüstet zu sein als die Nichteingeweihten.

Die Pythagoräer und die Essäer (Essener) rühmten sich ebenfalls solcher Geheimnisse. Es macht keinen Unterschied, ob der Wert mehr auf Diätregeln oder auf die Kenntnis heiliger Zahlen und Figuren, heiliger Namen und Sprüche, auf das Anlegen heiliger Abzeichen oder die Vornahme heiliger Waschungen gelegt wird. Der Wert, der den Bundesgeheimnissen zugeschrieben wird, ist in erster Linie immer religiöser und magischer Art. Ein wissenschaftlicher und praktischer Wert macht sich freilich manchmal ebenfalls geltend, aber er gewinnt erst allmählich größere Bedeutung, wenn nämlich der religiöse Bund übergeht in einen gelehrten oder technischen Fachverband. Dann verwandeln sich die magischen Mittel des Geisterzwanges und die mystischen Kraftworte und -handlungen in hygienische Maßregeln, in philosophische oder ärztliche oder historische Erkenntnisse. Auch sie können noch als Geheimnisse festgehalten und innerhalb eines engen Schwurbundes, der sich gegen Unberufene schützt, fortgepflanzt werden.

Der Wert, der den Bundesgeheimnissen zugeschrieben wird, ist in erster Linie immer religiöser und magischer Art.

In diesen geheimen Fachbünden pflegen neben den wertvollen Fachkenntnissen stets noch andere Geheimnisse fortgeerbt zu werden, nämlich die Reste der alten magischen Handlungen und Zeichen, jedoch nicht mehr in dem Glauben an ihren praktischen Zauberwert, sondern als Symbole, als Zeichen brüderlichen Zusammenhaltens, als Hinweise auf den heiligen Ernst der Arbeit, als Anreize zum Schaffen und dergleichen. Ihnen bleibt eine hohe Verehrung, die doch wohl eine subtile Nachwirkung der ursprünglichen Bedeutung ist. Auch haben die Bünde in gewissen Epochen eine entschiedene Neigung, zu der alten magischen Bedeutung der Symbole zurückzukehren. Im späten Altertum und in der Zeit des Humanismus gab es nur wenige, die nicht an die Zaubergewalt symbolischer Handlungen, Zeichen und Worte glaubten. Mit ihnen hoffte man eine Macht über die Natur und die Geisterwelt zu erringen, die der durch wissenschaftlich-technische Mittel erzielten Macht weit überlegen sei. In den Mysterienbünden hütete und übte man diese magischen Berufsgeheimnisse mit größtem Eifer, und wenn sich auch die Weisesten zum tieferen, religiös-ethischen Verständnis dieser Geheimnisse erhoben, so blieben doch viele in der magischen Auffassung stecken.

Von den Kulthandlungen und heiligen Worten der öffentlichen Religionen haben wir hier nicht zu sprechen. Auch ihnen wird ein durchaus übermenschlicher Wert zugeschrieben, aber sie sind keine eigentlichen Berufsgeheimnisse, obwohl ihre Benutzung und Ausübung vielfach einem besonderen, durch Weihe und mystische Unterweisung vorbereiteten Stand vorbehalten ist. Die Priester haben gleichsam das Verwaltungsmonopol für diese Gnadenschätze. Aber die Art der Ausübung wird nicht geheim gehalten, das Geheimnis beschränkt sich auf das Zustandekommen der göttlichen Wirkung dieser Heilsmittel.

Die geistigen Führer und Priesterschaften haben vor der Menge in erster Linie die Tiefe des Gefühls, die Stärke des Erlebens, des Mitklingens und Verstehens voraus.

▲ *Esoterische Lehren*

Außer den geheimen Handlungen, Zeichen und Worten haben manche religiösen und philosophischen Bünde auch geheime Lehren gehabt. Allein der Besitz solcher Lehren ist es, der gewöhnlich als Esoterik bezeichnet werden muss und weit größere Beachtung findet als der Besitz von geheimen Symbolen.

Wann und wodurch entstehen Geheimlehren? Man hat früher gemeint, die Lehre sei das Ursprünglichste in der Religion, der Mensch habe sich zu allererst Gedanken über Gott und Welt gemacht und habe diese Gedanken dann einerseits in philosophische Begriffe, anderseits in symbolische Bilder gefasst. Das ist nicht richtig. Am Anfang des religiösen und geistigen Lebens der Menschheit stehen nicht Lehren und Meinungen, sondern Gefühle und Erlebnisse. Die Symbole sind Ausdruck dieser Gefühle. Die Widersprüche und Hemmungen des Lebens erzwingen sich eine Entladung in Ausdrucksbewegungen und spielenden Darstellungen, das sind die Urformen der Symbole. Ihr psychischer Wert, der eben in der Entladung und Befreiung besteht, wird als magischer Wert missverstanden. Die bewährtesten und wirkungsvollsten bleiben erhalten und pflanzen sich als religiöse Kraftmittel fort. Die Bünde sammeln sie und halten sie unter Umständen geheim.

Die geistigen Führer und Priesterschaften haben vor der Menge in erster Linie die Tiefe des Gefühls, die Stärke des Erlebens, des Mitklingens und Verstehens voraus. Dadurch werden sie die Schöpfer und Mehrer der Symbole und Mythen, sie widmen sich vorzugsweise der Bewahrung und Ausübung der heiligen Spiele, Gegenstände und Worte. Von geheimen Lehren ist da zunächst noch keine Rede. Die Lehren entstehen aus den Mythen. Mythen gewinnen aber erst Bedeutung für die Bundesbildung und für das Mysterienwesen, wenn sie sich mit den religiösen Gefühlen und symbolischen Entladungen zu einer Einheit verbinden. Also wenn sie nicht mehr reine Erzeugnisse der Phantasie und des primitiven Erkenntnistriebes sind, sondern ebenfalls zu Heilsmitteln werden. Diese Entwicklung des Mythos zur Heilslehre geschieht ebenfalls innerhalb des Kreises der Priester, sodass der Bund der geistig Führenden allerdings auch der Schöpfer und Berater der Lehre wird. Ihnen liegen die religiösen Grundfragen am meisten am Herzen, sie bemühen sich, gedrängt durch ihr inneres Erleben, mehr als durch bloßen Wissensdurst, tiefer in das Wesen der Dinge und das Verständnis ihrer religiösen Werkzeuge einzudringen. So gelingt es ihnen allmählich, die Gefühlswerte, die in den Symbolen niedergelegt sind, mythologisch-dogmatisch -

Nur Einzelne wollen und können in jene Welt hinaufsteigen, können das religiöse Schauen und das philosophische Denken erlernen.

und noch später begrifflich - auszudeuten und auszubeuten, sie also in die Form von Heilsgeschichten zu bringen, von Glaubensartikeln, von Theorien, von mystischen Sätzen, von logischen Formeln usw. Ein sinnlich oder gedanklich fassbarer Zusammenhang entsteht, eine Welt des religiösen Schauens und philosophischen Betrachtens wird über der Welt des Tageslebens aufgebaut.
Die so entstandene Lehre ist in der Tat nicht ohne weiteres der Menge verständlich, auch nicht allen von Wichtigkeit. Nur Einzelne wollen und können in jene Welt hinaufsteigen, können das religiöse Schauen und das philosophische Denken erlernen. So kann die Lehre zur Geheimlehre werden, die als Eigentum des geschlossenen Bundes der Priester oder Weisen gepflegt, überliefert, ausgebaut und durch Gelübde geschützt wird.

Aber auch so wird die Lehre niemals zum Mittelpunkt und Hauptstück des Bundes. In dem echten Mysterienbund ist die Lehre immer nur ein Rankenwerk, eine Zutat. Das Hauptstück bleiben die Symbole. So sehr der Augenschein und die Meinung vieler dagegen sprechen, sind doch die Symbole der Kern. und die Lehren sind die Schale des Bundes. Die Symbole dauern, die Lehren wechseln. Die Symbole sind der unmittelbare, die Lehren nur der mittelbare Ausdruck der Bundeswahrheiten. Die Lehren beschreiben und umschreiben nur das Geheimnis, die Symbole zeigen es.

Die Symbole dauern, die Lehren wechseln.

Man sieht das auch an der Begrenzung der Geheimhaltungspflichten. In den antiken Mysterienbünden wurde es mit der Pflicht der Geheimhaltung bekanntlich sehr streng gehalten, der Verräter wurde schwer bedroht und entging nicht der allgemeinen Verachtung. Selbst der Staat, der doch im Altertum die Rechte der einzelnen und der privaten Gruppen nicht hochachtete und sich jeden Eingriff erlaubte, übte den Mysterienbünden gegenüber große Zurückhaltung, so mussten zum Beispiel, wenn vor Gericht Mysterienangelegenheiten zur Besprechung kamen, die nicht eingeweihten Richter, Zeugen und Zuhörer sich entfernen. Eine Berufung auf die Gelübde, die man als Myste geleistet, hatte stets Erfolg. Infolgedessen ist denn auch das

Geheimnis der Bünde niemals verraten worden, die Schriftsteller haben wohl dieses und jenes verlauten lassen, aber nur durch Vergleiche und Vermutungen können wir das Fehlende ergänzen und ein einigermaßen klares Bild von dem inneren Leben der Mysterienbünde entwerfen. Was aber hielt man geheim? Was müssen wir mühsam ergänzen? Nicht die Lehren, sondern die Formen. Was die Bünde lehrten, wusste jedermann, aber die kultischen Vorführungen, die heiligen Worte und Zeichen durften nicht bekannt gegeben werden. Auch die Bundesmythen und Kultlegenden durfte man nur in Umrissen erzählen, weil aus den Einzelheiten der Verlauf der Zeremonien leicht hätte entnommen werden können. Die Hauptlehre in den antiken Bünden bezog sich auf das Schicksal des Menschen im Jenseits. Diese Lehre, also welche Hoffnungen sich die Eingeweihten über ihr Los nach dem Tode machten, war durchaus kein Geheimnis. Aber die Art und Weise, wie diese Lehre im Bund als eine Wahrheit erlebt wurde, wie die Hoffnung zur Gewissheit gesteigert und die Wahrheit dem Mysten persönlich verbürgt wurde, das mitzuteilen, galt als Verrat.

Die Lehren beschreiben und umschreiben nur das Geheimnis, die Symbole zeigen es.

Die Mysterienbünde waren zu allen Zeiten weniger Denkerklub als Heilsgemeinden. Ihre Mitglieder suchten weniger Belehrung und Unterricht, als Leben, Schönheit, Frieden, Göttlichkeit. Plutarch sagt mit vollem Recht, dass die Mysterien nicht auf den Verstand wirken und nicht eine Art von Philosophie seien, sondern auf das Gefühl wirken und den Willen entflammen. Gewiss lehren die Bünde Wahrheit, aber diese Wahrheit ist nicht ein begriffliches Wissen, sondern ein lebendiges Sein. Die Wahrheit wird dem Mysten als ein fühlbares und fassbares Gut persönlich zugeeignet und einverleibt. Nach der Überzeugung jedes echten Menschenbundes ist die Wahrheit, solange sie nur ein Wissen ist - mag das Wissen noch so klar und noch so gut begründet sein - tot und nichtig, nur wenn sie sichtbar und greifbar, also wenn sie Handlung und Zeichen geworden ist, wenn sie einen Körper hat, ist sie wirklich

Die Mysterienbünde waren zu allen Zeiten weniger Denkerklub als Heilsgemeinden.

und kraftvoll. Daher ist dem Bund die Wahrheit als Symbol wichtiger denn als Begriff. Das Symbol hält er geheim, die Lehre nicht.

Es lässt sich nicht vermeiden, hier in aller Kürze das Verhältnis von Symbol und Begriff noch näher zu bestimmen, ausführlicher hoffe ich in einer eigenen Arbeit über Symbol, Mythos, heilige Handlung darauf zurückzukommen. Warum steht das Symbol dem Geheimnis, das wir suchen, näher als die Lehre? Warum legt infolgedessen der Mysterienbund größeren Wert auf seine Formen als auf philosophisch-metaphysische Theorien? — Das Geheimnis ist ein Erleben, das sich direkt nur durch Zeichen und Handlungen ausdrücken lässt, es ist ein Gefühlsakt, nur in zweiter Linie ein Erkenntnisakt, daher gestaltet es sich zunächst zum Bild, nicht zum Begriff aus. Die Philosophen und Philologen wollen uns glauben machen, dass Symbole unvollkommene Begriffe und eine Art Notbehelf für denkunfähige Menschen seien. Aber das Symbol ist kein Notbehelf, kein unklarer Begriff, sondern etwas Andersartiges. Es dringt tiefer in das Wesen der Dinge und ergreift die Wahrheit, ohne sie wie der Begriff töten und sezieren zu müssen. Der Begriff ist die mumifizierte Wahrheit, das Symbol die lebenswarme Wahrheit, die man an das Herz drücken, und um die sich ein Menschenbund bilden kann. Es ist ein Irrtum, dass der Symbolgebrauch nur der Anfangsstufe und Kindheitszeit des Menschengeschlechtes angemessen sei. Niemals wird er dem begrifflichen Denken weichen, immer wird er sein Recht und seine Notwendigkeit behalten. Moderne Philosophen, welche die Wahrheit nackt und bildlos erkennen und ergreifen wollen, täuschen sich sehr, wenn sie das Symbol verachten und entbehren zu können glauben. Noch verhängnisvoller ist es, wenn auch religiöse Geister dem Irrtum, dass die Anwendung von Symbolen ein Mangel und ein Zeichen geistiger Unvollkommenheit sei, Vorschub zu leisten scheinen.

So hat zum Beispiel Jesus nach dem evangelischen Bericht erklärt, dass seine Gleichnisse ein Zugeständnis an die geringe Fassungskraft das Volkes seien, er rede in Gleichnissen, weil die Menge die nackte Wahrheit nicht verstehen könne, ja sogar nicht verstehen solle. Nur den Berufenen sei es gegeben, in die göttlichen Geheimnisse einzudringen und der Bilder zu entraten (Mk 4,9). Diese Äußerung hat sehr bald die Vermutung erweckt, dass Jesus eine Geheimlehre verkündet habe, die nicht in den Evangelien enthalten sei und sich nur mündlich in dem geschlossenen, geheimbundartigen Kreis der Jünger und ihrer Nachfolger fortgepflanzt habe, eine Anschauung, die schon bei den Gnostikern auftrat und auch in der alten Kirche verbreitet war. In späteren Zeiten tauchte sie wiederum auf und ging auch in die Freimaurerei über, wo sie für manche Hochgrade von Bedeutung geworden ist. Wir können hier die Frage nicht erörtern, wie die merkwürdige Stelle in dem Evangelium zu verstehen ist. Sie verrät meines Erachtens, dass manche Urchristen das Wesen des großen Geheimnisses missverstanden, aber ob sie auf eine urchristliche Geheimlehre schließen lässt? Die Geheimlehre Jesu ist doch wohl die Lehre von dem Reich Gottes, das nach vollendetem Kampf gegen das Reich der bösen Geister in Kürze anbrechen werde, und vom Gerichte Gottes, durch das die Böcke von den Schafen getrennt werden. Diese Lehre trägt allerdings Mysteriencharakter, sie gilt nur denen, die Ohren haben, das heißt der Gemeinde der Auserwählten, und sie ist, als Gemeindeerfahrung und Gemeindeglaube verstanden, ein Bild, ein symbolischer Ausdruck für etwas, was sich bildlos nicht aussprechen lässt. Dass die christlichen Urgemeinden oder ihre Meister außerdem noch nackte Wahrheiten philosophisch-okkultischer Art besessen hätten, ist durch nichts zu belegen. Sollte es der Fall gewesen sein, so können wir uns diese Wahrheiten nur in Form ekstatischer Bekenntnisse und unklarer Sätze vorstellen, wie wir sie bei den Mystikern aller Zeiten finden. Dieselben sind allerdings nicht mehr bildlich, sie wollen die Wahrheit selber ergreifen, verlieren sich aber dadurch in Nebel und Dunst. Solche Sätze können unter Umständen wohl eine gewisse Kraft ausströmen und dem heiligen Bundesschatz einverleibt werden. Dies verdanken sie dann aber dem Rest von Bildlichkeit, den sie enthalten, sie wirken dann doch als Symbol und regen die Seelen der Bundesglieder zur Wiederholung und Vertiefung des Mysterienerlebnisses an. Ein begrifflich durchgebildetes philosophisches System kann das Urchristentum ebenso wenig besessen haben wie die übrigen Mysterienbünde jener Zeit, es ist dies eine innere Unmöglichkeit, wie durch jede Zeile des Neuen Testaments bewiesen wird.

Wer trotzdem dabei bleibt, dass die Apostel und Aposteljünger eine Geheimlehre gehabt haben müssten, dem bleibt schließlich nichts Anderes übrig, als diese Geheimlehre mit den geheimen Engelnamen und Gebeten der Essäer oder gar mit den alchemistischen und astrologischen Kenntnissen jener Zeit in Beziehung zu bringen. Dass die Alchemie und zum Teil die Astrologie damals als eine streng geheim gehaltene Weisheit enger Kreise gepflegt wurde, steht fest, und dass der geheime Kultbund der Essäer sich vielleicht mit dieser Weisheit, sicher aber mit geheimen Namen, Worten und Gebeten abgab, hat sich ebenfalls feststellen lassen. Der urchristliche Mysterienbund scheint aber den Essäern ferngestanden zu haben, Anhaltspunkte für die Beschäftigung der ältesten Christen mit okkulter Wissenschaft fehlen, abgesehen vom Exorzismus im Namen Jesu. *

In manchen Mysterienbünden alter und neuer Zeit erscheint die irrige Vorstellung, dass das Symbol für die Menge, die Lehre nur für die Auserwählten sei, in Verbindung mit dem Gradwesen. Mancher

---

* *Trotzdem lässt sich der Schluss, dass das Urchristentum ein Mysterienbund war, nicht abweisen. Die Herkunft und innere Ausgestaltung dieses vermuteten Bundes (Thiasos) aber ist ein noch ungelöstes Rätsel. Wir wissen nur, dass die werdende Kirche des 2.-4. Jahrhunderts weitgehende Geheimhaltung übte (vgl. Anrich: Das antike Mysterienwesen in seinem Einfluss auf das Christentum, 1894 und Wobbermin: Zur Frage der Beeinflussung des Urchristentums durch das antike Mysterienwesen. 1896: dagegen Rohde in der Berl. phil. Wochenschr. 1896). Die Hauptschwierigkeit liegt in der Erklärung der auffallenden Übereinstimmungen zwischen N. T. und dem frühgnostischen, vorevangelischen Symbolschatz (vgl. Reitzenstein, Poimandres, 1904 und: die hellenistische Mysterienreligion 1910). Man kann nicht umhin, den synkretistischen Geheimkulten schon bei der Vorgeschichte und der Entstehung des Christentums eine entscheidende Bedeutung zuzuweisen.*

Novize fühlte sich durch die Aufnahme enttäuscht, er fand nur Bilder und hatte mehr erwartet. Daher sucht man ihn mit der Aussicht zu trösten, das werde in den höheren Graden besser werden, da werde der Schleier, den die Symbole um die Wahrheit webten, immer leichter werden und endlich ganz fallen. Die Symbole seien ein notwendiges Hilfs- und Erziehungsmittel für die Anfänger, an den Symbolen sollten sie ihren Scharfsinn üben, sowie ihre Geduld! Seien sie erst Meister, so würden sie die Wahrheit schleierlos schauen, ein wahrer Meister bedürfe der Symbole nicht mehr. Natürlich konnte dies Versprechen niemals erfüllt werden, weil es auf einer falschen Ansicht vom Wesen des Symbols beruhte.

Jeder höhere Grad brachte immer wieder nur Bilder, nur Symbole, nur Schleier, weshalb denn Toren die Zahl der Grade in das Unendliche mehrten, so dass die meisten auf dem Wege ermüdeten und Betrug zu wittern begannen. Ein Abschluss ist, wenn man die Symbole für Schleier hält, nur so möglich, dass man dem höchsten Grade eine Geheimlehre der erwähnten Art, also einen mystischen Satz, oder ein okkultes Wissen oder endlich ein politisches, soziales, konfessionelles Aktionsprogramm in die Hand gibt und diese Geheimlehre für das eigentliche Wesen und Ziel des Bundes erklärt — eine bedenkliche Lösung, die den Hochgraduierten eine herbe Enttäuschung bringt. Das sind die Folgen jenes Irrtums, dass das Symbol ein Umweg zur Wahrheit und eine unvollkommenere verhüllte Form einer Lehre sei. In Wirklichkeit steht das Symbol der Wahrheit näher als die Lehre und für Menschen ist die nackte Wahrheit überhaupt nicht zu erreichen.

Am farbigen Abglanz haben wir das Leben! *J. W. v. Goethe*

Es tritt bei jedem höher stehenden Volk ein Augenblick ein, wo der Glaube an die mythologische Welterklärung ins Wanken gerät. Die Gebildeten lösen sich, teils durch wissenschaftliche Betrachtungen, teils durch Vergleiche mit anderen Völkern angeregt, von der Volksüberlieferung los, sie werden ungläubig, wie man es nennt.

Diese Entwicklung, die unabwendbar und unaufhaltsam ist, hat am meisten zur Entstehung jener Meinung beigetragen, dass die symbolische Erfassung der Wahrheit immer mehr der begrifflichen Erfassung weichen müsse. Denn tatsächlich wird durch die Verbreitung des Unglaubens das Gebiet des Mythos und damit auch das Gebiet des religiösen und sittlichen Symbols verkleinert. Aber auf der anderen Seite erhält durch diese Entwicklung das Symbolschaffen eine größere künstlerische Freiheit, und weil man durch die bessere Welterkenntnis zu einer einheitlicheren und geschlosseneren Auffassung von Gott und Welt gelangt, wird nun auch die Symbolik wuchtiger und großartiger gestaltet. Was sie in Bezug auf Phantasiereichtum einbüßt, gewinnt sie durch sittliche Vertiefung.

Diese Entwicklung leistet auch dem Esoterismus Vorschub, denn die geistigere Auffassung der Gebildeten ist der Menge nicht verständlich und erregt Anstoß. Wer sich von der Götterlehre der Überlieferung losmacht, gilt als Atheist und hat Grund, mit seinen Gesinnungsgenossen zur Pflege seiner reineren Gotteserkenntnis einen Geheimbund zu bilden. Die Esoterik ist hier ein notwendiger Schutz. Er ist aber auch eine Schonung des Volkes, denn die geistigere Betrachtungsweise birgt Gefahren in sich, denen nicht alle gewachsen sind. Der neue Weg ist vorerst nur für Wenige, denn er ist noch unerprobt und nur für kühne Geister gangbar. Der Bund der Esoteriker ist ein Bund der Suchenden und Versuchenden. Das Volk aber braucht etwas Festes und Sicheres, es ist auf das Leben der Unsicherheit und Gefahr nicht eingerichtet. Und vielleicht ist die Loslösung von der alten Mythologie der gefährlichste Schritt, den eine Kutur überhaupt tun kann.

Wir sehen das alles am deutlichsten bei dem hellenischen Volk: die Loslösung unter Einfluss der Sophoi und Sophistai, die Folgen für die Gesamtheit, die Zunahme der Esoterik, das Suchen nach Ersatz für den verlorenen Glauben. Die Philosophen schlossen sich zu Engbünden zusammen und bildeten mit einer staunenswerten Geisteskraft eine Reihe von bildlosen oder doch bildarmen Weltsystemen aus, warfen sich dann aber mehr und mehr auf das Gebiet der Ethik, weil jene Systeme nicht genügend praktische Früchte zeitigten. Aber auch die Ethik brachte nicht, was man hoffte. Die Auflösung nahm zu, die Weisen mussten andere Mittel ergreifen, um die Menschen, die aus den zerstörten Glaubensburgen in alle Winde entflohen, neu zu sammeln und zu verbinden. Sie ergriffen die alte Mythologie und machten allegorische Philosopheme daraus. Dadurch hofften sie ihrer Ethik mehr Farbe zu geben. Aber auch dieser Weg konnte nicht zum Ziel führen, denn keine noch so schön illustrierte Moral kann ein Ersatz für die verlorene Religion sein.

Aber es gab auch echt religiöse Geister unter diesen Philosophen, und diese wussten den richtigen Gebrauch von der Mythologie und Kultübung des Volkes zu machen. Auch sie deuteten um und neu, aber aus dem Zwang ihres religiösen Gefühls heraus, nicht zur Illustration moralischer und metaphysischer Sätze. So fanden sie neue und echte Symbole, die doch zugleich die alten waren, der nüchterne Betrachter erkennt die alten Steine und Säulen in dem neuen Bau, aber es ist doch ein wirklicher Bau geworden. Die bundesbildende und zusammenhaltende Kraft dieser aufbauenden Geister war groß. Wir brauchen nur an die Bünde der Pythagoräer und Platoniker zu denken, die ein ganzes Jahrtausend bestanden haben und durch ihre echt religiöse Verwertung überlieferter Mythen und Kulte befähigt waren, einen großen und wertvollen Teil der in Auflösung begriffenen Kultur zu erhalten und in allmählicher Umwandlung für eine neue Zeit dienstbar zu machen. Man hat den Neupythagoräern und Neuplatonikern oft vorgeworfen, dass sie den Idealen ihrer Stifter nicht treu geblieben seien und nur als entartete Nachkommen der älteren Pythagoräer- und Platonikergemeinden gelten könnten. Aber das ist ungerecht. Diese Bünde dienten dem Leben, nicht einer toten Gelehrsamkeit. Daher mussten sie sich wandeln, mussten organisch das Erbe ihrer geistigen Väter weiterbilden, manche Bestandteile der Symbolik neu deuten, neu gruppieren und wohl auch neue Mythen, Riten und Lehren hinzufügen. Das alles aber ging ohne zerstörende Erschütterungen vor sich. Man wollte unbedingt den großen Zusammenhang aufrechterhalten und griff natürlich auch zu dem Mittel, das die Mysterienbünde zu allen

Zeiten angewendet haben. Die Stifter wurden zu mythischen Persönlichkeiten erhoben, erhielten einen Kult und man bemühte sich, alle späteren Zutaten und Änderungen mit ihren Schriften oder mit den Überlieferungen, die man zu besitzen vorgab, in Einklang zu bringen. Pythagoras und Platon sollten bereits alles gesagt und, wenn nicht schriftlich, so doch mündlich ihren Jüngern überliefert haben, was nach Jahrhunderten erst aus der Bundessymbolik oder Bundeslehre infolge der veränderten Bedürfnisse herausgesponnen wurde. Betrug und Fälschung sollte man das nicht nennen, diese Ausdrücke sind nur dort am Platz, wo unlautere Absichten und offener Abfall von den ursprünglichen Bundeszielen vorliegt. Wie später bei den Freimaurern hat sich damals zweifellos manches Junge und Jüngste für uralt ausgegeben, aber das war ein bewusst eingesetzter Betrug. Das Junge wuchs organisch aus dem Alten heraus, das mythische Weiterbilden und symbolische Umdeuten geschah in innerer Harmonie mit den Bundesidealen der Gründungszeit.

Von Pythagoras wurde ganz ähnlich wie von Jesus berichtet, dass er absichtlich in dunkler und bildlicher Form gelehrt habe, damit nur die Eingeweihten ihn verstünden. Auch soll er die schriftliche Aufzeichnung mancher Lehren verboten, also seinen Getreuen eine mündlich zu überliefernde Geheimlehre mitgeteilt haben. Die antiken Esoteriker waren einig in der Erklärung: nur die Würdigen sollten den eigentlichen Sinn der mythisch eingekleideten Bundeswahrheiten erfahren, den übrigen sollten sie rätselhaft bleiben. Wir dürfen annehmen, dass es mit der pythagoräischen Geheimlehre nicht viel anders bestellt war als mit der christlichen. Die symbolische Form diente nur insofern zur Verschleierung, als durch sie für das altgläubige Volk die Abweichungen von der überlieferten Mythologie unbemerkbar wurden, aber zugleich war die symbolische Form eine innere Notwendigkeit, denn nur bildlich ließen sich die neuen Wahrheiten verkündigen und die gewählte Einkleidung war die denkbar deutlichste und treffendste Wiedergabe dessen, was man sagen wollte. Ähnlich wie Jesus sein Evangelium nicht deutlicher hätte verkünden können als mit den überlieferten Ausdrücken der jüdischen und hellenistischen Mythologie und Theosophie (Reich Gottes, Menschensohn, Dämonenaustreiben, Gericht usw.).

▲ *Gnosis*

Pythagoras legte seinen Schülern ein Schweigegebot auf, auch von anderen antiken Weisen wird dasselbe berichtet. Es scheint, dass im späteren Altertum auf dieses Schweigegebot ein immer größerer Wert gelegt wurde. Je mehr sich die Philosophenbünde den Mysteriengemeinden annäherten und je mehr die religiösen Richtungen in der Philosophie über die mehr wissenschaftlich-kritischen und moralisch-rhetorischen Richtungen den Sieg gewannen, umso mehr trat die fides silentii in den Vordergrund. Das ist natürlich, denn die Philosophie als Wissenschaft und als Ethik kann nur aus äußeren Gründen auf Geheimhaltung dringen. Nur die Philosophie als Gnosis, das heißt als Erlebnis und Offenbarung, kann mit Feierlichkeit von Geheimnissen reden und aus innerem Bedürfnis die strenge Hütung dieser Geheimnisse verlangen. Der Vernunftmensch wird es höchstens aus Nützlichkeitsgründen vorziehen, vor der Menge zu schweigen oder zu lügen. Diese Gründe fielen im späten Altertum immer mehr fort. Die Achtung vor den Staatskulten sank, das Volk war selber ungläubig geworden und suchte Heil bei fremden und neuen Göttern. Der Bund der Pythagoräer und die verwandten Bünde galten nicht mehr als gefährlich und atheistisch, sondern waren umgekehrt in den Ruf besonderer Frömmigkeit gekommen. Als das siegreich vordringende Christentum die geistige Kultur zu beherrschen begann, galten sie sogar als Hort- und Schlupfwinkel der Reaktion.

Pythagoras legte seinen Schülern ein Schweigegebot auf, auch von anderen antiken Weisen wird dasselbe berichtet.

Grundsätzlich muss der reine Vernunftmensch ein Feind der Geheimhaltung und ein Verächter jeglichen Mysteriums sein. Er geht ja von der Überzeugung aus, dass sich die Wahrheit auf logischem Wege beweisen lasse. Diesen Beweisgründen aber, so schließt er weiter, ist jeder Gesundsinnige zugänglich. Daher gibt es ein untrügliches Mittel, jedem Menschen die Annahme der vom dogmatischen und kritischen Rationalismus gefundenen Wahrheit zur Pflicht zu machen, durch Belehrung und Unterricht, durch Vermehrung der Kenntnisse und Zerstörung der Illusionen. Das ist der Standpunkt aller Aufklärer von jeher, weshalb denn die Aufklärer für Mysterienbünde und für religiöse Erlebnisse niemals Sinn gehabt haben. Die Aufklärer begreifen nicht mehr, was es heißen soll, wenn die Mysten von Menschen reden, die Augen haben und doch nicht sehen, Ohren haben und doch nicht verstehen. Nach ihrer Meinung versteht jeder die Sprache der Wahrheit, und was nicht jeder versteht, das erkennen sie nicht als Wahrheit an, das erklären sie für Täuschung oder Betrug!

Die Aufklärer begreifen nicht mehr, was es heißen soll, wenn die Mysten von Menschen reden, die Augen haben und doch nicht sehen, Ohren haben und doch nicht verstehen.

Darum glauben sie auch, dass sich alle Dunkelheiten, die sich in religiösen Schriften, in Bräuchen und Zeichen finden, begrifflich erklären und an das Tageslicht der Vernunft ziehen lassen. Der ungelöste Rest, der bei dieser Übersetzung der Bilder und Gefühle in verstandesmäßige Vorgänge und Tatsachen notwendig zurückbleibt, wird von ihnen entweder nicht bemerkt oder als belanglos beiseitegeschoben. Wer diesen Rest wichtig nimmt und gar als das Wertvollste an den religiösen Symbolschöpfungen erklärt, über den schütteln sie den Kopf und wittern wissenschaftliche Unsauberkeit und geistige Zurückgebliebenheit.

Demgegenüber befinden sich nun die Gnostiker in der Lage, dass ihnen dieser Rest als die eigentliche Wahrheit gilt, dass daher ihr Wahrheitssuchen sie geradezu in das Dunkel und durch das Dunkel hindurch zum Lichte führt. Im Bild ergreifen sie die Wahrheit, sie fühlen sich außerstande, den Weg, den sie der Genius führt, wissenschaftlich zu erleuchten und das am Ziele erstrahlende Licht denen zu zeigen, die nur durch das Licht der Verstandeserkenntnis zu sehen vermögen. Die wahren Gnostiker und Mysten fühlen sich wie unter einem höheren Befehl, den sie zu erraten suchen. Sie verneh-

Die wahren Gnostiker und Mysten fühlen sich wie unter einem höheren Befehl, den sie zu erraten suchen.

men Stimmen, auf die sie horchen, das Erratene und Erhorchte vermögen sie nur stammelnd und Zeichen gebend mitzuteilen. Sie sind, wie Platon sagt, Trunkene und Gottbegeisterte. Platon, Pythagoras und ihre Jünger bis hinein in die christlichen Zeiten wählen, wenn sie von dem Zustand des wahren Philosophen und von den Vorgängen bei dem Aufspüren und Mitteilen der Wahrheit sprechen, mit Vorliebe die Ausdrücke der Mysterienbünde und ekstatischen Kulte. Die Gnosis ist ihnen nicht ein wissenschaftlich-logisches Erkennen, sondern ein tastendes Wandern durch die Nacht zum Licht, ein mystisches Schauen unsagbarer Dinge.

Darum steht ihrer Meinung nach die Wahrheit nicht jedem ohne weiteres offen, sondern ist ein Geschenk, das nur Begnadeten zuteilwird, das daher sorgfältig bewahrt werden muss. Die Wahrheit ist ihnen, wie wir es oben ausdrückten, nicht ein Kennen, sondern ein Haben, eine Eigenschaft. Wie wird demnach die Wahrheit weitergegeben? Wie kann man sie verbreiten? Nicht durch Deduktionen, sondern durch Übertragung, nicht durch Belehrung wird der Schüler ihrer teilhaftig, sondern durch eine Art von Ansteckung (contagium) und Nachahmung. Und wie vollzieht sich dieser Ansteckungs- und Nachahmungsvorgang? Die überaus wichtige Antwort lautet: Der Schüler muss die Weihen empfangen, muss sich den vorgeschriebenen Vorbereitungen und Einführungen unterziehen und muss dann suchen, möglichst tief in die heiligen Symbole und bildlichen Lehren einzudringen. Ein christlicher Gnostiker spricht das in dem folgenden Satz aus. Mysterien können nur auf Mysterienweise überliefert werden, das heißt durch Erleben der Weihe und Aneignung der Symbole, nicht aber durch wissenschaftliche Belehrungen und Schlussfolgerungen.

Mysterien können nur auf Mysterienweise überliefert werden, das heißt durch Erleben der Weihe und Aneignung der Symbole, nicht aber durch wissenschaftliche Belehrungen und Schlussfolgerungen.

Hier sieht man, wie es kam, dass diejenigen Philosophen, die geheime Weisheiten zu verkünden hatten und von religiösen Stimmungen beherrscht waren, Stifter und Mitglieder von Mysterienkulten wurden. Das Mysterienwesen war die natürliche Form für ihre Gnosis, Geheimhaltung und symbolische Verkörperung der Ziele waren die notwendigen Mittel, die Wahrheit zu finden und rein an die Nachwelt zu überliefern.

Man könnte mir hier die Dialektik des Sokrates und des Platon entgegenhalten. Das Unterrichts- und Darstellungsverfahren dieser Philosophen stünde doch im stärksten Widerspruch zum symbolischen Wesen der Mysterienbünde. Indessen trügt hier der Schein. Wenn auch Platon die Dialektik über alles preist, hat doch er selbst in den entscheidenden Augenblicken immer zum Mythos gegriffen. Und Sokrates fasst seine katechetische Methode, wie er selber sagt, als eine Geburtshilfe auf (ein Bild, dessen Mysterienbedeutung uns sogleich näher beschäftigen wird), er will also durch die Dialektik den geheimen Werdegang bei seinen Schülern und Mitunterrednern nur erleichtern, will kritisch auflösen und zerstören, um die Bahn für die Zeugung und Austragung der Wahrheit im Schüler selber freizumachen. Es wird erzählt, dass sich Sokrates nicht in die Eleusinien einweihen lassen wollte, das verweigerte er aber gewiss nicht deshalb, weil er das Mysterienwesen als solches verabscheute, sondern weil er andere geistigere Mysterien im Sinne hatte und einen anderen Weg der Vorbereitung und Einführung für richtiger hielt. Er war nicht ein Gegner, sondern ein Nebenbuhler und Wettbewerber der Mysterien, indem er die katechetische Einführung dem eleusinischen Mysten- und Epoptenwesen gegenüberstellte. Einig war er mit allen Mysterienbünden alter und neuer Zeit darin, dass die Wahrheit nur etwas für die dazu Vorbereiteten und nach ihr Verlangenden sei, eine Ahnung oder Erinnerung müsse in dem Schüler bereits leben, der Lehrer habe sie durch seine geburtshilfliche Kunst zur Klarheit und Gewissheit zu bringen. Im Übrigen trägt die Dialektik des Sokrates sehr oft Gleichnischarakter und nähert sich dadurch der Unterrichtsweise der Bünde, die ihre Symbolik gern in Katechismusformen gießen.

Wenn auch Platon die Dialektik über alles preist, hat doch er selbst in den entscheidenden Augenblicken immer zum Mythos gegriffen.

Es sind also letzten Endes immer religiöse Angelegenheiten, mit denen es die gnostische Philosophie — gnostisch im Sinne der urchristlichen Zeit — zu tun hat. Daher die Betonung des Esoterismus, daher das Einmünden der Lehre in Symbol und Ritus, das heißt in das Erlebnis. Der Philosoph wird wieder zum Priester, der wissenschaftliche Verein zum Mysterienbund, der Lehrvortrag zur Weihehandlung. Dabei ist jedoch noch einmal zu betonen, dass die griechischen Philosophen sich niemals ganz von dem religiösen Charakter allen echten Weisheitsstrebens losgesagt haben. Sie wollten die in Opferkult und Mythos bestehende Religion nur ergänzen, nicht vernichten. Sie trieben selber einen Bundeskult, bildeten Bundesmythen aus und schlossen sich also zu religiösen Gemeinden zusammen. Nur dem Grad nach unterschieden sich die Philosophenbünde voneinander und von den übrigen Kultbünden. Am weitesten entfernten sich die skeptischen, die epikuräischen und die stoisch-rhetorischen Philosophen von dem Mysteriencharakter. Am meisten näherten sich ihm die Pythagoräer und späteren Platoniker. Von ihnen stammen die eindringlichsten Warnungen vor der öffentlichen Preisgabe der höheren Wahrheiten: Man mache sie gemein, wenn man sie dem profanen Haufen hinwerfe! Ein unendlich schwieriger und mühevoller Weg sei es, auf dem man zur Wahrheit durchdringe. Entsagungen, Prüfungen und Plagen aller Art hat der Jünger der Wahrheit durchzumachen, bis er endlich an das Ziel gelangt. Welch ein Verbrechen ist es daher, die hehre Gotteslehre, deren man so mühsam teilhaftig geworden, durch Preisgabe zu entweihen. Die Mühen, die hier gemeint sind, sind nicht wissenschaftliche Studien, sondern Diät- und Lebensregeln, rituelle Übungen, kurz religiöse Vorbereitungen.

Nur dem Grad nach unterschieden sich die Philosophenbünde voneinander und von den übrigen Kultbünden.

Dasselbe bekunden die hermetischen Schriftsteller sowie die häretischen und kirchlichen Theologen jener Zeit. Über die göttlichen Geheimnisse, über alles, was man durch die Zugehörigkeit zur Gemeinde der Heiligen erfahren und gewonnen habe, dürfe man nicht öffentlich reden, höchstens in allgemeinen Andeutungen und rätselhaften Bildern. Der Gnostiker Bardesanes überlieferte uns, nur einem unter Tausend, nur zweien unter Zehntausend, solle man das Geheimnis anvertrauen. Unter Geheimnis ist hier die Geheimoffenbarung zu verstehen, die seine sowie alle anderen gnostischen Gemeinden zu besitzen vorgaben. Auf diese Offenbarung, die ihnen das Heil und die Wahrheit verbürgte, stützten sich diese Gemeinden. Mit den Hindeutungen auf Rettung lockten sie Suchende an und enthüllten dann den Aufgenommenen Schritt für Schritt, in den unteren Graden noch Zurückhaltung übend, das Heilssystem, das meist kunstvoll aus kosmologischen Mythen und religiösen Verheißungen aufgebaut war. Lehre und Symbol waren ganz ähnlich wie bei den Neuphythagoräern und Neuplatonikern ineinander gewoben.

Entsagungen, Prüfungen und Plagen aller Art hat der Jünger der Wahrheit durchzumachen, bis er endlich an das Ziel gelangt.

Die Kirchenväter, namentlich im 4. Jahrhundert, haben dasselbe von der christlichen Kirche bekundet. Die christlichen Gemeinden wurden nicht nur von den unkirchlichen Zeitgenossen, sondern von den eigenen Führern und Mitgliedern als gnostischer Mysterienbund aufgefasst. Den kirchlichen Schriftstellern jener Zeit ist es zu einem guten Teil zu verdanken, dass sich in der Folgezeit bis in das 17. und 18. Jahrhundert hinein eine Vorliebe für das Mysteriöse und Gnostische bei den eifrigsten Gottesfreunden erhalten hat. Die häretischen Verbände, die auf Geheimhaltung Wert legten, haben sich stets mit Recht und auf das alte Christentum berufen. Auch die Freimaurer dürfen jene katholischen und protestantischen Orthodoxen, die sich gerne in Schmähungen über das lichtscheue Treiben der Freimaurer ergehen, daran erinnern, dass der Freimaurerbund nichts Anderes tut, als die alten Christen getan und die frömmsten Kirchenlehrer dringend empfohlen und gefordert haben.

Die Taufkapelle wird also als Adyton, als Mysterientempel behandelt.

Die Geheimhaltung in der alten Kirche betraf in erster Linie die sakramentalen Riten: Taufe und Abendmahl. Man sprach nur andeutend von ihnen, beschrieb sie jedoch nicht im Einzelnen. Die Taufkapelle (Baptisterium) durfte von Ungetauften nicht betreten werden. Auch die Getauften hielten sich in ihr nur während des heiligen Aktes der Taufe auf, nachdem sie in der Vorhalle gewisse Reinigungszeremonien vorgenommen hatten. Die Taufkapelle wird also als Adyton, als Mysterientempel behandelt. Ebenso wurde zum heiligen Mahl kein Unberechtigter zugelassen. Der Diakon hatte die Pflicht, alle Eintretenden zu mustern, dann die Türen zu schließen und zu bewachen. Das stimmt genau mit dem freimaurerischen Gebrauch bei Beginn der Loge überein. Die Ähnlichkeit geht noch weiter. Die Abendmahlsfeier wurde durch den Diakon mit folgender Formel eingeleitet: Kein Katechumene, kein Hörer, kein Ungläubiger, kein Heterodoxer weile unter uns! Das Abendmahl wurde im Chor der Kirche (in der Apsis, im Osten) abgehalten. Dadurch wurde der Chorraum zu einem für Ungetaufte, später für Nichtkleriker, unzugänglichem Ort. Man schloss ihn durch Schranken ab oder verhüllte ihn durch Vorhänge, ähnlich wie schon die heiligen Räume der jüdischen Stiftshütte.

Aber nicht nur die symbolischen Handlungen in ihrem Verlauf wurden in der alten Kirche verborgen gehalten. Auch über die christlichen Offenbarungslehren, namentlich über die Gottheit Christi, vermied man genauere Auslassungen vor der Öffentlichkeit. Das waren göttliche Geheimnisse, die nur von dem wahren Gnostiker begriffen und erschaut werden konnten, mit denen man daher zurückhielt. Bezeichnend ist, dass Clemens von Alexandrien meinte, die große Sünde der bösen Engel, um deretwillen sie gefallen und von Gott verbannt worden seien, sei die Schwatzhaftigkeit gewesen, sie hätten die Geheimnisse Gottes ausgeplaudert, deren Mitwisser und Mitinhaber sie gewesen. In der Gnostik ist Gott mit seinen Heerscharen als eine Mysteriengemeinde gedacht, die ihre Erkenntnis gegen Unberufene schützt. Die Gnosis umfasst auch hier offenbar Symbol und Lehre gemeinsam. Die Lehre vom wahren Wesen Gottes und der Welt ist zugleich die Lehre vom Gebrauch der göttlichen Kraftworte, der Zaubermittel und Vergöttlichungsriten, durch die der Inhaber alle Macht an sich reißen und werden kann wie Gott.

Wenn die alte Kirche ihre Hauptlehre von dem Heilandgott verbirgt, so liegt darin ebenfalls der Hinweis, dass diese Lehre nicht nur Lehre, sondern zugleich Symbol und mit den sakramentalen Handlungen unlöslich verknüpft ist. Die Lehre ist hier nicht ein geschichtliches Faktum oder eine kosmologische Theorie, sondern eine erlebbare Gnosis, die für den Erlebenden eine mystische Kraftsteigerung und Vergöttlichung einschließt. Ein solches Mysterium ist natürlich nur Berufenen zugänglich und kann nur auf dem Mysterienwege, also durch Einweihung, Bundesschließung und Vollziehung der heiligen Akte zugänglich gemacht werden.

In der Gnostik ist Gott mit seinen Heerscharen als eine Mysteriengemeinde gedacht, die ihre Erkenntnis gegen Unberufene schützt.

Man vermied daher auch den Katechumenen vor der Taufe eine Erklärung der Taufmyesis zu geben, damit, wie Ambrosius sagt, der Glanz der Mysterien umso stärker wirke. Die Taufe sollte ein plötzliches überwältigendes Erlebnis sein. Dadurch glaubte man die wahre Erkenntnis (Gnosis) zu befördern und zu vertiefen. Also, es handelte sich nicht um eine Erkenntnis, die sich durch Erklärungen und Beweise gewinnen lässt, sondern um Mysterienerkenntnis, die in und mit dem heiligen Akt über den Menschen kommt.

In welchem Verhältnis steht nun die Freimaurerei zur Gnosis? Dürfen wir auch die Freimaurer als Gnostiker bezeichnen und in eine Reihe mit den antiken Philosophen und den heidnischen und christlichen Heilsgemeinden stellen? — Die Beantwortung dieser Frage hängt davon ab, ob wir dem Freimaurerbund geheime Wahrheiten zugestehen und diese Wahrheiten gnostischer Art sind, das heißt Erlebnisse, nicht Theorien. Von jeher ist im Freimaurerbund über die Geheimhaltung, ihren Sinn, ihren Umfang, ihre Berechtigung verhandelt worden. In der Frühzeit des Bundes, im 18. Jahrhundert, war die Geheimhaltung aus äußeren Gründen nötig, oder wenigstens ratsam. Die äußeren Gründe der Geheimhaltung sind mehr und mehr fortgefallen, und wenn nicht innere Gründe von vornherein mitbestimmend gewesen sind, wird die freimaurerische Geheimhaltung bald nur noch ein Zopf, eine veraltete, aus Trägheit beibehaltene Maßregel sein. Berechtigt bleibt die Geheimhaltung nur, wenn die Freimaurerei mehr ist als ein Wohltätigkeitsverein und eine ethische Gesellschaft, wenn sie Wahrheiten in sich birgt, die nicht auf verstandesmäßigem Wege gelehrt und übermittelt werden können. Es geht um Wahrheiten, die nicht durch Erklärungen, Beweise und andere Überzeugungsmittel belegt werden können, um Wahrheiten, die nicht als wissenschaftliche Tatsachen von jedem Menschen ohne weiteres anerkannt und begriffen werden müssen, falls er gesunde Sinne hat, sondern die nur den Vorbereiteten, den Willigen und Berufenen zugänglich sind, die demnach auf dem Mysterienweg, das heißt durch Zeichen, Bilder und Handlungen im geschlossenen Kreise der Würdigen, übermittelt werden müssen. Kurz, die Geheimhaltung hat nur Sinn, wenn die Freimaurerei uns Erlebnisse schenkt, wenn sie etwas an und für sich Geheimnisvolles ist. Wer nichts Mystisches in der Freimaurerei findet, muss ein Gegner jeglicher Geheimhaltung und ebenso ein Gegner der Symbolik sein.

Berechtigt bleibt die Geheimhaltung nur, wenn die Freimaurerei mehr ist als ein Wohltätigkeitsverein und eine ethische Gesellschaft, wenn sie Wahrheiten in sich birgt, die nicht auf verstandesmäßigem Wege gelehrt und übermittelt werden können.

Demnach hätte also die Freimaurerei wirkliche Geheimnisse? Ja! – dies zu leugnen wäre der Tod des Bundes! Aber was sind das für Geheimnisse? Nicht Lehren als Lehren, das heißt als begrifflich fassbare Tatsachen und Mahnungen, als Theorien über Gott, Welt und Mensch, als politische, soziale, konfessionelle oder moralische Programme — alle diese Dinge, falls sie überhaupt der Freimaurerei angehören und von ihr gelehrt werden – dürfen und können keine Geheimnisse sein. Es wäre Torheit oder Frevel, derartige Lehren, die jeder verstehen kann und soll, geheim halten zu wollen. Erst dort wo die Lehre aufhört, Lehre zu sein und Erlebnis wird, wo das Wort zum Bild, der Gedanke zum Symbol wird, fängt das Geheimnis an.

Den Inhalt dieses Geheimnisses näher zu bestimmen und das Dunkel, das der Natur der Sache nach die freimaurerische wie jede andere Gnosis umgibt, möglichst zu lichten, wird die Aufgabe der folgenden Ausführungen sein. Soviel ist aber hier schon klar, dass diese Gnosis nichts mit Gelehrsamkeit und wissenschaftlichen Kenntnissen zu tun hat. Der Unterschied zwischen Berufenen und Unberufenen, Verstehenden und Nichtverstehenden fällt nicht mit dem Unterschied zwischen Gebildeten und Ungebildeten zusammen. Daher gehen diejenigen freimaurerischen Forscher völlig fehl, die da meinen, der Freimaurerbund könne schon deshalb keine wirklichen Geheimnisse besitzen, weil er aus den Werkbünden hervorgegangen sei. Die ungebildeten Maurer und Steinmetzen könnten doch keine Geheimnisse gehabt haben, die den gelehrten Professoren des Mittelalters und der Folgezeit unbekannt gewesen seien! Die Geheimnisse der Werkleute könnten doch nur technischer und beruflicher Art gewesen sein, kämen also für die Freimaurerei nicht mehr in Betracht.

Darauf ist zu erwidern, dass die unwissenden und ungelehrten Leute von jeher, wie schon Jesus gesagt hat, für die wahren Geheimnisse des Lebens offenere Augen und Herzen gehabt haben, als die gelehrten. Die antiken Mysteriengemeinden, die mit dem stolzen Anspruch auftraten, Dinge zu wissen und zu lehren, die man in keinem Profanbuch fände, setzten sich in der Mehrzahl aus Mitgliedern der ungelehrten Kreise zusammen, und die Gelehrten, die sich ihnen anschlossen, taten es in dem Bewusstsein, dass die Profanweisheit ungenügend und die wahre Weisheit in den verschwiegenen Gemeinden zu suchen sei. Ebenso ist es mit der Freimaurerei. Anzunehmen, dass die mittelalterlichen Bau- und Steinmetzengesellschaften im Besitz geheimer philosophischer Theorien und wissenschaftlicher Entdeckungen gewesen seien, die sie durch Forschung und Unterricht vermehrt und überliefert hätten, wäre natürlich falsch. Auch die Freimaurerei besitzt keine solchen Geheimnisse. Wer sich in den Freimaurerbund aufneh-

Erst dort wo die Lehre aufhört, Lehre zu sein und Erlebnis wird, wo das Wort zum Bild, der Gedanke zum Symbol wird, fängt das Geheimnis an.

men lässt, um seine Schul- und Universitätskenntnisse zu vermehren, ist ein Tor. Aber trotzdem können die alten Steinmetze göttliche und menschliche Wahrheiten besessen haben, die die scholastische Gelehrtenwelt nicht besaß, so gut wie der Bund, der sich einst im Namen des Christus Jesus gebildet hat, Wahrheiten besaß, die die geistig Armen, das heißt die von der offiziellen Wissenschaft und Religionslehre nicht Befriedigten, vor den Zeitgenossen voraushatten. Ihre Weisheit war nicht von dieser Welt. Es war eine Weisheit des Herzens, nicht des Kopfes. Die Weisheitsbünde des 16. und 17. Jahrhunderts, die mit den Werkbünden zusammen die Freimaurerei schufen, gingen ebenfalls nicht auf Theorien und wissenschaftliche Lehren aus, ihre Berufsgeheimnisse (Alchemie, Astrologie, Magie und Medizin) wurden ihnen zu Trägern und Bildern tieferer Geheimnisse, und diese tieferen Geheimnisse führten sie mit den Werkbünden zusammen, weil dort auf anderem Wege ähnliche Wahrheiten gefunden waren und mit Mysterienmitteln gepflegt und fortgepflanzt wurden. Ein unüberbrückbarer Gegensatz zwischen den humanistischen Verbänden und den Handwerkern kann demnach doch wohl nicht bestanden haben, so wenig ein solcher Gegensatz zwischen den antiken Philosophenbünden und den Mysteriengemeinden bestand. Es verband sie vielmehr ein stilles Einverständnis, sie dienten der Gnosis als der Verbindung von Lehre, Erlebnis und Symbol. Mysterienbünde erkannten als ihre gemeinsamen Feinde die reinen Dogmatiker und Analytiker einerseits und die egoistischen Nützlichkeitsverehrer anderseits.

Mysterienbünde erkannten als ihre gemeinsamen Feinde die reinen Dogmatiker und Analytiker einerseits und die egoistischen Nützlichkeitsverehrer anderseits.

▲ *Das Wunder*

Wir suchen uns nunmehr dem Inhalt der Mysterienwahrheit zu nähern. Er verrät sich in den Worten, den belehrenden oder auffordernden Sätzen und Sprüchen, denen in allen Mysterienbünden eine wichtige Stellung eingeräumt ist, sowie in den etwaigen Hymnen und Liedern, die neben den Sprüchen rituelle Geltung erlangen. Ferner verrät er sich in den Weihehandlungen und den mannigfachen Abzeichen der Bünde.

Achten wir auf das, was allen Bünden gemeinsam ist, so finden wir, dass es sich stets um eine Steigerung des Menschen handelt. Die Steigerung und Erhöhung des Menschen ist das Ziel, das die Mysterienbünde verfolgen und dem Novizen mit Sicherheit in Aussicht stellen. Sie suchen nur solche, denen es um ihre Erhöhung oder Vervollkommnung, oder Erlösung oder Vergottung, oder – wie der einzelne Bund es ausdrücken mag – zu tun ist, und sie behaupten Mittel zu besitzen, durch die dieser Vorgang der Erhöhung usw. erzielt wird, Mittel, die außerhalb des Bundes, in der Welt der Profanen nicht bekannt und nicht anwendbar sind. Demnach wird nur derjenige Grund haben, einem Mysterienbunde beizutreten und nur derjenige in ihm seine Befriedigung finden, der unter seiner Unvollkommenheit leidet und auf den üblichen Wegen diesem Mangel nicht abzuhelfen vermag.

Als Evangelium verkündet der Bund dann weniger die Freiheit als das Gesetz, weniger das Auflösen als das Aufbauen.

Dies Leiden an der eigenen Unvollkommenheit tritt in zwei verschiedenen Formen auf. Entweder fühlt sich der Mensch mehr bedrückt, beengt, gefesselt, dann erscheint ihm die gesuchte Vervollkommnung als eine Befreiung, Erlösung, Errettung. So war es meist in den hellenistischen Mysterienbünden, man suchte und fand in ihnen die Soteria, die Freimachung aus unerträglichen Fesseln. Oder der Mensch vermisst umgekehrt den Halt und Anker, er fühlt sich als ein losgelöstes Atom im Weltenraum, als ein zwecklos umher getriebenes Wrack im Lebensozean, dann erscheint ihm die Vervollkommnung als Festigung und Bindung. Eine Ankerkette ist ihm dann der Bund. Als Evangelium verkündet der Bund dann weniger die Freiheit als das Gesetz, weniger das Auflösen als das Aufbauen. Das ist der freimaurerische Standpunkt.

Also die Richtung, in der die Erhöhung und Steigerung sich bewegt, ist verschieden. Der Inhalt des Geheimnisses wechselt scheinbar und verändert sein Gesicht. Vornehmlich hängt die Verschiedenheit von dem Zustand der jeweiligen Kultur ab, nach ihm richten sich die religiösen Bedürfnisse des Menschen. Die von Rom unterjochte und bedrängte Welt sah das Heil in der Lösung aller Fesseln, die heutige von Ziellosigkeit und Willkür erfüllte Welt sucht die Vervollkommnung in der Zusammenraffung und Bindung aller Kräfte. Diesen Unterschieden gemäß, die übrigens nur relativ sind, da sich stets auch Gegenströmungen bemerkbar machen, gestaltet sich die Symbolik und auch die Verfassung der Mysterienbünde verschieden.

Der Ausdruck Vervollkommnung darf nicht missverstanden werden. Der Mysterienbund ist, wie ich schon mehrfach sagte, mehr als eine ethische Gesellschaft. Der Vorgang der Erhöhung, der sich nach Meinung des Mysterienbundes an den Mitgliedern vollzieht, ist nicht bloß ein moralisches Besserwerden, ein bloßer Erziehungsvorgang auf Grund rationeller Zucht- und Unterrichtsmittel, sondern er ist mehr, er wird als ein geheimnisvoller Akt, als ein Wunder aufgefasst. Der ganze Mensch wird — so lehrt es der Bund — ein höherer und anderer, an dem Erlebnis sind Religion und Ethik gleichermaßen beteiligt, und beide fließen zusammen in die Kunst. Darum verlangt der Mysterienbund Glauben (Pistis), wie alle Kunst Glauben verlangt, er begnügt sich nicht mit dem moralischen Wohlverhalten, noch weniger mit logischer und empirischer Erkenntnis. Nur dem Glaubenden wird das wahre Schauen und Erleben zuteil, nur wer sich willig öffnet und hingibt, erfährt die große Veränderung an sich, die der Mysterienbund verspricht.

Glaube und Wunder gehören zusammen. Der Glaube im Mysteriensinn richtet sich auf Dinge, die mit den Sinnen und dem Verstand nicht fassbar sind, die also auch der Kausalität (der Heimarmene) nicht unterworfen zu sein scheinen. Der Mysterienbund fasst das gewöhnliche Sein und Geschehen als etwas zu Überwindendes auf. Er unterscheidet zwischen einer niederen Welt, die ist, und einer höheren, die sein sollte. Jene möchte er verlassen oder niederringen, diese möchte er gewinnen. Im späteren Altertum wurde die niedere

Welt, wie gesagt, hauptsächlich als ein unerbittlicher Zwang (der Sternenzwang) empfunden, man hasste das Mechanisch-Materialistische, und da man es als unentrinnbar dachte und den furchtbaren Herren dieser Welt auf keinem der natürlichen Wege zu entgehen hoffen konnte, glaubte man an das Wunder, das allein den Menschen aus dieser Welt herausheben und in die Welt der Freiheit verpflanzen könne. Zufolge dem freimaurerischen Erlebnis ist das Verhältnis zwischen niederer und höherer Welt – also auch die Auffassung von dem Wunder der großen Veränderung – wesentlich anders. An die Stelle jenes Grauens vor der Tyrannei des gewaltigen Muss, das die heidnischen und jüdischen Lichtsucher als das größte Hemmnis der Vervollkommnung empfanden, ist die Verehrung der Geometrie, das heißt der großen Gesetzlichkeit getreten, sie, bzw. die Einordnung in sie, erscheint nunmehr als das Wunder und das Chaos der Willkür, als das zu Überwindende. Jedoch wird über die freimaurerische Auffassung später noch ausführlicher zu sprechen sein. In jedem Fall ist auch das freimaurerische Erlebnis etwas Irrationales, es verlangt Glauben und lässt sich nicht beweisen.

Der Mysterienbund fasst das gewöhnliche Sein und Geschehen als etwas zu Überwindendes auf. Er unterscheidet zwischen einer niederen Welt, die ist, und einer höheren, die sein sollte.

Wir haben es hier selbstverständlich nur mit dem psychologischen Tatbestand zu tun. Die Worte Wunder und Glaube sollen seelische Zustände bezeichnen, aber nicht metaphysische Annahmen begründen und widerlegen. Wie es sich mit der niederen und höheren Welt im metaphysischen Sinn verhält, bleibt hier außer Betracht, die Bünde haben zwar stets eine metaphysische Projektion ihres Erlebnisses versucht, aber das war Folge, nicht Ursache. Wir werden sehen, wie sie der Verführung ausgewichen sind, den Glauben in ein Bekenntnis zu verengen und das Wunder rein transzendent zu fassen. Mir scheint, dass alle Mysterienbünde mit mehr oder weniger Konsequenz darauf ausgehen, den Gegensatz von Transzendenz und Immanenz aufzuheben. Der Myste erkennt diesen Gegensatz nicht mehr an, die Überwindung, Erhöhung, Vergottung (Apotheose) usw.

besteht zu einem guten Teil darin, dass dieser Gegensatz als bedeutungslos und wesenlos erlebt wird. Das Wunder wird Natur, der Glaube wird Schauen.

Für uns also handelt es sich hier nur um Vorgänge im Menschen, in ihm vollzieht sich etwas, was er nicht anders ausdrücken kann als durch Umschreibungen wie: er wird Bürger einer höheren Welt, er steigt in reinere Sphären auf, er wird eins mit Gott. Demnach kann derjenige, der das Heil lediglich von einem wissenschaftlich begründeten oder instinktiven Utilitarismus erwartet und den Tatbestand, der durch die Worte Glaube und Wunder ausgedrückt wird, für eine schädliche, krankhafte oder kindliche Einbildung hält, nicht ein wahrer Myste sein. Positivisten und Moralisten werden sich in einem Mysterienbund niemals heimisch fühlen. Ebenso wenig aber auch die Dogmatiker, das heißt diejenigen, die die Wahrheit als ein lehrbares traditionsfähiges Gut auffassen, das amtlich beglaubigt und auf Flaschen gezogen werden kann, die also von dem Erleben anderer Menschen und Zeiten zehren zu können glauben. Diese Dogmatiker sehen den Prüfstein der Rechtgläubigkeit darin, dass der Einzelne die auf Flaschen gezogenen Erlebnisse aus dem Keller der Gefühlssphäre hervorziehen, sie kunstgerecht entsiegeln, entkorken, trinken und, was die Hauptsache ist, über Herkunft und Geschmack gründlich Rechenschaft ablegen kann. Dass dadurch die seelischen Tatsachen, um die es sich hier handelt, verwischt und ihres eigentlichen Wertes entkleidet werden, ist unvermeidlich. Daher sind noch nie Dogmatiker einem Mysterienbunde beigetreten, ohne sich enttäuscht zu fühlen, und stets haben sie versucht, wenn irgend möglich, seine Umgestaltung in eine dogmatische Bekenntnisgemeinschaft durchzusetzen. Das Hauptbeispiel dafür ist die Entstehung der christlichen Kirche. Auch im Freimaurerbund haben ähnliche Versuche stattgefunden.

Positivisten und Moralisten werden sich in einem Mysterienbund niemals heimisch fühlen.

Hier sei noch ausdrücklich bemerkt, dass der Freimaurerbund, wenn er auch das Mysterium pflegt und die Willigkeit zum Erleben voraussetzt, doch verfassungsgemäß jedem Mann von gutem Ruf seine Tore offenhalten muss. Meines Erachtens darf auch demjenigen die Aufnahme nicht verweigert werden, der sich Materialist oder Rechtgläubiger oder dergleichen nennt. Man soll ihn nur darauf aufmerksam machen, dass die Symbolik des Bundes auf Dinge hinweise, die jenseits aller Orthodoxie und alles Positivismus lägen und dass nur der ein wahrer Freimaurer werden könne, der an die Tatsächlichkeit dieser Dinge, also an die Wirklichkeit des Befreiungs-, Erhöhungs-, Verwandlungserlebnisses glaubt, gleichviel wie er den subjektiven Vorgang objektiv deuten wolle. Wer das ablehne, werde trotz seiner Aufnahme immer im Bund ein Fremder bleiben. Er mag übrigens den Glauben auch ganz ohne theoretische Begründung lassen, das verändert nichts. Ja er kann das Wunder mit Wort und Beweis bekämpfen, wenn er es nur als Mensch betätigt. Es gibt heute viele, die praktisch betätigen, was sie theoretisch leugnen. Dem Maurerbund kommt es nicht auf Reflexionen über diese Dinge an, sondern auf die Tat. Wenn jemand meine Auffassung allzu mystisch findet, so soll ihm das unbenommen bleiben, wenn er als ein Erhöhter, Verwandelter, Wiedergeborener im Sinne des freimaurerischen Erlebnisses lebt, so bekräftigt er meine Darstellung auf die mir wertvollste Weise.

Offenbarung und Eingebung (Inspiration) waren Grundbegriffe der antiken Mysterienkulte.

Zu Glaube und Wunder gehört ein Drittes, ebenso viel Missbrauchtes: die Offenbarung! Offenbarung und Eingebung (Inspiration) waren Grundbegriffe der antiken Mysterienkulte. Jeder von ihnen besaß ein offenbartes Evangelium, das er mündlich oder schriftlich fortpflanzte und das vor allem in den Symbolen und heiligen Handlungen Leben und Wahrheit gewann. Der Weiheakt war der Augenblick, wo in dem Novizen die Offenbarung aufleuchten sollte, er sollte dann nacherleben, was die Bundeslegende von dem Stifter des Bundes und dessen Erleuchtungen zu erzählen wusste. Man kann sagen, bei jedem Weiheakt wurde das Evangelium des Bundes neu offenbart, neu geschaffen. Die Bundeslegende ist, psychologisch verstanden, nichts weiter als die Verbildlichung der im Novizen und den mitwirkenden Mysten sich vollziehenden seelischen Vorgänge. Bei starker nervöser Erregbarkeit gingen die Vorgänge in visionäre Zustände über, wie wir sie ja auch beim künstlerischen Erlebnis wiederfinden. Dabei ist besonders bemerkenswert, dass die von Inspirationen und Offenbarungen heimgesuchten Menschen, seien es nun Künstler oder religiös Erregte, stets das Gefühl haben, als komme die Erleuchtung nicht von innen, sondern werde ihnen von außen zugetragen, trete also ohne ihr Zutun ein. Darin stimmen die frühchristlichen Überlieferungen mit Goethes, Nietzsches und anderen Aussagen überein. Alle lehnen den rein subjektiven Charakter derartiger Erlebnisse ab, wenn sie auch über Art und Herkunft des objektiven Faktors sehr verschieden urteilen.

In der Geschichte der Mysterienbünde und der Geheimwissenschaften wird immer wieder berichtet, dass die Erleuchtungen plötzlich gekommen seien, durch einen Zufall. Wie man einen Schatz findet, werden die Erlebnisse angeregt und die geheimen Wahrheiten entdeckt. Oder man wird infolge eines Unfalls oder einer Krankheit zur Besinnung und Umkehr gebracht, wird durch seltsame Umstände dem Bund zugeführt. Bei den Alchemisten sind solche symbolischen Umschreibungen des geheimnisvollen Offenbarungsvorganges besonders häufig. Wir lesen etwa, dass ein Adept das richtige Rezept für die Bereitung des Steins in der Wand einer Klosterzelle, oder in einer Säule einer Kirche oder unter dem Altar findet. Oder es wird ihm der richtige Weg zur Kunst durch einen Fremden, einen unbekannten Wanderer gewiesen, der dem forschenden Lichtsucher plötzlich erscheint und nach Mitteilung des Geheimnisses ebenso schnell und spurlos verschwindet. Dieser fremde Mittler ist natürlich der Geist, der über den Suchenden kommt, jener Geist, von dem der Mensch nicht weiß, von wannen er kommt und wohin er geht. Es ist das unbewusste Arbeiten im Menschen, dessen Ergebnisse uns als plötzliche Eingebungen, als Erleuchtungen und Offenbarungen ungesucht in den Schoß zu fallen scheinen. Wenn dem Zufall die Rolle des Mitt-

Wie ein Schöpfungsakt durchdringt das maurerische Licht die chaotische Dunkelheit seines Lebens.

ler zugewiesen wird, so ist ebenfalls der Hinweis auf das Unbewusste im Menschen deutlich. Der Vorgang, um den es sich handelt, heischt Erklärung und kann doch auf natürliche Art nicht erklärt werden. Daher greift man zu Bildern und Mythen, die zwar auch nicht die Ursache aufzudecken vermögen, aber doch die treffendste Darstellung der den Vorgang begleitenden Gefühle geben.

Im Freimaurerbund tritt dies alles mehr in den Hintergrund, weil das freimaurerische Mysterium eine Offenbarung des Gesetzmäßigen im All ist. Wunder als anscheinende oder wirkliche Störungen und Zerstörungen des organisierenden Formwillens wiederstreben dem freimaurerischen Evangelium durchaus. Die Gottheit offenbart sich dem Maurer als bauende, also ordnende Kraft. Trotzdem erlebt auch der Freimaurer die königliche Kunst als eine wunderhafte Offenbarung oder Offenmachung. Wie ein verschlossener Schrein tut sich ihm sein eigenes und der Welt inneres Wesen auf. Wie ein Schöpfungsakt durchdringt das maurerische Licht die chaotische Dunkelheit seines Lebens. Auch sind unter den Freimaurern stets Geschichten verbreitet gewesen von geheimnisvollen Zufällen, durch die dieser und jener dem maurerischen Licht zugeführt worden ist, wobei dann auch gern ein Freund oder Fremder, der mit mythischen Zügen ausgestattet wird, als Mittler auftritt.

▲ *Der Ritus als Mittler*

Was für eine Aufgabe fällt den Symbolen und heiligen Handlungen bei dem Mysterienerlebnis zu? Was haben sie mit der menschlichen Vervollkommnung zu schaffen?

Nach dem Glauben der Mysterienbünde befördern sie die Vervollkommnung und geben dem Erlebnis erst die rechte Wahrheit. Sie setzen die Tätigkeit jener vermittelnden Personen und Ereignisse fort und bringen sie zum Abschluss. Sie sind die eigentlichen Mittler zwischen dem Suchenden und seinem Ziel, zwischen Mensch, Bund und Gott. In den meisten Bünden ist die Mittlerkraft der Symbole als eine durchaus mystische, ja magische Tatsache aufgefasst worden. Manche gingen so weit zu erklären, dass durch die Riten ohne weiteres die große Veränderung bewirkt, dass durch Vollziehung der heiligen Weiheakte der Mensch in einen höheren und göttlicheren umgeschaffen werde. Danach wären die Symbole also Zaubermittel, sie machen aus einem natürlichen Menschen einen geistigen, heiligen Menschen.

Das ist eine gefährliche Auffassung, die ethisch von üblen Folgen sein musste, denn der Schluss lag nahe, dass der Mensch zur Seligkeit weiter nichts nötig habe, als jene Zaubermittel anzuwenden, auf die Bewährung im Leben komme es nicht weiter an. In den spätantiken Mysterienbünden (auch in den christlichen) neigte man in bedenklichem Grad dieser unsittlichen Überschätzung der zauberhaften Heilsmittel zu, wie wir aus zahlreichen Zeugnissen wissen. Auch das Judentum, das durch seine Forderung der Gesetzeserfüllung anscheinend dem Glauben an die Zauberwirkung heiliger Handlungen so heftig widerstreitet, erlag der Macht dieses Glaubens, denn die Werke, die dem Juden das Heil sichern sollten, wurden unvermerkt ebenfalls zu Riten, zu Bräuchen ohne sittlichen Vervollkommnungswert, ähnlich wie die Werke in anderen Religionen als magische Heilsmittel, nicht als sittliche Handlungen mit praktischem Eigenwert verstanden und geübt wurden.

Die magische Auffassung der heiligen Handlungen hat dem religiösen Symbolwesen die meisten und nachdrücklichsten Gegner verschafft. Mit Recht erklären sie, dass nicht irgendein mystisches Erlebnis, sondern das Leben selber, nicht der Glaube, sondern das Tun über den Wert eines Menschen letztlich entscheide, nicht durch Taufwasser oder regelmäßige Gebete, nicht durch Einweihungen, Abzeichen, Titel und Kleider werde der Mensch ein Berufener und Auserwählter, sondern durch die Bewährung als Mensch. Symbol und Ritus seien betrügerische Schleichwege zu Gott, Mittler zwischen dem Menschen und seiner Vollkommenheit könne es überhaupt nicht geben, die Vermittlung sei Bestechung und die Priester samt ihren Symbolen und Heilsmittel seien Kuppler!

Der Mensch braucht Zeichen und Bilder seines Zieles, um sich an ihnen zu stärken und zu ermutigen.

Und doch schießt diese Anklage über das Ziel hinaus. Der Mensch braucht Zeichen und Bilder seines Zieles, um sich an ihnen zu stärken und zu ermutigen. Er braucht Erleichterungen, braucht Verheißungen und Bürgschaften, um auf dem Weg zu Gott nicht zu erlahmen. Die Symbole und heiligen Handlungen sind Wegweiser und Geleiter, sind Waffen und Mitkämpfer und als solche unentbehrlich. Wer ihrer entraten will, wird die Folgen bald gewahr werden: das Ziel wird undeutlich, die Kraft schwächer, und an die Stelle des symbolischen Schleichwegs werden andere, weit verderblichere Schleich- und Bestechungsmittel treten. Der Mensch ist ein sinnliches Wesen, und je geistiger er wird, umso fester muss er sich zugleich in der sinnlichen Welt verankern. Gewiss ist das gesamte religiöse und künstlerische Gestalten des Menschen eine Art Scheinmanöver, Mittler und Stellvertreter schiebt der religiös und künstlerisch Schaffende zwischen seine Unvollkommenheit und die göttliche Vollkommenheit ein. Bild und Ritus stellen als bereits geschehen dar, was erst geschehen soll, sie vollziehen scheinbar und mit wundersamer Schnelligkeit, was langsam und wesenhaft mit dem Menschen sich vollziehen soll. Dadurch können sie unter Umständen allerdings den wirklichen Vollzug als nicht mehr nötig erscheinen lassen. (Beispiel: Da Christus alle Sünden der Welt auf sich genommen hat und sein Geist durch Taufe und Abendmahl uns einverleibt ist, brauchen wir uns nicht weiter anzustrengen), aber ihr Zweck, und unter normalen Umständen auch ihre Wirkung, ist vielmehr, den wirklichen Vervollkommnungsvorgang zu befördern und zu erleichtern. Das geschieht durch ihren Einfluss auf das Gemüt. Ob sie außerdem den Naturlauf beeinflussen und einen magischen Zwang auf irgendwelche Mächte ausüben können, lassen wir dahingestellt. Die größten Geister des ausgehenden Altertums und der Renaissancezeit haben es geglaubt.

Eine genauere Analyse der einzelnen Symbolreihen und ihrer vorausgesetzten magischen Wirkungen muss der allgemeinen Abhandlung über Symbol und heilige Handlung vorbehalten bleiben. Einiges darüber findet man in meinem Buch *Der Priester*.

▲ Tod und Wiedergeburt

Das Erlebnis der Vervollkommnung wird in den meisten Mysterienbünden durch ganz bestimmte, immer wiederkehrende Symbole verbildlicht. Es werden gewisse Lebensvorgänge, sei es im Menschen, sei es in der Natur, zum Vergleich herangezogen und durch sie der Erhöhungsvorgang greifbar und eindrücklich gemacht. So stellt z.B. eine Gruppe von Symbolen den Akt der Vervollkommnung unter dem Bild einer Reinigung (Heiligung) dar. Eine andere Symbolgruppe fasst die Vervollkommnung als eine Öffnung der geistigen Augen, als eine Lichtgebung auf. In einer weiteren Gruppe wird die Erhöhung als eine mystische Verehelichung und Bundesschließung versinnlicht. Wiederum erscheint sie in einem anderen Symbolsystem als ein heiliger Krieg und eine heilige Arbeit. Diese verschiedenen Verbildlichungen werden wir der Reihe nach in den ferneren Kapiteln des vorliegenden Buches behandeln. Hier haben wir zunächst zwei andere Symbolisierungen ins Auge zu fassen, die deshalb in das erste Kapitel gehören, weil sie am stärksten den geheimnisvollen Charakter des Vorgangs betonen und am meisten Grund zur Geheimhaltung der Mysteriensymbolik gegeben haben. Das ist einerseits der Vergleich des Erhöhungsvorganges mit dem Geburtsakt, anderseits die Darstellung der Vervollkommnung als eine chemisch-organische Verwandlung (Transmutation).

Der Eintritt in den Mysterienbund, oder in dessen innersten Ring, wird als Eintritt in ein neues Leben, als eine nochmalige Geburt des Menschen gedeutet.

Der Eintritt in den Mysterienbund, oder in dessen innersten Ring, wird als Eintritt in ein neues Leben, als eine nochmalige Geburt des Menschen gedeutet. Der Gedanke, dass ein Mensch zum zweiten Mal geboren werden kann, ist das Wunder aller Wunder. Es ist ein so eigentümlicher Gedanke, dass man meinen sollte, es wäre höchstens ein einziger Mensch in einer einzigartigen Stimmung darauf verfallen. In Wirklichkeit ist aber die Idee der Wiedergeburt eine der ältesten und allgemeinsten symbolischen Ideen des Menschengeschlechts. Schon bei den Naturvölkern finden wir allenthalben die Wiedergeburt religiös verwertet und oft mit einer geradezu abstoßenden Deutlichkeit als Ritus ausgeübt. In den öffentlichen Religionen der Halbkulturvölker hat der Gedanke der Wiedergeburt anderen Kultgedanken Platz machen müssen, aber in den Mysterienkulten hat er sich erhalten und ist in manchen sogar in den Mittelpunkt des gesamten Kultus getreten. Teils zeigt er sich stark vergeistigt, teils wird er mit einer Ausführlichkeit und Sinnlichkeit durchgeführt, die für den Außenstehenden etwas höchst Befremdendes hat, daher zu schweren Anschuldigungen und umso strengerer Geheimhaltung Anlass gegeben hat.

Wenn jemand geboren werden soll, so kann er bisher noch nicht wirklich gelebt haben, kann höchstens eine Scheinexistenz geführt haben.

Der Akt der Wiedergeburt zerfällt in zwei Stadien: das Sterben und das Wiederaufleben. Wenn jemand geboren werden soll, so kann er bisher noch nicht wirklich gelebt haben, kann höchstens eine Scheinexistenz geführt haben. Die nochmalige Geburt eines bereits Lebenden und Erwachsenen kann nur unter der Voraussetzung stattfinden, dass er gleichsam in den Zustand des Ungeborenen zurückkehrt, also sein jetziges Dasein preisgibt. Daher wird die heilige Handlung der Wiedergeburt in zwei Handlungen zerlegt, deren erste die Aufgabe des Lebens ist. Der Novize stirbt, entweder freiwillig, oder — in den meisten Fällen — unfreiwillig, er wird getötet oder muss sich selber töten.

Da der psychologische Sinn des ganzen Vorgangs den Ausübenden und Leitenden meist nicht deutlich zum Bewusstsein kommt, wird nach anderweitigen Erklärungen und Rechtfertigung der auffallenden und anstößigen Handlung gegriffen. Diese Erklärungen sind meist mythischer Art. Warum muss der Novize sterben? Weil er ein Frevler und Verbrecher ist, denn einen Unschuldigen dürfte man doch nicht töten. Worin besteht sein Verbrechen? Er ist ein Mörder, er hat teilgenommen an dem schrecklichen Mord, dem einst der heilige Stifter des Bundes, der Held, Mittler, Gott zum Opfer gefallen ist. In der Kultlegende wird die Geschichte von der Ermordung des Mysteriengottes oder königlichen Helden ausführlich erzählt. Die Mitschuld des Novizen, die natürlich nur symbolisch begründet werden kann, wie ja die ganze Handlung nur symbolisch ist, wird entweder durch die vorausgesetzte Abkunft von den Mördern (Erbsünde) oder durch andere, mehr persönliche Verfehlungen, also Verrat, Untreue usw. annehmbar gemacht. Der Kandidat empfängt also den Tod als Strafe. Eng damit verknüpft erscheint die Idee der Opferung. Der Kandidat wird geopfert zur Sühne für seine und aller ungesühnte Schuld.

Mir scheint, dass diese Begründung des Tötungsvorganges, so weit verbreitet sie namentlich in den Kulten der Mittelmeerländer und ihrer Nachkommen ist, doch nicht ursprünglich ist. Mindestens gibt es eine nahe liegende Erklärung, und das ist die einfache Erwägung, dass, wer neugeboren werden soll, vorher tot sein muss. Die begangene Schuld, die in der legendären Begründung behauptet wird, stammt offenbar von dem Gefühl der Unvollkommenheit her, an dem der nach Rettung ausschauende Mysterienkandidat leidet. Das bedrückende Bewusstsein der Unvollkommenheit und Ohnmacht setzt sich leicht in das Gefühl der Sündhaftigkeit und Verworfenheit um und bringt das Verlangen nach Sühne hervor. Wer so lebhaft nach Erhöhung und Vervollkommnung strebt, dass er seinem Drang nicht anders Genüge zu tun glaubt als durch das Austilgen seines bisherigen Daseins und das Eingehen in ein gänzlich neues Dasein, der ist gewiss nicht weit von Schuldgefühlen entfernt.

Im Isiskult wurde der Kandidat allem Anschein nach in einen Sarg gelegt, um das Schicksal des Osiris metaphorisch zu erleiden.

Der Tötungsvorgang kann auf sehr verschiedene Art versinnbildlicht werden. Der Novize wird entweder durch eine Waffe niedergestreckt, oder er wird in ein Grab eingeschlossen, oder im Wasser ertränkt, oder durch Gift getötet, oder auf irgendeine andere mystisch begründete Art des Lebens symbolisch beraubt. Es kann auch eine magische Berührung genügen. Wir kennen Beispiele für alle diese rituellen Tötungsweisen in den Mysterienbünden und religiösen Kulten fast aller Weltteile. Was den Wassertod betrifft, so wird zum Beispiel von Paulus ausdrücklich bezeugt, dass die christliche

Taufe nicht bloß eine religiöse Waschung sein soll, sondern dass der Täufling in dem Wasser ertrinken und sterben soll, um als ein neuer Mensch hervorzugehen. Im Isiskult wurde der Kandidat allem Anschein nach in einen Sarg gelegt, um das Schicksal des Osiris metaphorisch zu erleiden. Symbolische Tötungen durch das Schwert waren in den kriegerischen Mysterienkulten üblich. Der Ritterschlag ist ein Überbleibsel davon. Die später zu besprechenden Verhüllungen und Entkleidungen sind ebenfalls Todessymbole.

Um den Tod noch deutlicher zu machen und die völlige Vernichtung des alten Menschen zu versinnlichen, wird bisweilen die Zerstückelung und Verwesung des Leichnams hinzugefügt. Osiris, Dionysos sowie persische und indische Gottheiten werden zerstükkelt. Die Mythologen deuten das gerne auf Naturvorgänge, gewiss mit Recht, aber die Natursymbolik begegnet sich hier, wie auch sonst, mit der Symbolik seelischer Bedürfnisse und Erlebnisse des Menschen. Dem Gott wird zugeschrieben, was der Mensch an sich selber erfahren möchte und in den geheimnisvollen Weihehandlungen wirklich erfährt. Nicht weniger häufig als die Zerreißung wird die Verwesung des Getöteten erwähnt. Die Wiedergeburt ist nicht vollständig, wenn der Leib nicht vorher in Fäulnis übergegangen und in seine Elemente zerfallen ist. Dass er nicht mehr atmet und sich nicht mehr regt, genügt nicht, er muss sich ganz auflösen. In den Geheimbünden und Pubertätsriten mancher Naturvölker wird auf die Verwesung der symbolischen Toten besonderer Wert gelegt: die Leichen werden in den Wald gebracht, um dort (angeblich) dem natürlichen Zersetzungsprozess anheim zu fallen. Diese Vorstellung ist deshalb so bemerkenswert, weil in ihr der Hinweis auf das Werden und Vergehen in der gesamten Natur deutlich ist. Man lässt die symbolischen Toten nicht nur deshalb verwesen, damit der Tod recht gründlich und wirklich ist, sondern weil sich in dem Fäulnisvorgang Wachstumsstoffe entwickeln. Der verweste Leichnam ist der natürliche Boden für das neue Werden, aus ihm keimt der neue Mensch, die Elemente schließen sich wieder zusammen. Der Gedanke der Befruchtungskraft der Fäulnisstoffe hat in der älteren Physik und Physiologie eine erhebliche Rolle gespielt und wirkt bis heute in Symbolen und Vergleichen nach. Die neue Geburt kann nicht aus dem Nichts entstehen, sie ist nur ein Übergang, eine Verwandlung. Damit diese Metamorphose sich vollziehen kann, muss der alte Leib zum Dünger, zur Fruchterde werden, die dem Samen Nahrung gibt.

Damit hängt auch die häufige Verwendung von Erde und Wasser, ja von faulenden Stoffen und Exkrementen bei den Wiedergeburtsriten zusammen. Diese Stoffe sind es, in denen oder mit denen die große Verwandlung des Lebens in Tod und des Todes in Leben bewirkt wird. Das Wasser bei der Taufe ist zugleich das Fruchtwasser im Mutterleib, wie die Sagen von Geburtsbrunnen oder Geburtsteichen lehren. Auch die Erde, in die der Kandidat gebettet wird, oder die man auf ihn streut, ist das Symbol der Mutter Erde, der Allgebärerin, die das Müde und Schuldbeladene in ihren Schoß aufnimmt und es danach erneuert an das Licht hinaufschickt. In griechischen Mysterienkulten legte man den Novizen auf die Erde oder grub ihm ein Grab, so wurde er zur Erde, also zum Kind der alten Gaia gemacht.

Man sieht hier das Bestreben, einen natürlichen Übergang von dem ersten zum zweiten Stadium der Wiedergeburtshandlung zu finden. Aus dem Tod geht unmittelbar das neue Leben hervor. Der Mensch ist heimgekehrt in den Zustand des Ungeborenseins, aus dem alles Leben hervorgegangen ist, er ist zurückgesunken in den heiligen Schoß der großen Mutter. Nun taucht er wieder empor als ein neuer, nun erfährt er die Rückkehr ins Leben (Anabiosis). Je nach der Tötungssymbolik wird auch dieses Wiederaufleben in verschiedenen Bildern dargestellt. Es wird eine Geburtsszene aufgeführt. Der Novize wird aus dem Sarg, dem Brunnen oder dem Ozean des Nichtseins hervorgezogen oder von der Erde aufgehoben und dergleichen. Das Ausgespienwerden aus dem Walfischbauch, wie es im Buch Jona erzählt wird, ist ebenfalls eine Darstellung des Wiedergeburtsmysteriums. Dabei ist wiederum zu beachten, dass es sich hier nicht bloß um ein poetisches Bild, nicht nur um eine erläuternde Analogie handelt. Der Vorgang soll eine Wahrheit versinnlichen, er soll ein wirkliches Geschehen bewirken, darum wird er in den Mysterienbünden so real wie möglich vorgeführt. Handlung und Wort vereinigen sich dazu.

Am häufigsten und eindringlichsten ist natürlich die sexuelle Ausmalung. Ein männliches und ein weibliches Wesen zeugen miteinander das Kind: den neuen Menschen. So wurde namentlich in den meisten gnostischen Mysterienbünden das Wiedergeburtsmysterium verstanden und ausgeübt. Ähnlich auch im Isiskult. In Plutarchs Buch über Isis und Osiris wird die Lehre vorgetragen, die Göttin Isis stelle das weiblich-empfangende und mütterlich-gebärende Prinzip in der Welt dar und ihr Gatte Osiris das männlich-zeugende. Aus dem göttlichen Leib der Isis geht der Myste als Sohn Horus, als verjüngter und erneuter Osiris hervor. In der Weihehandlung — ob in der ersten oder erst in einer zweiten und dritten Einweihung, wissen wir nicht — wurde dieser Vorgang allem Anschein nach in mehrere Stadien zerlegt, dargestellt. Der Sarg mit dem Körper des getöteten Osiris wurde offenbar als Mutterleib gedeutet. Die Sage, wie sie öffentlich erzählt werden durfte, lässt das nur in einigen Andeutungen erkennen. Die Geheimsage, die dem Einweihungskult zugrunde lag, kennen wir nicht, die Analogien nötigen uns aber zu der Annahme, dass sie an Stelle der novellistischen Züge eine prägnante Darstellung des Tötungs-, Zeugungs- und Gebärmythos enthielt. Auch dem eleusinischen Kult muss eine Geheimlegende sexuellen Gepräges zugrunde gelegen haben, bei der Demeter die Rolle der Isis spielte. Darauf weist vor allem der Gebrauch der heiligen Lade oder Kiste hin, der wir hier, wie in so vielen anderen Bundeskulten begegnen. In dem Sarg wird der tote Osiris geborgen, bis er als ein verjüngter aus ihm aufersteht. In die Cista mystica konnte zwar nicht der Gott selber gelegt werden, dazu war sie zu klein, aber es lagen Gegenstände darin, die deutlich auf das Zeugungsmysterium hinweisen, ursprünglich gewiss der Phallus sel-

Das Ausgespienwerden aus dem Walfischbauch, wie es im Buch Jona erzählt wird, ist ebenfalls eine Darstellung des Wiedergeburtsmysteriums.

In dem Sarg wird der tote Osiris geborgen, bis er als ein verjüngter aus ihm aufersteht.

ber, später dessen Symbole und sonstige Befruchtungsmittel. In der Kiste, gleichsam in dem Sarg, entwickelt sich aus dem väterlichen Samen das neue Leben. In den Sarg legte sich der wiedergeburtsbedürftige Novize selber, in die Kiste griff er mit der Hand, nahm die Befruchtungssymbole heraus, tat etwas mit ihnen, was wir nicht wissen, und legte sie wieder hinein.

Die zahllosen Mythen, in denen von einer Truhe, Krippe, Körbchen usw. die Rede ist, in welcher das Götterkind, der neugeborene Heiland liegt, der dann unter Gefahren und Nachstellungen heranwächst, deuten sämtlich auf das Wiedergeburtsmysterium hin. Bei diesen Mythen ist gewöhnlich die Mutter eine menschliche Frau, der Vater ist unbekannt oder ist ein Gott, ein Tier oder dergleichen. Der Neugeborene ist ein Jungfrauensohn oder ein Sohn der Witwe. Mitunter ist auch die Mutter ein Fabelwesen, eine Wölfin, eine Hündin.

Diese Mythen, deren natursymbolische Herkunft wir hier, wie gesagt, gänzlich außer Acht lassen müssen — ohne sie leugnen zu wollen — schildern stets die außerordentliche Geburt eines außerordentlichen Wesens, das zugleich Mensch und Gott, das Ahnherr und Stifter eines religiösen Bundes ist. Die Bundesmitglieder feiern ihre angebliche Abkunft oder geistige Zusammengehörigkeit mit diesem gottmenschlichen Stifter durch mannigfache Riten und Symbole, die sämtlich mit dessen mythischen Schicksalen verknüpft sind. Und wenn dem Bund ein neues Mitglied zugeführt wird, so sucht man es mit dem Stifter und mit den Bundesbrüdern dadurch in eine mystische Gemeinschaft zu bringen, dass man es die Geburt und die Ereignisse vor und nach der Geburt des Bundeshelden erleben lässt. Der Novize stellt in der Weihehandlung also nicht bloß den etwaigen Mörder des alten, getöteten Bundesgottes dar, als welcher er die Todesstrafe samt deren Folgen erleiden muss, sondern zugleich auch den Gott oder Helden selber, als welcher er aus dem Tode durch eine wunderbare Geburt verjüngt erwacht. Der Novize ist der göttliche Sohn, ist das Kind der Witwe.

Der Neugeborene ist ein Jungfrauensohn oder ein Sohn der Witwe.

Man sieht, welche Schwierigkeiten und Verlegenheiten sich für die Anschauung und noch mehr für das begriffliche Denken aus dem Wiedergeburtssymbol ergeben haben und auf welche Weise die mythische Phantasie mit ihnen fertig zu werden versucht hat. Zu jeder Geburt gehören drei Personen: Vater, Mutter, Kind. Wo sind die drei Personen bei der Wiedergeburt? Wer ist, wenn der Mensch in dem Drang ein höherer, stärkerer, weiserer, göttlicherer zu werden, von neuem sein Leben beginnen und eine nochmalige Geburt durchmachen will — wer ist dann der Vater? Wer ist die Mutter? Wer ist der Sohn? Die nächstliegende Antwort lautet, er selber vereinigt in sich alle drei Personen. Der Mensch in der Wiedergeburt ist die Dreieinigkeit von Vater, Mutter, Sohn. Als Vater zeugt er, als Mutter gebiert er, als Sohn wird er von Vater und Mutter erzogen, um sie dann zu verdrängen oder gar sie zu töten, weil er ja an ihre Stelle tritt. Noch altertümlicher ist die andere Vorstellung, dass das Kind bereits im Mutterleib die Mutter aufzehrt, bei der Geburt sie wie eine Hülle sprengt und dann den Vater im Kampf erschlägt, falls dieser nicht schon bei und durch den Zeugungsakt getötet oder eingesargt gewesen ist.

Der Mensch in der Wiedergeburt ist die Dreieinigkeit von Vater, Mutter, Sohn.

Das sind barbarische Bilder und obendrein unfasslich, weil alles innerhalb eines und desselben Menschen vor sich geht! In den Mythen ist das Grauenhafte und Unbegreifliche dadurch beseitigt oder wenigstens gemildert, dass die drei Personen getrennt und die Vorgänge auseinandergezogen und psychologisch begründet werden. Aber in der Mysterienhandlung ist die Dreieinigkeit deutlich erkennbar, ohne sie ist der ganze Akt unsinnig oder ist nur eine matte Erinnerungshandlung, ein ernsthaftes oder lustiges, harmloses oder unsittliches Schauspiel. Das Widernatürliche an dem ganzen Akt, die Selbstbefruchtung, Selbstermordung und Selbstgebärung ist das eigentliche Wertvolle, ist der tiefste Zweck des Vorgangs. Daran haben denn auch die Mysterienbünde stets festgehalten, und wenn die öffentlichen Religionen diesen eigentlichen Sinn vergaßen und fallen ließen, wenn sie aus dem gewaltigsten und furchtbarsten religiösen Gedanken des Menschengeschlechts wundersame Mythen, oder symbolische Dogmen, oder moralische Beispiele, oder wissenschaftliche Theorien herauszuspinnen und ihn darunter zu begraben suchten, haben ihn die Mysterienbünde in sein altes Recht wieder eingesetzt und sich in stiller Verborgenheit um ihn geschart.

Auch die Mysterienbünde haben von den Mitteln, den Wiedergeburtsgedanken seiner Krassheit und Irrationalität zu entkleiden, Gebrauch gemacht. Auch sie haben ihn in das Mythische oder Dogmatische, Ethische oder Philosophische gewandelt. Aber da sie den Gedanken zur Tat machten, da ihr Hauptzweck dahinging, an ihren Mitgliedern die Wiedergeburt wirklich und wahrhaftig zu vollziehen, so war den Bemühungen um Vergeistigung eine Grenze gezogen, über die sie nicht hinwegkamen. An dem Osirismythos sieht man, wie von den drei Personen wenigstens eine, die Mutter, selbständig geworden ist. Isis ist eine Persönlichkeit für sich, Osiris und Horus aber fließen ineinander. Damit ist die Wiedergeburt zu einem Akt der Blutschande geworden: Sohn und Mutter, Bruder und Schwester vereinigen sich zu der Zeugung. Ähnlich ist es in gnostischen Mythen.

Der Pate ist ein zweiter, ein geistiger Vater, er zeugt sein Patenkind aus dem Geist, er befruchtet es mit dem Bundesgeist und macht dadurch einen anderen höheren Menschen aus ihm.

Etwas Unheimliches und Unausdenkbares behielt der Wiedergeburtsakt immer, zumal es nicht zu umgehen war, dass der neu Aufzunehmende mit einer der mythischen Figuren gleichgesetzt wurde. Entweder ist der Novize das männliche Prinzip, halb Vater, halb Sohn, dann ist der Bund (die Ekklesia, die heilige Gemeinde) das weibliche Prinzip. Als Samenkorn und als befruchtender Geist dringt der Novize in den Schoß des Bundes, in das dunkle Brautgemach der Loge oder der Vorbereitungszelle ein und wird aus dem mütterlichen Schoß als ein Wiedergeborener, als ein Sohn der Auserwähltengemeinde ans Licht gehoben. Der Bund ist die mütterliche Jungfrau, die Witwe, die die männliche Frucht empfängt und gebiert.

Oder der neu Aufzunehmende wird umgekehrt als das weibliche Prinzip aufgefasst, das den Samen des göttlichen Geheimnisses empfängt und in sich zur Reife bringt. Der männliche Same ist dann im Bund befindlich, der als männlich gedacht wird. Im Bund lebt der zeugende Geist des göttlichen Stifters, personifiziert in dem Meister, der den Neuling aufnimmt und dabei den Geistessamen in ihn einführt, was durch verschiedene Riten versinnlicht werden kann. Außerdem pflegt in den Bünden noch ein anderes Mitglied den befruchtenden Bundesgeist zu vertreten, den der Neuling empfängt: das ist der Pate, in dessen Namen und Amt der Sinn dieses ganzen Wiedergeburtswesens besonders deutlich zum Ausdruck kommt. Der Pate ist ein zweiter, ein geistiger Vater, er zeugt sein Patenkind aus dem Geist, er befruchtet es mit dem Bundesgeist und macht dadurch einen anderen höheren Menschen aus ihm. In Zeiten, wo die Patenschaft noch bitter ernst genommen wurde, glaubte man, dass sich durch sie ein wirkliches Verwandtschaftsverhältnis zwischen Pate und Patenkind bilde, dass sich Charakterzüge übertrügen und dass eheliche Verbindung zwischen den Familien ein Verbrechen sei.

Die Wiedergeburt wird also in den Mysterienbünden verschieden ausgedeutet und ausgeführt. Widersprüche und Anstöße ergeben sich bei jeder Ausdeutung, der Vorgang bleibt ein Geheimnis, das nur dem Erlebenden klar und verständlich ist. In jedem Fall findet eine Gleichsetzung, eine Union zwischen dem Kandidaten, dem Bund und der Gottheit statt, gleichviel wie die Rollen auf diese Dreiheit verteilt werden und der seelische Vorgang mythisch vergegenständlicht und zeremoniell begangen wird. Die Handlung (die auch ganz oder teilweise erzählend vorgeführt werden kann) besteht immer in einem symbolischen Sterben und Wiederaufleben, der Neuling wiederholt damit die Schicksale des Gottes, die Erlebnisse des Bundes, ja er macht gleichsam die ganze Geschichte der Welt an seinem Leibe durch. So wird er ein Höherer. Als profaner Mensch ist er gestorben, alles Unvollkommene ist von ihm abgefallen. Als wahrer Mensch, als Geist und Gott, ersteht er auf; in einer prägnanten Bedeutung der Mysterien erhebt er sich als Menschensohn.

Als wahrer Mensch, als Geist und Gott, ersteht er auf; in einer prägnanten Bedeutung der Mysterien erhebt er sich als Menschensohn.

Zunächst ist er ein Kind, kein erwachsener Mensch. Der Pate hat ihn zu hüten. Kindernahrung wird ihm gereicht, daher die Milch als Mysterientrank, wie im Attiskult oder im Buddhismus. Ferner ist er noch ohne Scham, er geht nackt, trägt höchstens ein hemdartiges Gewand oder ein Lendentuch, das ihm als Bürgschaft für die erreichte Mystenschaft feierlich übergeben und angetan wurde. Ferner ist er des Sprechens unkundig, er lallt nur und muss im Buchstabieren unterwiesen werden. Diesen Zug finden wir schon bei den Pubertätsriten mancher Naturvölker. Die Geweihten müssen sich wie ungebärdige Kinder betragen, sie geben sich den Anschein, als verstünden sie die Landessprache nicht mehr, sie wenden die Gebärdensprache an und reden in Geisterlauten, das heißt sie reden mit Zungen, wie wir mit dem neutestamentlichen Ausdruck sagen können. Die christlichen Wiedergeborenen erlangten die Gabe, sich lallend und nur für Ekstatiker verständlich in der Engelssprache zu äußern. Die Sprache der Engel oder Geister, die zugleich die Sprache der eingeweihten Bundesbrüder ist, hat die Eigentümlichkeit in unverständlichen Wortreihen oder in einzelnen Silben und Buchstaben zu bestehen.

Horus ist das goldene göttliche Kind, das später mit dem Jesuskind verschmolz.

Der ägyptische Mysteriengott Harpokrates (Heraiskos) wurde als kleines Kind, den Finger am Munde, dargestellt. Harpokrates ist Horus, das Kind von Osiris und Isis und scheint im Besonderen den Mysten als einen eben erst zum Wiedergeburtsleben Erwachten zu symbolisieren. Horus ist das goldene göttliche Kind, das später mit dem Jesuskind verschmolz. Nur Kinder können in das Gottesreich, das heißt in den Bund der Erwählten eingehen, mahnte Jesus, zu Kindern zu werden, eine neue Geburt durchzumachen und die Lasten und Sünden der nur einmal Geborenen von sich abzustreifen, bezeichnet er als den Weg zur Vollkommenheit. So steht er selber als das Urbild der Gestorbenen und Wiedererstandenen, als Herr des Todes und des Lebens, in der Gestalt eines Kindes, von der Mutter gehütet, von dem väterlichen Geist und dessen Abgesandten umgeben, vor den Augen der Jahrtausende*. Es ist strittig, was die Gebärde des Harpokrates und anderer kindlicher Mysteriengötter: der an den Mund gelegte Finger, bedeuten soll. Wahrscheinlich sollte sie ursprünglich den Dargestellten eben nur als Kind charakterisieren, welches nach der Mutterbrust verlangt. Jedoch hat man diese Geste schon sehr früh als eine Gebärde des Schweigens gedeutet. Das göttliche Kind gebietet Schweigen, es schärft den Mysten die Geheimhaltung ein und weist auf das Geheimnisvolle seines eigenen Wesens, seiner Herkunft und Aufgabe, also auf das heilige Wiedergeburtsgeheimnis hin. Als Schweigegebärde ist dann der an den Mund gelegte Finger in die späteren Mysterienbünde übergegangen.

Angesichts des Wiedergeburtsgeheimnisses gibt es keine Worte. Schweigen ist des Mysten natürlicher Zustand. Gedanken und Begriffe liegen tief unter ihm. Höchstens der Gebärdensprache des Kindes will

---

* *Hiermit fällt auch auf die berühmte Stelle Matth. 11,25 von den Unmündigen (Nepioi), denen der Sohn das Geheimnis enthüllt hat, das den Weisen und Verständigen verborgen ist, en neues Licht. E. Norden (Agnostos Theos, 1913) hat durch glänzende stilgeschichtliche Untersuchungen erwiesen, dass diese Verse ein typisches Beispiel mystischer Offenbarungsrede der hellenistischen Zeiten sind, erlaubt aber mit vielen anderen Erklärern zugleich eine antignostische, menschlich »schlichte Tendenz aus ihnen herauszuhören. Das ist ein Irrtum. Der Ausdruck Unmündigen (sowie die gleich bedeutenden Ausdrücke Kinder, Kleinen) ist im Mysteriensinn gemeint: die Unmündigen stehen, weil sie die Wiedergeburt bereits erlebt haben, über den Weisen der Welt. Ebenso beziehen sich die anschießenden Verse an die Mühseligen und Beladenen, denen Jesus sein sanftes Joch auflegen will, auf den Wiedergeburtsvorgang und die mit dieser Todes- und Lebensweise verknüpften Vorgänge. Die ganze Stelle ist aus einem Guss und gibt eine der klarsten und vollständigsten Schilderungen des Mysteriengeheimnisses, die wir besitzen. Möchten die Forscher doch die religiösen Erlebnisvorgänge mehr zu Rate ziehen, wenn sie in den Evangelien nach unechten und inkongruenten Stellen spähen.*

und kann sich der Verstummte bedienen, bis ihm ein neues Wunder (wie dem Zacharias) die Zunge wieder löst. Auch das pythagoräische Schweigen ist aller Wahrscheinlichkeit nach als ein Verstummen des wiedergeborenen, zum Kinde gewordenen Mysten zu deuten. Wenn Pythagoras seinen Jüngern ein Schweigegebot auferlegt, wenn wir bei manchen christlichen und indischen Orden ähnliche Vorschriften und Sitten finden, so darf man gewiss nicht glauben, es handle sich da nur um die Mahnung: aufmerksam zu sein und Weisere reden zu lassen, auch nicht um die symbolische Aufforderung, gegen Unberufene seinen Mund zu halten. Das Gebot des Schweigens hat den Sinn, den Zustand des Wiedergeborenen, der noch kindlich unreif ist, zu symbolisieren, es soll die Versenkung in das Unsagbare, die Überwindung aller äußeren Ablenkungen und Hemmnisse, den Sieg des Geistes im Novizen darstellen und fördern.

Wir haben soeben darauf hingewiesen, dass der Wiedergeborene nicht nur zum Kind, sondern auch zum Geist wird. Indem der Bundesgeist in Person sich seiner bemächtigt und er mit diesem Geist zu einer mystisch-sexuellen Einheit zusammenschmilzt, verändert sich seine Natur in jeder Richtung, er vergeistigt sich, er wird ein geistartiges, halb göttliches, halb dämonisches Wesen. Diese Vergeistigung wird in allen Mysterienbünden hervorgehoben und bei der Weihehandlung auf verschiedene Weise symbolisiert, zum Beispiel deutet die Nacktheit oder die Bekleidung mit einem weißen Gewand darauf hin, nackt oder in Weiß kommen die Gespenster und die Seligen (Engel). In manchen Bünden tragen die Mitglieder geisterhafte Masken, bisweilen in Tiergestalt oder in Satyrgestalt. Die Dionysos-Mysten wollten den Schwarm der Totengeister und Rauschdämonen darstellen, der den Gott bei seinem Erscheinen, bei seiner zugleich furchtbaren und segensvollen Epiphanie begleitet. Ähnlich ist das Bestreben der anderen Mysterienbünde, sie wollen das Gefolge ihres Gottes oder heiligen Stifters sein, also übermenschliche, mit besonderen Kräften

Es besteht in allen Mysterienbünden die durch Erfahrung gewonnene Überzeugung, dass es mit der einen Weihehandlung bei der Aufnahme nicht getan ist.

und einer veränderten Natur ausgestattete Wesenheiten. Sogar im Freimaurerbund, der sonst wenig von dem orgiastisch-ekstatischen Wesen der antiken Enthusiastengemeinden zeigt, ist dieser Zug nicht ganz verwischt. Der freimaurerische Großmeister Salomo ist in der Geheimtradition eine durchaus dämonische Figur, er ist der König der Geister und hat zum Bau des Tempels ein Heer von arbeitenden Geistern herbeigerufen und angestellt. Dieses Geisterheer sind die Freimaurer. Unsichtbar und geräuschlos arbeiten sie und halten alle Unberufenen von ihrer geheimnisvollen Bauarbeit fern. Wir werden bei der Erklärung des Begriffes der heiligen Arbeit (Kap. 5) darauf zurückkommen.

Der Wiedergeburtsgedanke wird dann noch einen Schritt weitergeführt. Der auferstandene Novize ist, wie wir sahen, zunächst ein Kind. Er wächst aber innerhalb des Bundes heran, das Kind wird zum Jüngling und Mann, eine Entwicklung, die durch eine symbolische Zählung der Lebensjahre und durch die Abgrenzung der einzelnen Wachstumsstufen angedeutet wird. Es besteht in allen Mysterienbünden die durch Erfahrung gewonnene Überzeugung, dass es mit der einen Weihehandlung bei der Aufnahme nicht getan ist. Die erforderlichen Stufen des Wachstums sind die Grade. Das dort Erlebte und Erzielte muss befestigt, wiederholt und vertieft werden. Der Wiedergeburtsakt wird infolgedessen in mehrere Teile zerlegt und nach Durchmessung gewisser Altersabschnitte erneuert. Das ist der Sinn der Gradeinteilung. Bei der Aufnahme in einen höheren Grad finden jedes Mal Weihehandlungen statt, die ebenfalls auf dem Gedanken der Wiedergeburt beruhen. Etwas grundsätzlich Neues können die Gradrituale nicht bieten, das ist unmöglich, alle dahingehenden Behauptungen beruhen auf einem Irrtum. Die Grade führen das Wiedergeburtserlebnis weiter aus, bringen andere Sinnbilder und können eindringlicher wirken. Man hat behauptet, dass die Grade in den Bünden eine spätere Zutat seien, ursprünglich habe jeder Bund nur einen Grad besessen, aus dem sich nur die Vor-

Die Grade führen das Wiedergeburtserlebnis weiter aus, bringen andere Sinnbilder und können eindringlicher wirken.

steher und Beamten als eine Art zweiter Grad herausgehoben hätten. Daraus hat Krause für den Freimaurerbund den Schluss gezogen, dass er zu dem einen Urgrad zurückkehren und die höheren Grade wieder aufgeben sollte, die ganze Freimaurerei sei im Lehrlingsgrad enthalten. Was die höheren Grade brächten, sei entweder aus dem einen Urgrad unberechtigterweise herausgenommen worden oder es seien unfreimaurerische Zutaten. So konnte Krause nur urteilen, weil er den Sinn des Gradwesens verkannte. Die Berechtigung und Notwendigkeit der Zerlegung des einen Grades in mehrere bestreiten, heißt den Wiedergeburtsgedanken verkennen. Die Wiedergeburt kann ohne Wachstumsstufen nicht vollständig und nicht dauerhaft sein, sie bedarf der Bestätigung und Entwicklung. Wie viele Grade vonnöten sind und wie die Aufnahmerituale der verschiedenen Grade, trotz des immer wiederkehrenden Grundgedankens Abwechslung und Steigerung erzielen können, ist eine Frage für sich.

Auch in den öffentlichen Religionen sehen wir das Bedürfnis nach Zerlegung der Aufnahmehandlungen. In den urchristlichen Gemeinden gehörten Taufe und Kommunion zusammen. Später wurde die Taufe in die erste Lebenszeit und die Kommunion in das Pubertätsalter verlegt. Auch die Beschneidung war ursprünglich eine Bundeshandlung für Erwachsene, das heißt für solche, die eben die Geschlechtsreife erlangen. Taufe und Beschneidung und ähnlich die Handlung des Kindaufhebens durch den Vater in Rom sind Wiedergeburtsakte. Die leibliche Geburt genügt nicht, erst diese Handlungen machen das Geschöpf zu einem erhobenen Menschen, das heißt zum Mitglied einer religiös-gesellschaftlichen Gemeinde. Daher erfolgt bei diesem ersten Stadium der geistigen Lebensbahn meist auch die Namensgebung.

Der zweite große Schritt ist der Übergang vom Kindesalter zum Pubertätsalter. Da finden auffallende Wandlungen im Menschen statt, und diese Wandlungen kann sich die religiöse Menschheit nur durch Annahme einer nochmaligen Geburt erklären. Der kindliche Geist verlässt den Knaben, ein neuer Geist, der, eigentliche Bundesgeist, kehrt zu ihm ein. Daher wird die Pubertät fast bei allen Völkern als ein religiöses Bundesfest begangen und die Riten, die mit den Knaben und Mädchen — sofern auch die letzteren dem Bunde einverleibt werden — vollzogen werden, gleichen den Mysterienweihen aufs Haar. Sie laufen stets auf die Tötung und Wiedererweckung, auf die Zeugung und Befruchtung, kurz auf die Verwandlung und neue Geburt des Novizen hinaus. Die Riten sind Zeichen und Bilder der in diesem Alter erwarteten und erwünschten Entwicklungsvorgänge, ja sie sollen diese Entwicklung religiös befördern und magisch hervorrufen. Es ist eine der bedeutsamsten Tatsachen der Religionsgeschichte, dass das Fest der Jugendweihe (Firmung, Konfirmation) einen Angelpunkt des religiösen Gemeinschaftslebens auf allen Kulturstufen bildet und dass sich in den Mysterienkulten die altertümlichsten und eindringlichsten der bei diesem Fest vorgenommenen Zeremonien in größter Reinheit und Vollständigkeit wiederfinden.

▲ *Verwandlung*

Wiedergeburt ist ein dem menschlichen und tierischen Leben entnommenes Bild. Das DieMysterienerlebnis kann aber auch durch Bilder aus der Pflanzenwelt und der anorganischen Natur symbolisiert werden. Jede starke und auffallende Veränderung in der Welt, zumal wenn diese Veränderung mit einer scheinbaren oder wirklichen Steigerung und Erhöhung verbunden ist, erinnert an die religiöse Erweckung und konnte von den Symbolbünden als heilige Handlung und magisches Beförderungsmittel verwendet werden. Eine Analogie für die Wiedergeburt ist das in die Erde gelegte und aus ihr hervorsprießende Samenkorn. Von jeher ist die menschliche Zeugung und die Geburt mit der Vegetationsmetamorphose gleichgesetzt worden, und diese Gleichsetzung wurde zu religiösen Zwecken benutzt. Die primitiven Vegetationskulte stimmen darin inhaltlich mit den erhabensten Geistesreligionen überein.

Eine Analogie für die Wiedergeburt ist das in die Erde gelegte und aus ihr hervorsprießende Samenkorn.

Sterben und Wiedererwachen beherrschen die ganze Natur. Das müde Jahr legt sich im Herbst zum Todesschlaf nieder, die müde

Sonne versinkt am Abend im westlichen Meer, das Reich der Winterdämonen oder der unterirdischen Gottheiten breitet sich dann aus über alles, was lebt. Es ist die Wanderung des Novizen durch Dunkel und Schrecken, seine Wanderung zu den Todesgottheiten über Totengebeine hinweg, bedrängt von Kälte, Müdigkeit und Verlassenheit, bis hin zum Licht. Im Frühling kommt der verjüngte Vegetationsgott mit Jauchzen wieder hereingezogen, die sieghafte Sonne erhebt sich im Osten, die finsteren Gewalten entfliehen, eine neue Welt beginnt, und das Reich der Lichtgottheiten bricht an. Diesen Umschwung feiern die Symbolbünde durch Prozessionen, sie kleiden die heranwachsenden Kinder oder ihre neu aufgenommenen Mitglieder, die Kinder im Geiste, in das Gewand der Lebensgottheiten und führen sie als Symbole der Welterneuerung durch die Felder oder um den Tempel herum. Ferner opfern sie Pflanzen, verbrennen oder verzehren die Gaben und Früchte der Erde: Honig, Wein, Gebäck oder ähnliches. Kurz, die Bünde suchen auf alle Weise den Naturvorgang der großen Veränderung und Erneuerung mitzuerleben und ihn mit der geistigen Erneuerung gleichzusetzen und symbolischmagisch zu verknüpfen, die sie in ihrem eigenen Innern erlebt haben und bei ihren Neulingen hervorrufen wollen. Aus mancherlei Gründen können diese Verwandlungsfeste auch auf andere Jahreszeiten verlegt werden, worauf wir bei der Lichtsymbolik zurückkommen. Im tiefsten Dunkel kann man die Geburt des Lichts feiern, in der Zeit des größten Lichts kann man des kommenden Dunkels gedenken. Der Grundgedanke, die Peripetie vom Leben zum Tode und wiederum zum Leben, bleibt immer derselbe.

Im tiefsten Dunkel kann man die Geburt des Lichts feiern, in der Zeit des größten Lichts kann man des kommenden Dunkels gedenken.

Neben den Pflanzen treten dabei natürlich die Gestirne als Symbole auf. Einst glaubte alle Welt, dass die Sonne, wenn sie untergeht, tot und verbraucht sei und dass am nächsten Tage eine neue Sonne erscheinen würde. Der Vater Osiris stirbt, der Sohn Horus tritt sein Erbe an. Mutter des Sonnenkindes ist entweder die Erde, der Ozean oder der Mond, der stets weiblichen Charakters gedacht wird. Die Verwandlungen des Mondes, die stets die mythische Phantasie und den Symboltrieb der Menschen angeregt haben, stellen dann die mit der Sonne schwanger gehende, in der Fremde herumirrende und endlich niederkommende Lichtmutter dar. Andere Vorstellungen müssen wir hier weglassen, es kommt uns hier nur auf den Gedanken der Metamorphose und dessen symbolische Anwendung auf das Mysterienerlebnis an.

Die ältere Physik war ganz von dem Verwandlungsgedanken beherrscht, und da die Erklärungen, die man für die Verwandlungen in der belebten und unbelebten Natur fand, unzureichend waren, ergab es sich von selber, dass man Hilfe und Rat in der Mystik suchte. Auch heute lässt sich bemerken, dass von den wissenschaftlichen Untersuchungen über die Umwandlungsprozesse, die die Energie in der Welt beständig durchmacht, ein recht kurzer und gern begangener Weg zur Magie und Theosophie hinüberführt. Wer die Peripetien und Metamorphosen in der großen und kleinen, äußeren und inneren Welt zum Gegenstand seiner Forschung macht, muss früher oder später auf das Mysterienproblem stoßen, das ist ganz unvermeidlich, vorausgesetzt, dass er tief genug gräbt und sich nicht mit oberflächlichen Lösungen zufriedengibt. So sind auch die unzähligen Forscher, die seit zwei Jahrtausenden an der Verwandlung der Metalle gearbeitet haben, durch diese Arbeit zu einer größeren und durchaus mystischen Aufgabe geführt worden, nämlich zu der Bereitung des Steines.

Der Mensch selber ist der Stoff, aus dem der Stein gewonnen wird, wie er auch das unedle Metall ist, das durch Einschmelzung und Bearbeitung veredelt wird.

Dieses Problem der Herstellung des Steines der Weisen (des Universals, des Elixiers usw.) hat die Mysteriensymbolik stark beeinflusst und hängt aufs Engste mit dem Wiedergeburtsgedanken zusammen. Im Altertum scheint die Alchemie zwar auch große Bedeutung gehabt zu haben, aber erst im Mittelalter und in der Renaissancezeit bis in das 18. Jahrhundert hinein wurde sie zu einem Hauptträger des Verwandlungs- und Erneuerungsgeheimnisses der Mysterienbünde. Die alchemistische Arbeit bildete einerseits einen erwünschten Deckmantel für alle geistigen Bestrebungen, die der kirchlichen Rechtgläubigkeit zuwiderliefen, und lieferte anderseits die treffendsten und eindrucksvollsten Symbole für diese Bestrebungen. Der alchemistische Prozess, der das Ziel der heiligen Arbeit in der alchemistischen Küche unter Leitung des persönlichen oder durch Bücher und Inspirationen herbeigezauberten Meisters bildete, zerfällt in zwei verschiedene Prozesse, erstens in die Umwandlung unedler Metalle in edle, wozu das Zerlegen in die (angeblichen) Elemente und das Neuordnen dieser Elemente erforderlich ist; zweitens in die Darstellung des Steines, jenes wunderbaren Präparates, durch dessen vermittelnde Anwendung die Veredlung der Metalle und überhaupt die Veredlung, Erlösung und Vergöttlichung alles Unvollkommenen auf Erden bewirkt wird. Der zweite Prozess geht dem ersten in der Wertschätzung voraus, er trat bei den Alchemisten immer mehr in den Vordergrund als die eigentliche große Tat, die zu vollbringen war. Die Bereitung des Steins ist ebenfalls ein Verwandlungsvorgang in deutlich getrennten Stadien, also ein Vorbild für die Metallverwandlung und eine symbolische Darstellung aller Verwandlungen in der Welt, zumal des menschlichen Wiedergeburtsvorgangs.

Mit großer Liebe und nie ermüdendem Eifer ist so die Alchemie, eigentlich eine Wissenschaft vom Scheiden und Zusammensetzen der Körper, von den Freunden und Jüngern des großen Mysterienerlebnisses verwertet und ausgeübt worden, um das geheimnisvolle Gut würdig zu hüten, sich seiner immer von neuem zu erfreuen und ihm neue Anhänger zuzuführen. Die Vergleiche lagen auf der Hand. Der Mensch selber ist der Stoff, aus dem der Stein gewonnen wird, wie er auch das unedle Metall ist, das durch Einschmelzung und Bearbeitung veredelt wird. In den alchemistischen Werken, deren Zahl Legion ist, wird immer wieder der Vorgang des Zerlegens, Zerstückelns, des Auflösens (Verwesens) und dann des Erweckens und Neubelebens in allen Einzelheiten geschildert. Dabei werden stets uneigentliche, aus anderen Naturgebieten entnommene, zumal der geistig-religiösen Welt angehörende Ausdrücke bevorzugt. Man kann nicht zweifeln, dass es den besseren und tieferen Alchemisten um etwas Höheres zu tun war, als um chemische Experimente und um Bereicherung durch künstlich erzeugtes Gold. Diese Männer glaubten an den inneren Zusammenhang und die grundsätzliche Einheit zwischen den beiden Vorgängen - chemische Verwandlung und menschliche Wiedergeburt. Die sinnlich arbeitende Kunst war ihnen die äußere Erscheinungsform für die innerliche Geheimkunst. Wer alchemistisch arbeitete oder wenigstens lesend oder zuschauend solchen Arbeiten Teilnahme schenkte, der beförderte dadurch — so glaubten sie auf Grund des magischen Zusammenhangs zwischen Symbol und Wirklichkeit — seine eigene Vervollkommnung als Mensch. Er wurde, indem er die Natur bezwang und die Stoffe neu ordnete und formte, zugleich Herr der ungöttlichen Kräfte in und um sich, wurde eins mit den Brüdern und mit der Formgewalt Gottes.

Die Alchemisten forderten und bewahrten strenge Geheimhaltung. Sie erklärten wie einst die Gnostiker, dass das Ziel ihrer Kunst nur von Berufenen und Begnadeten erreicht werden könne und solle. Daher sprachen sie dem Volk gegenüber in Gleichnissen, das heißt sie beschrieben den großen Prozess in ihren Büchern nur andeutungsweise, damit nur die Eingeweihten die Beschreibung verstünden. Es ist geradezu ein Frevel, hinter dieser Zurückhaltung nichts als betrügerische Absicht und Beutelschneiderei zu vermuten. Die besseren und tieferen der Autoren haben ehrlich geglaubt, die Kunst vor den Unberufenen schützen zu müssen. Sie wollten sie denen vorbehalten, die ihrer würdig wären, das heißt die über das Goldmachen und dessen egoistische Antriebe hinweg zu dem geistigen Verwandlungs- und Vergottungsgeheimnis durchzudringen vermöchten. Daher wiederholten sie auch immer wieder die Mahnung zur Frömmigkeit und zum sittlichen Lebenswandel. Nur dem werde das Werk gelingen, der sich als Mensch bewähre und die alchemistische Arbeit wie einen Gottesdienst betreibe. Diese Mahnung war umso nötiger, weil bei der alchemistischen Kunst die Gefahr des Missverstehens besonders nahelag. Hier galt in noch höherem Grade als bei den alten Mysterienkulten, dass dem Erlebnis der Wiedergeburt nicht jeder ohne weiteres gewachsen ist, dass es nur dem Würdigen zum Heil gereiche, den Unwürdigen aber dem Gericht ausliefere. Den Würdigen führt die Kunst zu einem verwandelten höheren Sein, der Unwürdige erliegt den Versuchungen, er vermag sich aus dem Tod, aus der Selbstopferung, die das Verwandlungsmysterium fordert, nicht zu einem neuen Leben zu erheben. Er sinkt rettungslos hin, die Teufel des Mammons, des Zweifelns, des Zerstörens, der bösen Gelüste halten ihn umfangen.

Die Fehlgeleiteten suchten weltliches Glück zu erlangen, und das darf der Mysterienjünger auf keinen Fall, sonst ist er unbedingt verloren.

Die Hauptverzweiflung für die Leser der alchemistischen Adeptenbücher war, dass der Stoff, aus dem der Stein breitet werden sollte, nirgends deutlich angegeben war. Die Adepten erklärten es für eine schwere Sünde, die prima materia mit Namen zu nennen. Der Würdige, sagten sie, werde die Andeutungen leicht verstehen, der Unwürde werde auch trotz der genauesten Angaben in die Irre gehen. So suchte man denn überall herum und wandte alle möglichen Stoffe nacheinander an, ohne den gewünschten Erfolg zu erzielen, namentlich tierische und pflanzliche Bestandteile, weil die symbolischen Ausdrücke auf einen organischen Umwandlungsprozess hinwiesen. Ausscheidungs- und Verwesungsstoffe wurden besonders bevorzugt. Die Enttäuschten wurden natürlich Feinde der Sache. Sie sagten, die Autoren seien Betrüger oder Wichtigtuer, sie verrieten nur deshalb nichts, weil sie selbst nichts wüssten. Das ist derselbe Vorwurf, wie ihn die Freimaurer unzählige Male zu hören bekommen haben. Diejenigen, die das freimaurerische Geheimnis an falscher Stelle suchen und sich von den scheinbar auf politisch-soziale oder konfessionelle und okkulte Lehren hinweisenden Aussprüchen der freimaurerischen Symbolik leiten lassen, erklären, dass der Freimaurerbund nicht halte, was er verspreche, dass die Freimaurer nicht wüssten, was sie zu wissen vorgäben und ihr ganzes Treiben auf Albernheiten oder Betrug hinauslaufe. Und die ganz Klugen, denen diese Erklärung nicht genügt, meinen, dass hinter den symbolischen Andeutungen doch etwas stecke, dass die Freimaurerei wirkliche Ziele, aber verbrecherische, umstürzlerische verfolge, daher Ursache habe, ihre Geheimnisse nicht jedermann zu verraten. Ebenso habe die Zurückhaltung und Unklarheit der alchemistischen Anweisungen den Zweck, die Kenntnis des Goldmachens und den Besitz des Steines möglichst teuer zu verkaufen. Der tatsächliche Missbrauch, der mit der Hermetik (Alchemie, Rosenkreuzerei) und mit der Freimaurerei getrieben worden ist, musste solchen Verdächtigungen immer wieder Nahrung geben. Viele Geheimnissucher verfielen wirklich dem Teufel in irgendeiner Gestalt, sie suchten egoistische Vorteile oder suchten wenigstens von den Gesetzen, Lasten und Pflichten, die das Leben des Menschen mit sich bringt, loszukommen. Die Fehlgeleiteten suchten weltliches Glück zu erlangen, und das darf der Mysterienjünger auf keinen Fall, sonst ist er unbedingt verloren.

Die enge Verbindung zwischen der rosenkreuzerischen Alchemistik und dem Freimaurerbund haben schon viele Forscher bemerkt. Verschiedentlich ist behauptet worden, dass der Freimaurerbund direkt oder indirekt aus rosenkreuzerischen Gesellschaften hervorgegangen sei. Dem gemäß hat man die freimaurerische Symbolik als eine Verbildlichung der alchemistischen Arbeit zu erklären versucht, mit welchem Recht, möge dahingestellt bleiben. Dass die Rosenkreuzerei auf die Entstehung freimaurerischer Hochgrade und Hochgradsysteme großen Einfluss ausgeübt hat, steht fest.

Hier ist nur noch einmal zu betonen, dass die Alchemie schon Jahrhunderte vor Entstehung des Freimaurerbundes zweifellos mit dem Mysterienerlebnis der Wiedergeburt und der menschlich-göttlichen Verwandlung in Verbindung gebracht worden ist. Die alchemistische Symbolik ist nicht aus bloßer Geheimtuerei, sondern aus dem Bewusstsein der besseren Alchemisten zu erklären, dass sie es mit einer unaussprechbaren, einer religiösen Aufgabe zu tun hatten. Überall, wo ein echtes und starkes Bedürfnis nach symbolischer Ausprägung des Zieles und der Betätigung vorhanden ist, kann man mit Bestimmtheit sagen, dass im

Dass die Rosenkreuzerei auf die Entstehung freimaurerischer Hochgrade und Hochgradsysteme großen Einfluss ausgeübt hat, steht fest.

Grunde das große Lebens- und Erneuerungsgeheimnis gemeint ist. Bei den Alchemisten ist aber das Symbolbedürfnis so stark und so allgemein, dass man geradezu von einem Zwang zur Symbolbildung sprechen muss. Hat ja doch die bildliche Redeweise schon an und für sich die Kraft, jeden Gegenstand, der bildlich behandelt wird, in eine höhere, geistigere Sphäre zu heben. Auch die übleren Alchemisten, die Sudler und Schwindler, konnten es gar nicht vermeiden, dass die Vergleiche und Bilder, deren sie sich bei der Schilderung der Steinbereitung und Tinktur bedienten, in den Lesern nachklangen, verwandte Gedanken rege machten und Beziehungen weckten, die weit von den chemischen Prozessen und den kleinlichen Absichten entfernt waren. Jedes Gleichnis erweitert und vertieft, es deutet auf große Zusammenhänge, ja auf den Zusammenhang aller Dinge und auf die lebendigen Mächte hin, die diesen Zusammenhang schaffen und vertreten. Jedes Gleichnis ist im letzten Grunde religiös!

Dagegen verdunkelt natürlich das Gleichnis den Gegenstand, insofern er ein gesondertes, wissenschaftliches Problem ist. Es erschwert die genaue Analyse und sachliche Prüfung. Wer die Beschreibungen der Adepten als Chemiker liest, findet sie unverständlich, wer sie als Eingeweihter liest, das heißt die bildlichen Ausdrücke als den eigentlichen Kern nimmt, der bewundert die Klarheit und eindringliche Kraft, mit der hier das Wunder der Wiedergeburt, des Übergangs vom Leben durch den Tod zu einem höheren Leben verkündet wird. So heißt es etwa, dass die prima materia (der alte Adam) zuerst zum Drachen oder Löwen wird, dann in dem philosophischen Ei der Lilie beigesellt werden muss, worauf die Verwandlung in das Rabenhaupt erfolgt, aus dem wiederum der weiße Schwan entsteht, der auffliegt und sich endlich als farbiger Pfauenschweif oder Regenbogen zeigt. Damit ist der Stein fertig, und mit seiner Hilfe kann man nun aus dem unedlen Metall den königlichen Purpur anziehen. Was sind dies für reiche und tiefgreifende Bilder! Die Tierverwandlung übrigens, die hier in der Alchemie so stark hervortritt, erinnert besonders an den Mithraskult, wo verschiedene Grade mit Tiernamen bezeichnet wurden. Der Myste verwandelte sich in einen Raben, später in einen Löwen und Adler. Die Verwandlung wurde durch eine Maskenkleidung, die der Novize erhielt und durch Nachahmung der Tiergebärden, die er mit den Anwesenden gemeinsam auszuführen hatte, möglichst deutlich verwirklicht. Die Kirchenväter haben sich mit Unrecht über diese Verwandlungsriten im Mithraskult lustig gemacht, denn im Christentum kommen ja ebenfalls göttliche Tiere vor (Taube, Lamm), in denen die Bundesgottheit verkörpert ist und in die sich demnach auch die Bundesmitglieder verwandeln müssen. Die ganze Menschheit greift, wenn das Verwandlungsmysterium deutlich gemacht werden soll, zur Tiersymbolik, in ein Tier verwandelt zu werden und dessen besondere Eigenschaften und Fähigkeiten (z. B. die Stärke des Löwen, die Flugkraft des Adlers) magisch zu gewinnen, ist ein schon bei den primitiven Völkern nachweisbarer Wunsch, der sich in allen Religionen und allen Mysterienbünden in irgendeiner Form wiederfindet.

Die Bildfreudigkeit der Alchemisten war jener Epoche auch sonst zu Eigen. Für alle Forscher und Schriftsteller des ausgehenden Mittelalters und der beginnenden Neuzeit bestand die Gefahr, dass sich der Gegenstand, den sie gerade behandelten, durch die symbolische Ausdrucksweise, der sie sich bedienten, ins Mystische und Religiöse wendete. Eine Fülle mächtiger und ergreifender Bilder (darunter zum Beispiel das Bild vom Tempel) wurde damals teils neu geschaffen, teils aus älteren religiösen Quellen entnommen und bei Darstellung der verschiedenartigsten wissenschaftlichen Probleme angewendet. Vielfach geschah das ohne Zweifel unfreiwillig, es war ein unwillkürlicher Zwang, dem man folgte. Die Einzelforschung litt natürlich unter der vieldeutigen tastenden Ausdrucksweise, aber man konnte nicht anders, als vielsagend und dunkel zu reden, weil man jeden Gegenstand in unlöslichem Zusammenhang mit anderen, ja mit allen anderen Gegenständen sah. Das Kleinste hing fest an dem Größten, man wurde von der Einheit der Dinge überwältigt. Daher drängte es die Geister von der Analyse hinweg und zur Synthese hin, daher erblickte man eines als des anderen Spiegel oder Gleichnis. So gelangte man symbolisch zur Klarheit und Wahrheit, blieb aber begrifflich in der größten Unsachlichkeit und Verwirrung stecken. Jeder, der Paracelsus oder Böhme liest, weiß, was für Auslegungsschwierigkeiten diese Schriftsteller bereiten, wenn man den wissenschaftlichen Inhalt jeder einzelnen Stelle feststellen und begrifflich aussprechen will. Die Schwierigkeiten verschwinden, sobald man sich in die synthetische Geistesart dieser Männer hineingelebt hat und den Gleichnischarakter ihrer Ausdrucksweise würdigt. Sie suchten nach der großen Einheit wie die religiösen Philosophen und Mysteriengemeinden der urchristlichen Zeit, und brachten daher in jeden Gegenstand und jeden Satz etwas Irrationales, Religiöses hinein, das letzten Endes immer auf das hier von uns behandelte Geheimnis hinwies, wie denn auch diese beiden Männer der Alchemie sehr geneigt waren.

▲ *Die Große Sehnsucht*

Das Bedürfnis, sich bildlich auszudrücken, kann sich in das Ungemessene hineinsteigern und soweit führen, dass sich dem Schriftsteller wie dem Leser schließlich die ganze Welt in Nebel auflöst. Dann treten auch keine deutlichen Symbole mehr heraus, die Anschaulichkeit geht verloren, ein heilloses Durcheinander entsteht. Dieser Gefahr sind manche rosenkreuzerische und andere Mystiker erlegen, denen jede, auch die dürftigste Fähigkeit zum Sondern und Auseinanderlegen abgeht. Das geht dann ins Krankhafte über und ist dem Lallen der Verzückten, der Kinder- und Engelsprache verwandt. Das Erlebnis der Einheit und Gotterfülltheit hat diese Mysten ganz gefangen genommen, und sie sind dem irdischen Leben völlig entrückt. In der Spätantike und in Indien war dieser Zustand vielfach als Ziel und Höhepunkt des gesamten geistig-religiösen Strebens der Auserwählten gepriesen worden. Angestrebt war die Ekstase und in der Ekstase ein lallendes Alles-sagen-wollen, das dann in seliger Lähmung (Gebanntheit, Schweigen) endet. In der Freimaurerei hat dieses Ergebnis der Verwandlung keine Stelle. Der Freimaurer zerhaut den gordischen Knoten der mystischen Befangenheit mit dem Schwert seiner heiligen Arbeit. Die Erhöhung und Vergottung macht ihn aktiv, das Gefühl setzt sich in Tat um. Darüber im fünften Kapitel mehr.

Wem die Befreiung durch die Tat versagt ist, wer durch die gesamte Kulturlage oder durch seine mehr passiv duldende Natur zur Tatenlosigkeit verurteilt ist, bei dem wird das Verwandlungserlebnis jenen schwelgerischen und schwächlichen Charakter tragen, der uns bei manchen Mystikern so unangenehm auffällt. Die unerlösten Gefühlsseligen verachten das kräftige Handeln, verlieren sich in wüster Phantastik und ertrinken im Meer gestaltloser Bildermassen. Vor allem überwuchert bei ihnen die Geheimnissucht. Die ganze Welt wird ihnen zu einer Hülle vor der Wahrheit, die sie wegreißen möchten, wie der Jüngling vor dem verschleierten Bild zu Sais. Alles, was sie sehen, hören, empfinden, alle Ereignisse, alle Menschen, alle Bücher sind ihnen nur ein Vorhang, hinter dem sich die Wahrheit verbirgt, sind nur Oberfläche, nur Irreführung. Aus dieser Stimmung erklärt sich die Deutungs- und Umdeutungsleidenschaft mancher Gnostiker und Kabbalisten, die sich niemals mit dem offenbaren Sinn zufriedengaben und stets einen Hintersinn suchten. Bekannt sind namentlich die Bemühungen, in die Bibel allerhand Geheimnisse hineinzudeuten, um mit diesen Deutungen dem Bedürfnis nach Mystik um jeden Preis Genüge zu tun. Die allegorische Schriftauslegung ist eine Karikatur des Symboltriebes, die sich aus einer übermächtigen, aber nicht aktiv, sondern passiv gerichteten Sehnsucht nach Verwandlung und Vergottung erklärt. Bei den Kabbalisten ging die Leidenschaft des Andersdeutens soweit, dass sie die Sätze in Worte, die Worte in Buchstaben auflösten und mit den Buchstaben dann verfuhren, als seien es Steine, die man wie im Brettspiel versetzen kann. Sie erfanden eine Buchstabenalchemie, die ihre Regeln und ihren geheimen Zusammenhang mit den übrigen mystischen Wissenschaften hatte. Mit Hilfe dieser Alchemie, die übrigens schon in der hellenistischen Zeit geübt wurde, verwandelten sie die überlieferte

Die unerlösten Gefühlsseligen verachten das kräftige Handeln, verlieren sich in wüster Phantastik und ertrinken im Meer gestaltloser Bildermassen.

alttestamentliche Religion und glaubten, durch diese Verwandlung ihre eigene Wiedergeburt und die Wiedergeburt der ganzen Welt magisch mitzubewirken.

Diese Ausartungen des Verwandlungs- und Wiedergeburtsstrebens stellen uns immer wieder vor die Frage: Warum denn überhaupt Verwandlung und Wiedergeburt? Was für Menschen sind es, die überhaupt solchen Gedanken nachhängen und sich mit der symbolischen Ausprägung und magischen Verwirklichung dieser Gedanken abmühen? — Gar mancher auch unter den Freimaurern wird nicht nur die Ausartung, sondern die ganze hier vorgetragene Wiedergeburts- und Transmutationslehre als übertrieben und krankhaft ablehnen. Jedoch muss er dann auch die freimaurerische Symbolik ablehnen, in der freimaurerischen, wie in jeder anderen Mysteriensymbolik, ist das Wiedergeburtsgeheimnis das A und O. In das Zeichen der Wiedergeburt tritt der neu Aufzunehmende, und allein durch die Vollendung und Bestätigung der Wiedergeburt erlangt der Freimaurer die Meisterschaft. Daher sollten sich die Zweifler fragen, warum wohl die ersten Freimaurer gerade diese mystische Wiedergeburtssymbolik übernommen, freimaurerisch ausgebaut und der Nachwelt vererbt haben. Der Grund kann kein anderer sein, als bei allen anderen Mysterienbünden, die die Lehre von der Verwandlung und neuen Geburt des Menschen als ihr teuerstes Gut und tiefstes Geheimnis festgehalten haben. — Warum haben sich Tausende und Abertausende verehrungswürdiger Menschen den beschwerlichen und unheimlichen Handlungen unterworfen, die angeblich die Wiedergeburt verbürgten? Warum haben sich immer neue Generationen zu diesen Handlungen gedrängt, sich mit den Zeichen, Kleidern usw., die auf die geschehene oder ersehnte Verwandlung hindeuten, geschmückt, die dahin zielenden Mythen, Überlieferungen, Hymnen, Anreden, Sätze und Worte heilig gehalten? Woher die Zähigkeit und Unzerstörbarkeit dieser ganzen Wiedergeburtssymbolik, in der, wie gesagt, die primitiven Völker mit den geistig höchststehenden sich begegnen? Wer von neuem geboren

Der Mensch ringt mit sich selbst, in ihm ringt der Gott mit dem Tier.

und von Grund aus verwandelt zu werden wünscht, hält offenbar die erste Geburt für verfehlt. Er fühlt sich in seiner Haut nicht wohl, er fühlt, dass er bei der ersten Geburt nicht als Mensch, sondern nur als Naturwesen geboren ist. Und er will mehr sein als ein Naturwesen. Er fühlt etwas Ungeborenes in sich, fühlt sich schwanger mit dem Menschen, dem Sohn, dessen Vater der göttliche Hauch oder Geist ist. Man mag dies Gefühl eine Krankheit nennen, aber damit hat man es noch nicht widerlegt, es nicht aus der Welt geschaffen. Alle religiösen Menschen und Zeiten waren von dieser Krankheit befallen, alle Geistesbünde bekannten sich zu dem Satz Nietzsches: Der Mensch, das heißt der natürliche, einmal geborene Mensch, ist etwas, das überwunden werden soll. Wir könnten auch sagen, der Mensch ist ein Wesen, das von Natur krank ist und erst durch Tod und Verwandlung zur Gesundheit und wahren Stärke gelangt. Das ist die Grundüberzeugung der Mysterienbünde.

Und woher kommt diese Krankheit, dies Gefühl des Ungenügens, diese große Sehnsucht nach dem Anderssein um jeden Preis, auch um den Preis der Hingabe des Lebens? — Die Natur des Menschen ist in sich widersprechend. Das Tier ist klarer, sicherer, zufriedener als er. Der Mensch ringt mit sich selbst, in ihm ringt der Gott mit dem Tier. So ist er das geplagteste, eben darum aber auch das berufene Geschöpf. Er leidet an sich, sein Leben ist ein beständiges Sterben, aber in das Grabgeläute tönen die Auferstehungsglocken hinein.

Es hat Zeiten und Menschen gegeben, die das Leben leichter und zufriedener gelebt haben. Sie wurden mit den Widersprüchen fertig, ohne des Verwandlungsmysteriums zu bedürfen. Auch sie sprachen von Vervollkommnung des Menschen und Verbesserung der Zustände auf Erden, aber sie glaubten, dass Erziehung und Belehrung, gegenseitige Hilfeleistung und gesetzliche Abgrenzung der Rechte und Pflichten genügten, um die Unvollkommenheit und Not aus der Welt zu schaffen. Sie verlangten nicht, dass der Mensch umkehren und seinen Sinn ändern solle, sie versprachen sich keine oder eine schädliche Wirkung von der tiefen Erschütterung, in die das religiöse Erlebnis den Menschen setzt. Sie standen kopfschüttelnd vor der

Lehre, dass nur durch Vernichtung und Aufhebung des Lebens das wahre Leben gewonnen werden könne. Jedermann weiß, dass es auch heute solche Menschen gibt. Wir schelten sie nicht, aber es will uns scheinen, als ob ihre Zahl abgenommen und ihre Behauptungen an Bestimmtheit und Nachdruck verloren hätten. Die großen Ereignisse der letzten Jahre haben sie stutzig gemacht, diese Ereignisse waren ein praktischer Lehrkursus in der Mysterienweisheit. Sie bewiesen mit einer furchtbaren Deutlichkeit, dass die stillen Mysterienfreunde, die so unzeitgemäß schienen, mit ihrer Wiedergeburtssymbolik Recht haben. Durch Schmerz und Tod hindurch ist die Kulturwelt zu neuem Leben erwacht, durch Chaos und Zerstörung hat der Mensch wandern müssen, um ein neues Werden zu erleben und den Sonnenaufgang eines neuen Tages zu schauen. Darum kann man heute freier über das Verwandlungs- und Wiedergeburtsgeheimnis reden als noch vor wenigen Jahren. Missverständnis und Unverständnis sind viel weniger zu befürchten. Wer die letzten Jahre wachend durchlebt hat, der ist, ohne es zu wissen, ein Eingeweihter, ein Jünger des uralten Mysteriums vom Tod und vom Leben geworden.

Die große Sehnsucht hat die älteren Mysterienbünde mitunter über das Ziel hinausgeführt und sie in dem heißen Drang nach Leben unversehens zu Gegnern des Lebens gemacht. Diese Übertreibung war es, die manchen gegen die Wiedergeburtslehre misstrauisch gemacht hat. Aber Übertreibungen beweisen nicht gegen eine Sache. Übertreibungen sind unter Umständen notwendig und segensvoll, nur durch die Übertreibungen einseitiger Geister und Geistesbünde hat die Menschheit ihre größten Erfolge errungen. Die große Sehnsucht verleitete die Mysterienjünger, den Vorgang der Wiedergeburt ins Jenseits zu verlegen. Sie sagten, im irdischen Leben sei eine wirkliche Vergottung nicht möglich, erst wenn das Leben zu Ende, die Seele vom Leib getrennt sei, könne die wirkliche Verwandlung beginnen. Daher lehrten sie, dass der Mensch, um seine Vergottung zu beschleunigen, dem Leben absterben und den baldigen Tod herbeisehnen müsse. Dem gemäß wurde die ganze Mysteriensymbolik als eine Vorwegnahme und magische Herbeiführung des Übergangs in ein Jenseits aufgefasst und ausgestattet. Aus den Vorbereitungen zu der Einweihung wurde die Preisgabe der Lebensgüter und Lebenspflichten, aus dem Einweihungsakt selber die Besiegelung des endgültigen Abgestorbenseins. Mit dem Gedanken, dass die Wiedergeburt den Menschen vergeistigt, wurde nun blutiger Ernst gemacht. Man lehrte: Wer eingeweiht ist, ist ein Abgeschiedener! Die Mysten sind die Geister, sind die Totenseelen, die sich aus dem des Leibes geflüchtet und dadurch ihre Vollendung erlangt haben. Diesen Sinn hat das Wiedergeburtsmysterium bei den Buddhisten, bei den Orphikern, bei manchen Gnostikern und auch bei den christlichen Mönchsorden erhalten. Wir erkennen das als eine Übertreibung und einseitige Ausartung, die aber als Ergebnis der großen Sehnsucht durchaus verständlich ist.

Das Jenseits tritt in solchen Zeiten oder Umständen hervor, wo die innere oder äußere Not als unheilbar und unerträglich empfunden wird und die Verhältnisse keine Arbeit an der Erlösung und Vervollkommnung zu gestatten scheinen. Dann richtet sich der Blick auf das Grab als die Pforte zum wahren Leben. Die Arbeit wird dann als Hemmnis und Verzögerung, nicht wie im heiligen Arbeitsbund als Mittel und Vorbedingung der Erhöhung empfunden. Dann wird die Krankheit und die krankmachende Lebensweise heilig gesprochen und der Kränkste als Führer und Wegweiser zu Gott gepriesen. Die Welt (der Kosmos) ist dann der Inbegriff des Bösen und Verwerflichen, die Mysten glauben sie damit vernichten und austilgen zu können, dass sie sich selber austilgen und aus dem Dasein wegstreichen. Dann tritt auch der Gedanke des rettenden Mittlers und Meisters in den Mittelpunkt der ganzen Bundessymbolik. Dieser Meister ist unsichtbar und herrscht in dem jenseitigen Reich der Vollendeten. Auf die Übersiedlung in sein Reich setzen die Mysten alle ihre Hoffnung, glauben aber, dass er dabei das Beste tun müsse, da der Mensch aus eigener Kraft nichts vermöge.

Diese Übersiedlung ist natürlich mit großen Gefahren verknüpft. Mit dem Leib könnte auch die Seele der Vernichtung anheimfallen. Nicht jedem öffnet der Tod die Pforten in das wahre Leben. Das wahre oder ewige Leben ist den Auserwählten vorbehalten und — so war die Überzeugung der Mysterienanhänger — durch die Einweihungs- und Vorbereitungshandlungen wird man zum Auserwählten. Die Mysterienweihe wurde als Pharmakon Athanasias, das heißt als Medizin der Unsterblichkeit oder, wie man auch übersetzen könnte, als Gegengift gegen das Sterben aufgefasst. Wer mit diesem Gegengift versehen war, dem konnte der Tod nichts anhaben, er ging wohlbehalten durch das dunkle Tor und wurde von dem göttlichen Meister in den himmlischen Bund der Vollendeten aufgenommen. Bei den christlichen Schriftstellern lesen wir, die Taufe verleihe die Befähigung zur Auferstehung, sie sei das Kleid der Unvergänglichkeit (Aphtharsia). Wer dies Kleid anhat und diesen Befähigungsnachweis vorzeigen kann, der ist gegen alle Gefährlichkeiten, die der Tote zu bestehen hat, geschützt, er ist gleichsam immun geworden.

Bei den Urchristen war, unter Umbildung des jüdischen Messiasglaubens, die Überzeugung herrschend, dass das Königtum Gottes hier auf Erden in Kürze anbrechen werde, daher nicht alle den Weg durch die dunkle Pforte zu gehen brauchten. Ohne ihr Zutun werde sich ein allgemeiner Umschwung vollziehen, die Kinder der Welt werden vertilgt und grausam gestraft werden, die Kinder des Lichts aber werden, ohne Beschwerden und ohne den Tod erleiden zu müssen, in die neue Weltperiode (Aion) hinüberwandern. Nach dieser Auffassung, von deren mächtiger Wirkung auf die Gemüter wir uns kaum eine Vorstellung machen können, ist der Satz, dass Taufe und Abendmahl, die christlichen Mysterienweihen, ein Gegengift gegen das Sterben seien, eine buchstäbliche Wahrheit. Wer als Täufling bildlich gestorben und in der Eucharistie mit dem geopferten Gotte eins geworden ist, der ist damit vom wirklichen Tod befreit. Man kann daraus ableiten, wie eifrig die Aufnahme in den Bund der Heiligen der letzten Tage erstrebt werden musste. Noch Augustinus fühlte sich gedrängt, eine besondere Erklärung dafür zu geben, weshalb die durch die Taufe dem ewigen Leben Gewonnenen trotzdem noch erst sterben müssten.

Die Erfahrung, dass die Heiligen starben und die Herabkunft des göttlichen Aion auf sich warten ließ, verhalf immer wieder jener anderen Auffassung zum Sieg, das Reich Gottes sei das Reich der seligen Toten im Jenseits. Daher wurden denn auch die Weihehandlungen mit Sterbenden vorgenommen, Taufe (Ölung) und Eucharistie wurden als Viaticum, als Heilsarznei am Totenbett verabreicht. Sogar den bereits Gestorbenen gab man noch symbolisch das Abendmahl. Das erinnert an die Totentaufe der Mormonen, es erinnert aber auch an die Täfelchen und Formeln, die den Mitgliedern der orphischen Mysteriengemeinden ins Grab mitgegeben wurden. Diese Formeln bekundeten die Zugehörigkeit und Würdigkeit des Toten, sicherten ihm also im Jenseits eine gute Aufnahme zu und bewahrten ihn vor dem schrecklichen Schicksal des ewigen Todes, vor dem Verschlungenwerden durch den Höllenhund und andere Teufelsgestalten.

Die Weihe bei Lebzeiten ist nur die Vorbereitung für die große Stunde der wirklichen Weihe nach dem Tod.

Es ist deutlich, dass hier die Mysterienweihe mit dem Tod zusammenfallend gedacht wird. Die Weihe bei Lebzeiten ist nur die Vorbereitung für die große Stunde der wirklichen Weihe nach dem Tod. Der Tod ist zum Mittelpunkt des ganzen Denkens geworden, der Augenblick des Sterbens gilt als Zeitpunkt der eigentlichen Geburt. Daher die Weihehandlungen am Totenbett oder am Sarg des Verstorbenen. Die Formeln, durch die sich der tote Orphiker gegenüber den Totengöttern (Richtern, Rächern) auswies, waren zweifellos Bestandteile des orphischen Aufnahmerituals. Bei den Aufnahmezeremonien hatte der Orphiker den Tod mit seinen erwünschten Folgen bildlich erlebt. Er hatte sich sterben, ins jenseitige Reich wandern, mit Hilfe der Schutzformeln die feindlichen Wesen abwehren, im Gericht bestehen und die Wonnen des ewigen Lebens empfangen sehen. Dieselben Formeln sollten ihm nun bei seinem wirklichen Tod dieselben Dienste leisten, deshalb gab man sie ihm mit oder rief sie ihm nach.

Man kann die merkwürdigen Jenseitsvorstellungen der antiken und christlichen Kultbünde und die mit ihnen zusammenhängende Lehre von der Seelenwanderung nur als Ausfluss des Mysterienerlebnisses verstehen. Die extreme Auffassung des Erlebnisses zwang zu einer lebhaften Ausmalung der Vorgänge nach dem Tod und des Zustandes der jenseitigen Welt. Wer da glaubt, dass das Leben mit dem Tode erst wahrhaft beginnt und das irdische Leben nur eine Vorbereitung für die im Tod zu empfangende Lebensweihe ist, der will Näheres über diese Lebensweihe wissen und über das, was ihr folgt. Als Vorbild schwebt ihm natürlich der Bund der Auserwählten mit seinen Einrichtungen und Zuständen vor. Was er hier erlebt und sieht, verlegt er in vergrößerter und idealisierter Form ins Jenseits. Was hier Hoffnung ist, wird drüben Erfüllung sein. Der Weiheakt wurde zu einem figurenreichen Drama ausgestaltet, das den Eintritt des Novizen in die jenseitige Welt mit farbenprächtigen Einzelheiten schilderte. Was sich nicht szenisch aufführen ließ, wurde episch erzählt oder symbolisch angedeutet. Der Novize war aktiver Mitspieler, an ihm und mit ihm vollzog sich das Drama. Er sah sich von den Ungeheuern und Schrecken bedrängt, sah sich dann im Kreis der Seligen und sah vermutlich auch die Strafen und Martern, die die Nichteingeweihten und die unwürdigen Mitglieder zu erdulden hatten. Wie weit bei den einzelnen Mysterienkulten die dramatischen oder epischen Ausmalungen sich erstreckten, wissen wir nicht genau, aber sicher fanden derartige Darstellungen in orphisch-pythagoräischen Mysterien, im Mithras- und Isiskult, bis zu einem gewissen Grad auch in den Eleusinien und in den christlichen Mysteriengemeinden statt. Überall war ein brennendes Interesse für das Jenseits vorhanden und in den Mysterienhandlungen und Kultlegenden gewann dies Interesse leibhaftigen und bis an die Grenze des Anstößigen und Lächerlichen gehenden Ausdruck. Die große Sehnsucht nach Vergeistigung und Entsinnlichung, die in diesen Gemeinden lebte, schlug dabei auf wunderliche Weise in ihr Gegenteil um, sie wollten den Verführungen des Leibes und der ganzen Nichtigkeit des irdischen Daseins entfliehen, und verfielen doch bei der Ausmalung des himmlischen Lebens auf lauter sinnliche Bilder und Vorstellungen. Die herrlichsten Genüsse wurden den Novizen vorgezaubert und fast schien es, als ob das Jenseits dazu bestimmt sei, die geplagten Menschen für alle Entbehrungen und teils freiwilligen, teils unfreiwilligen Entsagungen durch ein gesetzloses Schlaraffenleben zu entschädigen.

▲ *Seelenwanderung*

Die Feineren hielten sich frei davon, sie verzichteten auf die Ausmalungen der Freuden des Jenseits und symbolisierten ihre Wiedergeburts- und Verwandlungssehnsucht lieber in der Lehre von der Seelenwanderung. Der Gedanke der Seelenwanderung ist ein Erbstück aus der Kinderzeit des Menschengeschlechts. Den Mysterienbünden ist es zu verdanken, dass er sich dauernd erhalten hat und von den tiefsten Geistern immer wieder aufgegriffen und neu durchgebildet worden ist. Die Seelenwanderungslehre hat auch sehr stark auf die Symbolik und Ritualistik der Mysterienbünde eingewirkt. Bei der Weihe wurde die Wanderung der vom Körper befreiten Seele in das Zwischenreich und darauf ihre Rückkehr in einen neuen höheren Leib dramatisch dargestellt. Auch die Laufbahn des Mysten im Bunde selber, also sein Aufstieg in die höheren Grade, wurde mit der Seelenwanderung in Beziehung gebracht. Jede neue Weihe war eine neue Totenreise, war ein Ausziehen des bisherigen Leibes und ein Anziehen des neuen Leibes.

Der Seelenwanderungsglaube braucht keinen antisinnlichen und antiweltlichen Charakter zu tragen. Die primitive Vorstellung ist vielmehr die, dass die Seele nach ihrer Trennung vom Leib sich unglücklich fühlt und nach einem neuen irdischen Leib Verlangen trägt. Sie irrt heimatlos umher, allen bösen Dämonen ausgesetzt und sucht ein neues Haus, ein neues Unterkommen. Sie geht in den Schoß einer Frau ein oder bemächtigt sich eines Kindes, eines Jünglings im Pubertätsalter oder eines Novizen bei der Aufnahme in den Bund. Man war allgemein des Glaubens, dass die Seelen der Toten, der Ahnen, der früheren Stammes- oder Bundesmitglieder in die Nachkommen eingehen, sie leben in dem Nachwuchs wieder auf. Es ist das eine Vorstellung, die der Wahrheit ziemlich nahekommt und die, wie

Der Seelenwanderungsglaube braucht keinen antisinnlichen und antiweltlichen Charakter zu tragen.

man sieht, mit der weltflüchtigen Stimmung der heidnischen und christlichen Asketenbünde zunächst nichts zu tun hat. Nur ist es begreiflich, dass es die Seele nach ihrer Totenwanderung womöglich besser haben will als in dem früheren Leben. Sie sucht einen edleren Körper, ein glücklicheres Schicksal.

Bei einer pessimistischen Auffassung vom Leben musste sich aber hieraus der Wunsch entwickeln, am liebsten gar nicht ins Leben zurückzukehren. Die Seele möchte drüben in der Welt des Nichtwerdens bleiben, vereinigt mit den gleichfalls gestorbenen Genossen unter dem Schutz guter Geister. Und weiter musste sich die Auffassung entwickeln, dass das Reich der guten Geister die eigentliche Heimat der Seele ist, aus der sie stammt und nach der sie sich während des irdischen Lebens sehnt. Das ist die Lehre von der Präexistenz und der ursprünglich göttlichen Natur der Seele. Das irdische Leben ist ein Abfall, eine Verirrung oder Verbannung, die Reise des Gestorbenen ist ein Heimkehren. So fassten es manche Geheimkulte des Altertums auf und gestalteten dem gemäß die rituelle Wanderung des Novizen als eine glückliche Heimreise zur Gottheit aus. Der Seelengeleiter Hermes führt die gefallene und verbannte Seele an seiner treuen Hand heimwärts, er weiß durch seine Macht und List die Schrekken der Wanderung zu überwinden. So konnte es dahin kommen, dass der Totenführer zum eigentlichen Mysteriengott erhoben wurde. Hermes galt als der dreimal Große, der Herrscher im Reich der Zauberei (Hermetik), der gute Hirte, der die verirrten Schafe zurückbrachte.

Die christliche Häretik hat die Seelenwanderungslehre mit anderen antiken Erbstücken bis in die Gegenwart hinübergerettet.

Aber die Gewissheit, nach dem Tod endgültig heimzukehren und einer ewigen Göttlichkeit oder Seligkeit teilhaftig werden zu können, ließ sich nicht festhalten. Auch der gotterfüllteste Myste fühlte in den Stunden der Nüchternheit, dass er noch nicht vollkommen war. Mit dem einen Leben konnte es nicht genug sein, ein Leben war zu kurz und zu schmal, um alle erforderlichen Prüfungen durchmachen und alle Unvollkommenheiten ablegen zu können. Die Seele muss ein mehrfaches Werden durchlaufen, ehe sie in das wahre Sein eingehen kann! Das war die Lehre der Pythagoräer und der verwandten Geheimkulte Griechenlands. Man wusste auch die Dauer der ganzen Prozesse und die Anzahl der Existenzen sowie die Mittel zur Abkürzung genau anzugeben, worin die modernen Theosophen, die dieser Reinkarnationslehre anhängen, noch weitergehen als die antiken Mysten. Die Lehre ist psychologisch durchaus verständlich und gerechtfertigt. Wenn der Mensch eine unbezwingliche Sehnsucht nach Vollkommenheit hat und nicht glaubt, diese Vollkommenheit ohne sein Zutun als eine reine Gnade zu empfangen, muss er wünschen, mehrere Leben nacheinander zu durchlaufen, um sich allmählich der Vollkommenheit zu nähern. Jedes neue Leben ist eine Wandlung und eine Gradstufe. In weiter Ferne lockt das endliche Ziel, die Ruhe nach der Arbeit, die ewige Einheit mit Gott.

Das kirchliche Christentum hat die Lehre vom Geburtenkreislauf stets bekämpft, infolgedessen hatte es nur die Wahl, die Seligkeit als ein unverdientes Geschenk Gottes an die Gläubigen aufzufassen oder hinter das Leben erst die eigentliche prüfungs- und Läuterungszeit zu setzen. Das ist die Lehre vom Fegefeuer und Jüngsten Gericht. Auch sie findet sich schon in den heidnischen Mysterienbünden und geht auf primitive religiöse Vorstellungen zurück.

Die christliche Häretik hat die Seelenwanderungslehre mit anderen antiken Erbstücken bis in die Gegenwart hinübergerettet. Die jüdische Kabbala übernahm sie ebenfalls aus den antiken Traditionen. Bei den Humanisten stand sie in ebenso hohem Ansehen wie im deutschen Neuhumanismus (Lessing, Goethe). Die Freimaurerei kennt die Seelenwanderung als Lehre nicht, weil der Freimaurerbund überhaupt keine Lehren metaphysischer Art hat. Aber das zugrundeliegende Erlebnis berührt sich sehr nahe mit dem freimaurerischen Erlebnis. Der Freimaurer strebt nach Selbstveredlung, über die Schranken des Todes hinweg. Die Grade sind ihm Wachstums- und Wandlungsstufen, die jedes Mal mit einer Wanderung und neuen Geburt beginnen. Das körperlose Zwischenreich und das tatenlose Himmelreich hat für ihn nur geringes Interesse.

An der Vervollkommnung durch die heilige Arbeit hier auf Erden hängt sein ganzes Herz. Der natürliche oder der bildliche Tod sind ihm nur ein Übergang zu andersartigem Wirken. Die Gemeinschaft von Seele und Leib ist ihm nicht eine unglückliche Verkuppelung unvereinbarer Gegensätze, nicht eine Einkerkerung der ersteren in den letzteren, sondern eine segensvolle Ehe. Dem liebenden Austausch und Ausgleich entsprießen die erwünschten Früchte. Der wahre Mensch ist kein verschlagener Schiffbrüchiger auf Erden, sondern er liebt die Erde als seine Mutter ebenso treu wie den Himmel, seinen Vater.

▲ *Kosmologie*

Die Mysterienbünde haben das Erlebnis der Wiedergeburt oder Verwandlung auf das All zu übertragen versucht. Sie haben eine Kosmologie auf anthropologischer Grundlage aufzubauen unternommen. Was sie vom Menschen und dessen Natur und Bestimmung wussten, errieten, erlebten, das übertrugen sie auf die gesamte Welt. Bei manchen Mysterienbünden, zum Beispiel beim Freimaurerbund, ist die Entwicklung der Kosmologie nicht über das Stadium des Symbolischen hinaus gediehen. In anderen ist ein reiches kosmologisches Lehrsystem entstanden, das dann fälschlich als Ziel und Ursprung des Bundes aufgefasst worden ist. Wir müssen daran festhalten, dass die Kosmologie, gleichviel ob sie mythologischen oder philosophischen Charakter trägt, Folge, nicht Ursache, Abbild, nicht Urbild des Mysterienerlebnisses ist.

Noah ist das Urbild des geretteten und erneuerten Menschen, der sich eine Arche (eine Loge) baut und mit den Noachiden den heiligen Bund der Auserwählten gründet.

Jeder Mysterienbund glaubt, dass der Mensch und so auch das All aus Leib und Seele besteht. Die Frage, ob beide wesenhaft, beide ursprünglich, beide unvergänglich sind, oder ob diese Prädikate nur der Seele zukommen, wird von ihnen verschieden beantwortet, aber irgendeine Art von Dualismus (oder auch Trialismus, wenn zwischen Seele-Psyche und Geist-Pneuma unterschieden wird) wird stets angenommen. Offenbar setzt das

Mysterienerlebnis einen Dualismus voraus. Nur wer sich als Wahlstatt eines Kampfes fühlt und eine Spannung zwischen geistigen und leiblichen Kräften oder Trieben empfindet, kann Sehnsucht nach Erneuerung und nochmaliger Geburt haben.
Weiter glaubt jeder Mysterienbund, dass sich der wunderbare Vorgang, den die Mysten erleben, gleichermaßen im All vollziehe, dass also der Erhöhung oder Erlösung des einzelnen Menschen eine All-Erlösung und All-Vergottung entspreche. Nach magisch-religiöser Auffassung ist diese Entsprechung so gedacht, dass jeder Mysterienakt als solcher hinauswirke in das All und dass mit dem geweihten Novizen und den an der Weihe teilnehmenden Brüdern der gesamte Kosmos mitverwandelt, miterneuert werde. Man kann sich diese Auffassung verständlich machen, wenn man an die katholische Messe denkt, durch die ja nach kirchlichem Glauben jedes Mal die Welterlösung Christi von neuem vollzogen und bekräftigt wird. In ähnlicher Weise denkt sich der Myste, dass bei der Mysterienweihe ein ganzes Weltendrama vor sich geht. Wenn der Novize zum Beispiel in dem Taufwasser untergeht und sein alter Mensch stirbt, ertrinkt zugleich die ganze alte verderbte Welt, und es erhebt sich aus der Sintflut ein neues, reineres Weltalter. Der Mythos von der großen Flut und von dem einen Menschen oder Menschengeschlecht, das in einer Arche sich über die Flut hinüberrettete und darauf zum Urvater oder Urgeschlecht einer neuen Welt wurde, ist eine kosmologische Übertragung des Mysterienerlebnisses. Daher ist Noah eine so wichtige Persönlichkeit in den Bünden. Noah ist das Urbild des geretteten und erneuerten Menschen, der sich eine Arche (eine Loge) baut und mit den Noachiden den heiligen Bund der Auserwählten gründet.

Auch der Übergang von der Finsternis zum Licht, die Totenwanderung des Novizen in das Land der Seligen oder in ein neues Werden wird kosmologisch gedeutet. Das Chaos weicht dem Es werde Licht! Gottes. Die Lichtgebung ist eine Weltschöpfung, die Wiedergeburt des Menschen eine Wiedergeburt des Universums.

In den Mysterienbünden ist daher auch die Lehre von der ewigen Wiederkunft zu Hause. Aus dem Erlebnis der zweiten Geburt, zumal wenn dieses Erlebnis durch die Gradstufen periodisch erneuert und vertieft wurde, ging der Glaube an den Kreislauf der Weltenjahre hervor. Jede Weltperiode hat ein Jünglings-, Mannes- und Greisenalter. Danach stirbt sie, das Leben kehrt in seine Heimat, in die göttliche Einheit zurück, bis es in einer neuen Weltschöpfung wieder auseinander flutet. So wechselt Werden und Vergehen. Als Mythos und als philosophische Idee ist diese Wiederkunftslehre im Altertum nachweisbar. Sie beruht in ihrer einfachsten Form natürlich auf der Beobachtung der Natur, aber ihre religiöse Bedeutung, ihren Charakter als tiefstes und letztes Weisheitsgeheimnis hat sie einzig und allein dem Erlebnis der Wiedergeburt zu verdanken, das erregte Geister und Geistesbünde pflegten. Die Lehre von dem Weltenkreislauf verband sich meist mit der Seelenwanderungslehre.

Die Mysterienbünde folgten einem psychischen Zwang, wenn sie ihren Bund dem Kosmos gleichsetzten, die Schicksale ihres Bundes am Himmel ablasen und das Weltgeschehen von den Vorfällen in ihrem engen Kreis abhängig glaubten. Vor allem fiel für sie das Entstehen ihres Bundes mit dem Entstehen der Welt zusammen. Ihr Bundesgründer ist der Weltschöpfer oder doch dessen Sohn. In jedem Novizen verkörpert sich dieser Sohn, dieser schöpferische Urmensch (Logos, Protanthropos, Adam Kadmon), von dem durch eine tragische Selbstaufopferung alles Leben ausgegangen ist. Was in gnostischen, kabbalistischen, alchemistischen Mythen und Theorien über die Weltentstehung und Welterlösung ausgeführt wird, erfährt erst seine volle Erklärung, wenn man es als Erfahrung und symbolische Weisheit der Mysterienbünde versteht.

So erklärt es sich auch, dass sich die Anfangsworte des Johannisevangeliums als Zauberspruch und als Mysteriensymbol in den häretischen Kreisen und Verbänden so großer Beliebtheit erfreuten. Der Eingang und überhaupt das ganze Johannisevangelium trägt deutlich die Züge einer Bundesoffenbarung. Der Grundgedanke jeder Bundesoffenbarung ist die Vergottung des Menschen, die unterstützt oder vollzogen wird durch den Bund oder Bundesgeist. Dieser Bundesgeist ist Gott selber, der Mensch gewordene

Gott, mit dem der Myste ein Todes- und Lebensbündnis eingeht. Da ist, wie man sieht, unser viel erörtertes Erleben der Mysterien verschmolzen mit einem theosophisch-kosmologischen System. Die Mysterienbünde haben stets, teils bewusst, teils unbewusst, an dieser Verschmelzung gearbeitet, und jeder christliche Häretiker oder Häretikerverband, der durch den dogmatischen und hierarchischen Wall hindurch zu Gott und zu sich selber gelangen wollte, griff naturgemäß nach denjenigen Stellen der heiligen Urkunden, die die symbolische Einheit von Gotteslehre und Wiedergeburtserlebnis am deutlichsten bekundeten. Zu diesen Stellen gehörte in erster Linie der Anfang des Johannisevangeliums, ferner auch gewisse Stellen der apokalyptischen Bücher sowie der Schöpfungsgeschichte, endlich auch das Hohe Lied.

Nach Anschauung der Mysterienbünde gewinnt der Novize durch die Bundesweihe ein neues Verständnis für die gesamte Welt und ihren Zusammenhang. Er erlebt die von der Tradition überkommenen religiösen Wahrheiten und mythologischen und philosophischen Lehren auf veränderte Weise: vertieft und vergeistigt. Daher auch die Umdeutungen und Umformungen, die der Bund mit diesen Wahrheiten und Lehren vorzunehmen sich gedrängt fühlt. Er führt sie auf ihren menschlichen Kern zurück, er löst sie aus ihrer dogmatischen Starrheit, macht sie flüssig und lebendig. Das Göttliche zieht er in das Menschliche herab, damit es das Menschliche zum Göttlichen erheben kann.

Aus den Mysterienkulten ging denn auch die christliche Kirche mit ihrem dogmatischen Symbolum und ihrer Hierarchie hervor.

▲ *Häretik*

Infolgedessen steht es mit der Rechtgläubigkeit in den Mysterienbünden ziemlich schlecht, obwohl sie sich auf Offenbarung und Heilsglaube gründen. Sie sind ihrem Wesen nach häretisch, das heißt sie vermeiden die Festlegung ihres erlebten Glaubens in einem Bekenntnis und dienen der Wahrheit als einer nie abgeschlossenen, ewig sich erneuernden und entwickelnden.

Scheinbar waren die Geheimkulte im Altertum ein Vorstoß des dogmatischen Geistes und ein Vorspiel der kirchlichen Bekenntnisreligion. In den öffentlichen Religionen des Altertums gab es keine Dogmatik. Die allgemeinen Gottesdienste bestanden aus Opfer und Gebet. Mythos und Lehre waren bis zu einem hohen Grade der freien Aneignung und Fortbildung des Einzelnen überlassen. Denken und reden konnte man über die Religionen fast ganz wie man wollte, wenn man nur die vorgeschriebenen Kultleistungen erfüllte. Dagegen stellten die Mysterienbünde in den Mittelpunkt ihres religiösen Lebens eine bestimmte Heilshandlung (Sakrament), die sie auf einen Mythos oder eine Lehre gründeten. Darin lag zweifellos eine Hinneigung zur dogmatischen Religionsbildung. Aus den Mysterienkulten ging denn auch die christliche Kirche mit ihrem dogmatischen Symbolum und ihrer Hierarchie hervor. Aber die Entwicklung des Mysterienbundes zur Kirche ging Hand in Hand mit einem Abfall von den Grundlagen des Bundes. Andere Bünde jener Zeit widerstrebten der dogmatischen Festlegung ihres Heilsschatzes und übten eine von der Kirche immer heftiger verabscheute Toleranz, ganz im Sinne der antiken Religionsauffassung. Die Kirche gewann zwar äußerlich den Sieg und beanspruchte, der Ziel- und Ruhepunkt des gesamten spätantiken Ringens um Göttlichkeit und wahre Menschlichkeit zu sein. Aber dieser Anspruch war unberechtigt, und der Sieg wurde durch verwerfliche Mittel erreicht. Unter der Oberfläche lebte die wahre Gnosis als Ergänzung der Kirche fort. Je starrer und unduldsamer die Kirche auftrat, umso mehr forderte ihr Verrat zum Festhalten an den Grundsätzen der alten Gemeinden der Erwählten (Häretiker) heraus. Immer neue Verbände bildeten sich, die das religiöse Freiheitserlebnis in dem alten Sinne pflegten und das kirchliche Dogmengebäude auf seine menschliche Wahrheit und seinen symbolischen Lebensgehalt zurückführten.

Unter der Oberfläche lebte die wahre Gnosis als Ergänzung der Kirche fort.

An manchen Stellen sind die Äste dieser Bäume freundschaftlich ineinander gewachsen, an anderen haben sie miteinander um Luft und Licht gekämpft.

Aus der Wurzel des Mysterienerlebnisses sind also zwei verschiedene Bäume hervorgewachsen, einerseits die große uniforme Organisation der Kirche, anderseits das vielgestaltige häretische Bundeswesen. An manchen Stellen sind die Äste dieser Bäume freundschaftlich ineinander gewachsen, an anderen haben sie miteinander um Luft und Licht gekämpft. Äußerlich war die Kirche durchweg stärker, so stark, dass sie sich als einzig berechtigte Erbin gebärden konnte und die geschwisterlichen Sprösslinge als Bastarde beschimpfte, verdrängte und die verkümmerten und mühsam dahinvegetierenden dann noch verhöhnte. Innerlich war sehr oft die Häretik stärker. Von ihren geistigen Früchten nährte sich das religiös darbende Volk, ja die Kirche selber stahl und genoss, wo sie nur konnte, die Reichtümer, die die häretischen Geister und Geistesbünde aus dem verborgenen Schacht der Mysterienfrömmigkeit hervorholten. Vielleicht ist die Zeit nahe, wo die Häretik auch äußerlich ihre Erbansprüche durchsetzen und gleichberechtigt, mit den Waffen der Liebe, für die religiöse Freiheit in die Schranken treten kann. Dann wird sich auch zeigen, ob die organisatorische Schwäche und Zerfahrenheit der häretischen Verbände im Wesen der Mysterienfrömmigkeit oder nur in äußeren Hemmungen ihren Grund hat.

▲ *Öffentlichkeit*

Als die Christengemeinde noch keine Kirche war, wusste sie, wie die übrigen Mysterienkulte, dass die religiöse Wahrheit ein Geheimnis ist. Später gab die Kirche die Geheimhaltung preis und erklärte es für ein Verbrechen, dass die häretischen Verbände der alten Mysterienpraxis treu blieben. Kein Vorwurf wurde so gern wiederholt, keine Anklage so emphatisch in die Welt gerufen als der Vorwurf der Geheimnistuerei und die Anklage, dass die Bünde lichtscheue Dinge trieben. Ich sagte vorhin schon, dass die Kirche damit ihre eigene Herkunft verleugnete und ihre verehrtesten Lehrer Lügen strafte. Die europäische Menschheit ließ sich denn auch von der Liebe zum Geheimnis nicht abbringen.

Eine gewaltige Bewegung ging durch das deutsche Land und pflanzte sich in anderen Ländern fort, als man durch ein kleines

Büchlein: Fama Fraternitatis, Kunde von der Brüderschaft des Rosencreutz, im Jahre 1614 erfuhr, es bestehe eine geheime Gesellschaft von Lichtfreunden, die nur Würdigen ihre Pforten öffne. Und eine ähnliche Bewegung entstand im nächsten Jahrhundert, als der Bund der Maurer, von England kommend, seine geheimnisvollen Hütten in allen größeren Orten des Kontinents aufschlug. — Was zog die Menschen zu diesen verborgenen Bünden, und was hatten diese Bünde eigentlich zu verbergen? Erst jetzt können wir diese oben schon erwähnte Frage beantworten.

Als die Christengemeinde noch keine Kirche war, wusste sie, wie die übrigen Mysterienkulte, dass die religiöse Wahrheit ein Geheimnis ist.

Die Kirche hatte keine Geheimnisse mehr. Niemand war damals noch der Meinung, dass die offiziellen Religionsvertreter von Gott und Welt mehr wüssten als jeder Laie. Und doch herrschte ein ungeheures Verlangen, tiefere Quellen für das Wissen über diese Dinge zu finden. Der Katechismus, der in jedermanns Hand war, gab die Wahrheit nicht als Mysterium, nicht als ein noch Ungefundenes, noch Unvollendetes, seiner Natur nach Unergründliches, dem die Weisesten sich immer weiter nähern und zu dessen Eroberung alle Wagemutigen und Todesbereiten eingeladen werden, sondern als einen seit langem feststehenden Memorierstoff, den sich schon die Schulkinder zu Eigen machen können. Ganz anders die Rosenkreuzer und Freimaurer! Da fühlte man das Wehen des Mysteriengeistes. Da waren Menschen, die sich in der Stille unter Gelübden zusammenfanden, um — ja warum? Offenbar, um sich zu besinnen und zu besprechen über die Wahrheit, aber die noch unentdeckte, noch unverbrauchte, nicht ausgeschrotete Wahrheit. Und dieses Gefühl trog nicht. Die Häretikerbünde, und was sich an sie anschloss oder mit ihnen gleichen Geistes war, suchten wirklich die Mysterienwahrheit. Ihnen wurde das Erlebnis der Wiedergeburt zu einer völlig neuen Erfahrung und Aufgabe. Nur stammelnd, in Bildern und Zeichen, in Formen und

Die Häretikerbünde, und was sich an sie anschloss oder mit ihnen gleichen Geistes war, suchten wirklich die Mysterienwahrheit.

in Taten der Liebe vermochten sie es auszusprechen, nur flüsternd, im engsten Kreise der Vertrauten gaben sie es von Mund zu Mund weiter. Dass diese Bünde so zurückhaltend waren und so ungeheuren Wert auf die Schweigsamkeit und Stille legten, ist nur aus ihrem Gefühl heraus zu erklären, dass sie neuen Wahrheiten auf der Spur seien, Wahrheiten, die erst im Werden begriffen und daher vor rauer Luft und grellem Licht geschützt werden mussten. Eine neue Botschaft vernahmen und verkündeten sie, die zwar im Kern uralt war, aber als neue gefühlt wurde!

Wie diese neue Botschaft im Einzelnen beschaffen war, können wir an dieser Stelle nicht ausführen. Jedenfalls: die Religion wurde wieder zum Erlebnis, die Sittlichkeit und die ganze menschliche Kultur zum Rätsel, das der Bund auflöste. Durch Symbolik und Weihehandlung wurde der Mensch zum Bruder. Der Glaube, der in den Kirchen die Liebe erdrückt hatte, machte das Wunder der universellen Unio zur Tat: Maß und Zahl leiteten die Brüder zur heiligen Arbeit. — Ob die ersten Freimaurer sich der Macht und Tragweite ihres Evangeliums klar bewusst waren, kann man bezweifeln. Noch heute kennen wir die Tragweite des freimaurerischen Evangeliums nicht völlig. Wer die Freimaurerei für ein erforschtes und erschlossenes Land hält, der irrt sich. Aber die ersten Freimaurer hätten sich und ihre Nachkommen gewiss nicht durch so schwere Eide und so umständliche Verhaltungsmaßregeln gebunden, wenn sie nicht Dinge zu besitzen geglaubt hätten, die des Schutzes würdig und bedürftig waren.

Durch Symbolik und Weihehandlung wurde der Mensch zum Bruder.

Nur solange und nur insofern ist die Geheimhaltung berechtigt, als die Botschaft neu, unfertig, unabsehbar und ihre Verkündigung an alle daher gefährlich und für das weitere Wachstum schädlich ist. Sobald sie reif wird, sobald sich in der Allgemeinheit das Verlangen nach dem Erlebnis, wie es der Mysterienbund pflegt, stark geltend macht und die Wiedergeburt allgemeines Ereignis wird, hat die Geheimhaltung ihren Sinn verloren und das Geheimnis der Schwurbrüderschaft wird zum heilig öffentlichen Geheimnis. Das braucht nicht mit einem Schlag zu geschehen. Bei den antiken Mysterienbünden sehen wir ein entschiedenes Streben in das Allgemeine und doch zugleich ein strenges Festhalten an der Engbundform. Um den engen Kreis der Mysten gruppierte sich die weite Gemeinde der Freunde (advenae im Mithraskult). Außer den geschlossenen Kultakten, zu denen in erster Linie die Weihe gehörte, wurden öffentliche Feiern und Umzüge veranstaltet. Außer den unzugänglichen Mysterienräumen gab es allgemeine Tempelräume. Es gaben also die Mysterienbünde dem Volke soviel Anteil an dem Bundesevangelium und seiner symbolischen Ausprägung, als es ihrer Meinung nach verstand und bedurfte. Der Unterschied zwischen Engbund und Allgemeinbund blieb bestehen, aber es floss ein breiter Strom vom ersteren in den letzteren hinein. Ebenso war es im alten Christenbund, ebenso könnte es heute mit dem Freimaurerbund werden.

Außer den geschlossenen Kultakten, zu denen in erster Linie die Weihe gehörte, wurden öffentliche Feiern und Umzüge veranstaltet.

Zweites Kapitel

DIE REINHEIT

Vorbereitung

Wesen und Inhalt der Mysterienbünde ist ein Geheimnis. Wir haben dieses Geheimnis als Steigerung des Menschen näher zu bestimmen versucht. Diese Steigerung wird als Wiedergeburt oder als Verwandlung symbolisiert. Die Bünde sind der Ort, wo durch heilige Handlungen, Zeichen und Worte diese Wiedergeburt und Wandlung bildlich vollzogen und dadurch auch in Wirklichkeit befördert wird. Die Handlungen, Zeichen und Worte haben also, obwohl sie nur eine Art Spiel sind, einen sehr ernsten Zweck und Wert. Entweder glauben die Bundesglieder an die magisch-religiöse Macht dieser Heilsmittel, oder wenn nicht, so doch an ihre menschlich-künstlerische Macht.

In den Mysterienbünden handelt es sich nicht um körperliche Reinigung, sondern um die Reinigung der Seele.

Man kann die Handlungen, Zeichen und Worte einteilen in solche, die den geheimnisvollen Vorgang unmittelbar bewirken, darstellen, beschreiben, andeuten sollen, und zweitens in solche, die diesen Vorgang vorbereiten, ermöglichen, vervollständigen sollen. Jene haben wir im ersten Kapitel kennen gelernt, die unterstützenden und ergänzenden wollen wir nunmehr betrachten.

Wie bereitet sich der Mensch auf das Erlebnis der Erneuerung und Vergottung vor? Durch Reinigung. Nur der Reine kann des Erlebnisses teilhaftig werden, nur der Reine kann durch die Pforte des Todes in das Land des wahren Lebens eingehen. Der Begriff der Reinheit ist wie der ganze Vorgang der Weihe mystisch und symbolisch zu fassen. In den Mysterienbünden handelt es sich nicht um körperliche Reinigung, sondern um die Reinigung der Seele. Aber da es im Wesen jeder Symbolik liegt, das Seelische durch das Körperliche zu verdeutlichen und das Innere durch äußere Maßregeln zu beeinflussen, so werden die Handlungen, Zeichen und Beschreibungen, die der symbolischen Reinigung des Menschen gewidmet sind, der sinnlichen Welt entnommen. Sie gleichen also mehr oder weniger den Verfahren, die der Mensch zur Reinhaltung seines Körpers anwendet.

Bei den Reinheitssymbolen und -gebräuchen der Mysterienbünde werden wir wie bei der Wiedergeburts- und Wandlungssymbolik finden, dass sie uralten, aus verschollenen Tagen stammenden Sitten und Vorstellungen entnommen sind. Die Mysterienbünde greifen auch hier auf die Kindheitserinnerungen des Menschengeschlechts zurück, die sie für ihre hohen Ziele nutzbar zu machen wissen. Vor allem ist es der bei primitiven Völkern und Volksschichten allverbreitete Dämonenglaube, den wir in den Reinigungshandlungen und Reinheitsideen der Mysterienbünde vergeistigt antreffen. Was ist Unreinheit? Warum sind die Religionen fast aller Völker und Erdteile voll von Mitteln und Vorschriften gegen Verunreinigung und Befleckung? Weil die Welt voller Dämonen, das heißt unreiner Geister ist, die sich des Menschen zu bemächtigen suchen. Diese Dämonen setzen sich an dem menschlichen Körper fest wie Ungeziefer und Schmutz, sie kriechen in ihn hinein und verseuchen ihn, sie umschwirren ihn wie Vögel und verfolgen ihn wie wilde Tiere. Man schützt sich vor ihnen durch Kleidungsstücke und Amulette, durch das Essen und Trinken sogenannter stärkender Gegengifte, durch Anwendung äußerer Reinigungsmittel und vor allem auch durch die Hilfe guter und reiner Geister. Man sieht hier, wie die körperliche und seelische Reinigung miteinander vermischt oder verwechselt wird. Die Dämonen sind nach primitiver Auffassung vorwiegend körperliche Wesen. Mit heranwachsender Kultur werden sie immer luftiger und unkörperlicher, bis sie als reine Geister enden. Danach richten sich die Abwehr- und Reinigungsmaßregeln. In den Mysterienbünden ist die primitive und grobsinnliche Auffassung des Unreinheitszustandes und Reinigungsvorgangs noch wohl erkennbar, ebenso aber auch die Stufen bis hinauf zur sublimsten Auffassung.

Ehe wir die Einzelheiten anführen, ist noch darauf hinzuweisen, dass die Reinigung in den Mysterienbünden nicht immer bloß ein vorbereitender und einleitender Akt ist, sondern manchmal mit der Haupthandlung zusammenfällt. Der Reine, Heilige ist zugleich auch der Wiedergeborene. Indem der Mensch von dem Stand der Unreinheit in jenen der Reinheit übergeht, schließt er nach dieser Auffassung auch zugleich den Bund mit Gott und macht die mystische Wandlung vom Naturwesen zum Geisteswesen durch. Infolgedessen wird uns unter den Reinigungshandlungen mancher symbolisch-magische Gebrauch wiederbegegnen, den wir schon im ersten Kapitel bei Gelegenheit des großen Wiedergeburtsprozesses kennen gelernt haben.

▲ Taufe

Die Taufe ist eine der verbreitetsten und am leichtesten verständlichen Reinigungsriten. Die Taufe ist aber auch, wie wir oben gesehen haben, eine Wiedergeburtshandlung. In dem Wasser, in dem Feuer oder Blut stirbt der alte Mensch, er wird ertränkt, verbrannt, erstickt und geht als ein Verwandelter aus der Taufe hervor. Warum wird er getötet? Weil er verunreinigt ist durch den Schmutz der Unvollkommenheit. Er ist eine Wohnstätte der unreinen Geister, und diese unreinen Geister sind es eigentlich, die durch die Taufe getötet und beseitigt oder wenigstens vertrieben werden sollen. In oder an dem Täufling stirbt etwas und etwas Anderes gewinnt dadurch Leben, Freiheit, Herrschaft. Das ist der Grundgedanke, der in den Taufriten der zahllosen Taufgemeinden und Mysterienbünden mehr oder weniger vergeistigt zum Ausdruck kommt. Reinigung und Wiedergeburt fließen dabei ineinander.

Nur die Reinen sind würdig, den Strahl des heiligen Lichtes, das heißt das Anbrechen des neuen Tages und neuen Lebens zu schauen.

Wir wollen einen weniger bekannten Taufritus als Beispiel wählen. Nach Philos Bericht veranstalteten die ägyptischen Therapeuten während ihres nächtlichen Gottesdienstes eine symbolische Wanderung, bei der ein Wasser durchschritten wurde. Diese Handlung sollte angeblich an das Durchschreiten des Roten Meeres durch das Volk Israel erinnern. Nach vollendeter Wanderung wurde der aufgehenden Sonne eine Huldigung dargebracht. Wir sehen also, der Gang durch das Wasser bereitet auf die Anbetung im Osten vor. Nur die Reinen sind würdig, den Strahl des heiligen Lichtes, das heißt das Anbrechen des neuen Tages und neuen Lebens zu schauen. Sie müssen in dem Meer die bösen Geister, die äußeren und inneren Unreinheiten zurückgelassen und ertränkt haben. Nach der Kultlegende ertrinken die gottesfeindlichen Ägypter, während die Gemeinde der Auserwählten die Totenwanderung glücklich übersteht. Es ist leicht ersichtlich, dass diese Kultlegende nicht die ursprüngliche Erklärung und noch weniger die Ursache dieses Therapeutenritus bilden kann. Die rituelle Wanderung an das Wasser oder durch das Wasser zum Zweck der religiösen Reinigung und Vorbereitung für die Bundesfeier ist viel älter und viel allgemeiner verbreitet, als dass die Episode aus der jüdischen Geschichte (oder Heilssage) den Anstoß dazu gegeben haben könnte. Wenn die Sonne am Abend untergeht, sinkt sie in den westlichen Ozean und wandert durch ihn hindurch, bis sie im Osten in neuem, reinerem Glanz wieder aufsteigt. Nach dem Glauben vieler älterer Völker muss der Tote einen Strom durchfahren oder durchschreiten. In diesem Unterweltstrom oder Meer geht der Böse zugrunde, der Gute badet sich in ihm rein und gesund, und gelangt in den ewigen Osten, das heißt zu den seligen Geistern, falls er nicht wie die Sonne zu einer neuen Inkarnation in das Werden emportaucht.

Mit Feuer muss der Myste getauft werden, damit alles Schlechte und Gemeine hinweggebrannt wird, und ein wahrhaft neuer Mensch hervorgeht, wie der Phönix aus der Asche.

Statt mit Wasser finden wir den Strom oder das Meer des Todes auch mit Feuer angefüllt. In das Feuermeer muss die Seele hinabsteigen – wie die Sonne in das feurige Abendrot – um jenen Reinigungstod durchzumachen. Mit Feuer muss der Myste getauft werden, damit alles Schlechte und Gemeine hinweggebrannt wird, und ein wahrhaft neuer Mensch hervorgeht, wie der Phönix aus der Asche. Die kosmologische Übertragung dieser Feuerreinigung haben wir in dem Mythos vom Weltbrand, in welchem am Ende der Tage alles Böse untergehen soll. Aus dem Weltbrand taucht dann wie aus der Sintflut die neue reine Welt empor. So wurde es im Mithraskult gelehrt.

Vielfach galt die Feuertaufe, die in den Mysterienweihen durch Räucherungszeremonien und symbolische Verbrennungen dargestellt wurde, für wirksamer als die Wassertaufe. Johannes, der Wassertäufer kündigt einen mächtigeren Feuertäufer als seinen Nachfolger an. Gregor von Nyssa droht denen, die in dieser Welt den Empfang der christlichen Wassertaufe versäumten, dass sie drüben durch das läuternde Fegefeuer getauft werden würden. Von manchen Taufgemeinden der urchristlichen Epochen wurde das Wasser wiederum für mächtiger und Heil bringender erklärt als das Feuer, sie bekämpften den persischen Feuerkult und wollten durch ihre Taufe das heidnische Feuer mit Hilfe des heiligen Wassers löschen. Das Wasser verzehrt das im Parsismus und seinen Ausläufern als stärkste Reinigungsmacht verehrte Feuer und tilgt damit das gräuliche Heidentum. In jenen Kreisen nämlich wurde das Feuer mit den menschlichen Leidenschaften und brennenden Begierden gleichgesetzt. Das Feuer der Leidenschaft sollte durch das Wasser erstickt und zur Ruhe gebracht werden. Auch hier klingt die Vorstellung, dass der Zweck der Taufe die Vernichtung böser Geister oder Geistesmächte ist, vernehmlich durch.

Noch ein dritter Stoff ist zur Todes- und Lebenstaufe verwendet worden: Blut! Von jeher hat das Blut als ein ganz besonderer Saft gegolten. In ihm glaubte man Kräfte geistiger Art wirksam, mit ihm reinigte und weihte man sich bei den heiligsten und wichtigsten Anlässen. Die Blutzeugenschaft der alten Christen war eine solche Weihe. Indem der Märtyrer für Gott und seine Gemeinde sein Blut hingab, wurde wie bei der Taufe das Unreine und Unheilige aus ihm hinweggespült, und er ging als Held und Meister durch das Tor des Lebens ein. Im Mithras- und Kybelekult wurde eine eigentümliche Bluttaufe, das Taurobolium oder Criobolium begangen. Es war dies eine regelrechte Weihe- und Wiedergeburtshandlung, durch die eine Renatio in aeternum, eine Neugeburt für ewig erzielt werden sollte. Nach einem Bericht musste der Myste, der sich ihr unterzog, geloben, sie nach zwanzig Jahren zu wiederholen. Diese Bluttaufe ging folgendermaßen vor sich. Der Myste stieg in eine Grube hinab, die mit Brettern bedeckt wurde, auf dem Bretterboden wurde ein Stier oder Widder geschlachtet und dessen Blut durch Röhren hinabgeleitet, sodass es über den Körper des Begrabenen hinwegrann. Namentlich sollten Augen, Ohren und Mund mit dem Blut in Berührung kommen.

Hier wird die Vereinigung der Reinigungs- und der Wiedergeburtsidee jedem deutlich. Wer in das Grab steigt, ist tot. Er kehrt heim zur Mutter Erde. Aber als belebende Kraft strömt das heilige Blut über ihn und in ihn hinein und weckt ihn auf zu höherem Leben, wie das Samenkorn vom Himmelswasser und Sonnenstrahl aufgeweckt wird. Das Opfertier vertritt die Gottheit. Gewöhnliches Blut würde die zauberhafte Wandlung nicht bewirken, heiliges, den Bundesgeist in sich enthaltendes Blut muss es sein. Auch bei der Wassertaufe verwendet man nicht gewöhnliches Wasser, sondern heiliges und geweihtes, sei es, dass man es aus einem heiligen Fluss (Jordan, Nil) nimmt oder in eine von reinen Geistern bewohnte Quelle steigt, oder sei es, dass man durch Gebet und Spruch oder durch Beimischung heiliger Essenzen die göttliche Kraft in ein beliebiges Wasser hineinleitet. Nur ein solches Wasser wirkt reinigend, erneuernd, vergeistigend.

Die Wassertaufe ist aus naheliegenden Gründen weiter verbreitet als die Feuer- und Bluttaufe. Sie kommt in verschiedenen Formen vor, als Bad des ganzen Körpers, als Waschung einzelner Teile, besonders der Hände und Füße, und endlich als bloße Besprengung. Sie erscheint sowohl bei der einmaligen Bundesweihe wie auch als regelmäßig wiederholte Reinigungsmaßregel. Vor und nach heiligen Handlungen finden solche rituellen Besprengungen oder Waschungen statt. Wichtiger ist für uns hier die Verwendung des Wasserbades als Aufnahmehandlung in einen Geistbund. Die Anzahl der Bünde, die von dem Wasserbad als Weihehandlung und der Einverleibungszeremonie Gebrauch machen, ist ungeheuer groß. Wir finden sie im Orient und im Okzident, im Heidentum und im Christentum.

Merkwürdig ist, dass ein großer Teil von ihnen in einem inneren Zusammenhang miteinander zu stehen scheint und dass der Name Johannes oder ein ähnlich klingender Stifter- oder Gottesname so fest an ihnen haftet. Diese Taufgemeinden pflegen die Taufe erst mit den Erwachsenen vorzunehmen und den häretischen Grundsatz zu vertreten, dass die Religion Sache der freien Kultgemeinde sein und bleiben müsse. Das sind Eigentümlichkeiten, die von größerer Bedeutung sind, als es auf den ersten Blick scheint. Die Geschichte der christlichen Kirche lehrt uns, dass die Erwachsenentaufe (fälschlich Wiedertaufe genannt) und der Grundsatz der freien Gemeindebildung zu den schwersten und langwierigsten religiösen Kämpfen geführt hat. Als das Christentum noch ein freier Mysterienbund war, kannte es die Kindertaufe nicht. Erst die Erwachsenen wurden durch das heilige Wasserbad, in welchem sie ihr bisheriges Leben ertränkten und den neuen Geist empfingen, in den Bund der Erwählten aufgenommen. Im 4. Jahrhundert war es stellenweise Sitte, die Taufe noch weiter, bis in das höhere Alter hinauszuschieben. Als Ambrosius zum Bischof gewählt wurde, war er noch ungetauft. Warum dies Hinausschieben? Es hängt mit der extremen Auffassung mancher geistigen Gemeinschaften zusammen, nach welcher die wahre Bundesschließung erst im Tod stattfindet und der wahre Auserwähltenbund nicht hier auf Erden, sondern in einer anderen Welt seinen Sitz hat. Die späte Taufe sollte eine magische Vorbereitung für das Jenseits sein. Als ein Reiner sollte man (wie die Orphiker sagen) in das Lichtland hinüberwandern. Die Bürgschaft für die gute Aufnahme drüben wurde dann noch durch die Sterbesakramente verstärkt. Demgemäß kann man bei den Christen jener Zeit zwei Gradstufen unterscheiden. Den ersten Grad bildeten die noch Ungetauften, die jedoch durchaus zur Gemeinde gerechnet wurden, das sind die Hörenden und Lernenden (Katechumenen). Den zweiten Grad bildeten die Getauften, das heißt die Eingeweihten (Fideles, Pistoi), die eigentlichen Mysten, die gewissermaßen schon in der vollkommenen Welt des entschleierten Geheimnisses leben. Man sieht, welch eine hohe Bedeutung damals die Taufe hatte, die beide Grade trennte, sie war der große entscheidende Akt und wurde deshalb zu einem wirkungsvollen Mysteriendrama ausgestaltet.

Daneben aber begann sich schon die Kindertaufe einzubürgern. Dazu führte die Furcht vor den bösen Gewalten, die diese Welt beherrschen, und das Verlangen, möglichst frühzeitig ihnen entrissen und der Gemeinde der Heiligen einverleibt zu werden. Aus ähnlichen Gründen nahmen damals auch die Einweihungen der Kinder in die heidnischen Mysterienkulte zu. Es ist klar, dass damit die Bedeutung der Taufe verringert oder doch verschoben wurde. Kinder gehören nicht in den Bund der Wiedergeborenen und Erwählten hinein. Der Weiheakt kann nur dann echt und vollständig sein, wenn der Novize Herr seines freien Willens ist und den Vorgang nicht rein passiv über sich ergehen lässt. Kinder haben keinen freien Willen und können bei dem Erlebnis nicht aktiv mitwirken. Daher ist die Kindertaufe – und ebenso jede andere Weihe- und Reinigungshandlung, die man mit Unerwachsenen vornimmt – entweder eine bloß für andere berechnete oder eine rein magische Zeremonie, ohne den Wert einer seelischen Reinigung und Erneuerung. Das empfanden jene Protestgemeinden, die den altevangelischen Geist festhalten wollten, der in diesem Fall auch der Geist des echten, antiken Mysterienwesens war. Durch die Jahrhunderte hindurch, bis zum heutigen Tag, haben diese Gemeinden gekämpft und ihrer wechselnden Schicksale und veränderten Benennungen ungeachtet den Grundsatz der freien Bundesfrömmigkeit und die entsprechende Taufsymbolik bewahrt. Bei Ausführung der Taufe bevorzugten sie das volle Wasserbad mit dreimaligem Untertauchen. Noch heute kann man Reste und Nachahmer derartiger Taufsekten mit ihren erwachsenen Täuflingen an einem Fluss oder an das Meer ziehen sehen, um sie nach uraltem Brauch, der den Kenner des Altertums in Gedanken nach dem heiligen Zweistromland oder nach dem göttlichen Nil oder dem Jordan versetzt, dreimal in die Fluten zu tauchen.

Es seien noch einige Taufriten älterer Mysterienbünde erwähnt. Am zweiten Tag des eleusinischen Festes fand ein gemeinsamer Zug der Festteilnehmer zu den Salzwasserseen an der Küste bei Athen statt, wo unter Leitung eines Kultbeamten die Reinigung der Einzuweihenden vorgenommen wurde. An den folgenden Tagen wurden Opfer gebracht, die ebenfalls dem Zweck symbolischer Reinigung dienten. Die Mysterienvereine der Orphiker und Pythagoräer trieben eine sehr lebhafte Kathartik, das heißt religiöse Reinigung. Sie verwendeten als Reinigungsmittel außer Wasser, Feuer (Rauch) und Blut auch Lehm und Kleie. Man sieht darin, dass sie sich die Beschmutzung (Miasmen), die sie durch solche Mittel zu tilgen glaubten, nicht rein geistig vorgestellt haben. Die Miasmen waren schädliche Substanzen und Kräfte, die sich im Körper festnisten, den Menschen krank und unglücklich machen und den segensreichen Verkehr mit den Bundesgeistern und Heilsmächten hindern. Einst hat der sagenhafte Weihepriester Epimenides die ganze Stadt Athen entsühnen und von Miasmen säubern müssen. Die Pythagoräer haben anscheinend die etwas äußerliche Auffassung solcher Reinigungspriester und das zweifelhafte Gebaren mancher Reinheitssekten bekämpft und die Kathartik sittlich zu vertiefen gesucht. Aber ihr höherer Geistesstandpunkt hinderte sie nicht, an den kathartischen Riten als solchen festzuhalten. Sie glaubten, dass man für seine Reinigung nicht genug tun könne, und ihr Bundesleben war, wie das des jüdischen Essäerbundes, von beständigen Maßregeln zur Reinerhaltung durchsetzt. Die Ungeweihten, die sich diesen Maßregeln nicht unterzögen, müssten drüben, so meinten sie, im Schlamm der Unreinheit liegen, während die Geweihten, die sich vor der Jenseitsherrscherin durch den rituellen Gruß: Rein komme ich von den Reinen her! ausweisen könnten, eines würdigen Empfanges sicher seien.

Vor Eintritt in die ägyptisch-hellenistischen Mysterien und in den Mithraskult waren Reinigungsbäder vorgeschrieben. Zur zentralen Weihehandlung war die Taufe in gewissen gnostischen Gemeinden erhoben worden. Sie hatte hier dieselbe Bedeutung wie in der werdenden Kirche des 4. Jahrhunderts. Wie berichtet wird, zerlegte man das Taufmysterium hier in drei Stadien, die anscheinend den Sinn von Bundesgraden hatten. Zuerst kam die Taufe der ersten Darbringung, dann die Taufe des Rauches, dann die Taufe des heiligen Lichtgeistes. Jedes Mal scheinen ausführliche dramatische und epische Riten mit der Handlung verbunden worden zu sein. Auch schloss sich jedes Mal eine gemeinsame Mahlzeit daran. Die Reinigung war hier also, wie wir es oben schon aussprachen, der Angelpunkt des Bundeslebens. Als Requisiten der gnostischen Taufweihen werden erwähnt, ein Tisch mit reinem Linnen bedeckt, Blumen, Kuchen, Wein, Wasser, Milch, Honig, Öl, die letzteren Gegenstände als Opferspenden. Nähere Nachrichten haben wir auch über die sehr ausführlichen und verwickelten Taufriten der Mandäer und Elchesaiten.

Die Salbung ersetzt die Taufe oder tritt mit ihr verbunden auf, sie ist in den Mysterienbünden als Reinigungs- und Weihehandlung sehr weit verbreitet.

Eine große Anzahl von Stoffen, die man als Rauchopfer verwendete, also in Brand setzte, um die unreinen Geister aus dem Täufling und aus dem ganzen Raum zu vertreiben und die guten Geister anzulocken, sind aus dem Altertum dem Namen nach überliefert. Zum Teil werden diese Rauchgewürze bis zum heutigen Tage als religiöse Reinigungsmittel verwendet. Auch die Zauberbücher pflegen, wenn sie die nötigen Vorbereitungen zur Beschwörung aufzählen, selten das Anzünden von Rauchwerk zu vergessen. Unter den Wohlgerüchen und heiligen Spezereien des Altertums, die in den Quellen genannt werden, erscheint zuweilen auch die Kassia, ein bis zum heutigen Tage mannigfach verwertetes orientalisches Gewächs.

▲ *Salbung*

Man braucht die Wohlgerüche nicht dem Feuer zu überliefern, man kann sie auch direkt an den Körper des Reinigungsbedürftigen bringen, indem man ihn damit bestreicht oder beträufelt. Dann haben wir den Ritus der Salbung. Die Salbung ersetzt die Taufe oder tritt mit ihr verbunden auf, sie ist in den Mysterienbünden als Reinigungs- und Weihehandlung sehr weit verbreitet. Im Altertum salbte man den Körper außerdem bekanntlich auch aus Gesundheitsgründen und zum Schmuck. Ferner salbte man heilige Steine, Grabdenkmäler, Götterbilder. Das Öl samt den wohlriechenden Zutaten sollte schädliche Einflüsse aller Art fernhalten und eine anregende, befreiende und erhöhende Wirkung ausüben. Bei der Salbung als Aufnahme- und Heiligungsritus wurde entweder der ganze Körper oder, in den häufigeren Fällen, nur einzelne Stellen des Körpers gesalbt. Namentlich salbte man den Kopf, die Augen, die Hände. Es sind das die wertvollsten, daher auch am meisten der Reinigung und des Schutzes bedürftigen Teile. Solange sie von unreinen Geistern bedroht und besessen sind, ist der ganze Mensch unrein und der heiligen Gemeinschaft unwürdig. Haben sie aber das Salböl empfangen, so ist der ganze Mensch ein Gesalbter. Das ist eine Bezeichnung, die den Ehrentitel der Mysterienjünger bildete und im prägnanten Sinne dem Bundesstifter und Heiland beigelegt wurde. Der Gesalbte ist der von göttlichem Geist Besessene, weshalb denn auch alle Personen, die zur segensreichen Ausübung heiliger Ämter des göttlichen Geistes bedürfen, sich einer Salbungshandlung unterziehen mussten und es teilweise noch heute müssen: Priester, Bischöfe, Fürsten, Könige. Ebenso verständlich ist es aber auch, dass Sterbende die Salbung (Ölung) erhalten und dass anderseits auch die Zauberer, wenn sie zur Gemeinschaft mit den heimlichen Mächten schreiten wollten, sich durch Salbung vorbereiteten. In einem in Ägypten gefundenen Zauberpapyrus findet sich die Mahnung an den Zauberlehrling: Bestreiche deine Lippen mit Fett, den Körper aber salbe mit Styraxöl!

Nach Meinung unserer Vorfahren ist jede Krankheit eine Art Verunreinigung der Psyche, die Heilung daher Ergebnis eines Reinigungsaktes.

Bei den Gnostikern wird ein Salbmittel erwähnt, dessen Beschaffung Schwierigkeiten bietet, das Öl vom Baum des Lebens im Paradies. Der Rat, dies Öl anzuwenden, ist ohne Zweifel symbolisch gemeint. Die Salbung sollte denen, die sie empfingen, zum wahren Leben verhelfen, sollte, wie die Taufe, den Tod besiegen und die Unsterblichkeit gewährleisten. Daher musste man natürlich besonders heilkräftiges, vom mystischen Lebensgeist erfülltes Salböl wählen. Da man aber alle diese Riten gern auf die Heilsgeschichte und auf religionsphilosophische Theorien bezog, so bot sich die Angabe der Genesis über die beiden Wunderbäume im Paradies als willkommene Begründung und Erklärung dar. Heilige Baumsäfte, die dem Menschen ein höheres Leben erschließen, finden wir schon bei den Naturvölkern, die Bäume, die diese Säfte liefern, genießen religiöse Verehrung und werden mit den Göttern in nähere Beziehung gebracht. In arischen Mythologien hat der Baum des Lebens, verbunden zuweilen mit dem Wasser des Lebens, noch eine besondere Bedeutung, die sich in mannigfachen Sagen kundtut.

Die heiligen Baumsäfte können auch getrunken werden. Ihre Lebens- und Reinigungswirkung ist dann noch stärker, als wenn man sie äußerlich an den Körper bringt. Auch das Taufwasser konnte man trinken, damit das Innere des Menschen rein werde. Das ist der Übergang der Taufe in das heilige Mahl, das wir im vierten Kapitel besprechen werden.

▲ *Krankenheilung*

Nach Meinung unserer Vorfahren ist jede Krankheit eine Art Verunreinigung der Psyche, die Heilung daher Ergebnis eines Reinigungsaktes. Medizin und Religion standen in innigster Verbindung, und zumal die heiligen Bünde, die Kultgemeinden und Mysterienvereine widmeten sich mit Vorliebe der ärztlichen Tätigkeit. Diese Bünde hatten den Kampf gegen die Dämonen, die dem Menschen an Leib und Seele Schaden zu tun suchen, auf ihre Fahne geschrieben, sie wollten ihre Mitglieder aus der Unreinheit erretten und in dem Reich des wahren befreiten Lebens heimisch machen. Krankheit und Tod hielt man für die Hauptwaffen der bösen Dämonen. Die Menschen von ihnen zu erlösen, war daher das Hauptbestreben der Mysterienbünde. Die Mittel waren teils körperlicher, teils geistiger Art, letztere wogen vor, die körperli-

In der urchristlichen Zeit wurden nachweisbar Ölungen und Waschungen von mancherlei Art bei den Kranken zur Anwendung gebracht.

chen Heilmittel waren zu einem großen Teil magisch und symbolisch gemeint. Durch die leiblichen Eingriffe und Angriffe wollte man den Geist beeinflussen, in erster Linie den feindlichen, unreinen Geist, der in dem kranken Menschen Wohnung genommen hatte, in zweiter Linie den guten Schutzgeist des Kranken, den man durch Stärkungsmittel zu unterstützen und zur Herrschaft über die bösen Krankheitsgeister zu bringen suchte.

Im Einzelnen können wir hier nicht die Heilstätigkeit der Mysterienbünde schildern. Alle Reinigungsmittel: Taufe, Salbung, sowie die gleich unten zu erwähnenden, gehören in den Heilmittelschatz hinein. Sie haben den Zweck, gesund zu machen, vor allem geistig gesund, und sie erreichen diesen Zweck auf dieselbe Weise, wie die übrigen symbolischen Handlungen und Verrichtungen der Bünde ihre Wirkung ausüben. In der urchristlichen Zeit wurden nachweisbar Ölungen und Waschungen von mancherlei Art bei den Kranken zur Anwendung gebracht. Außerdem benützte man heilige Formeln, Amulette, Handauflegung, Kuss und andere Dinge, die wir in den Mysterienbünden als Weihehandlungen und Symbole wiederfinden. Wenn Jesus seine Kranken außerdem mit Speichel und Erde behandelt, so weist das in dieselbe Richtung. Die Erde, die man dem Kranken auflegt oder auf die man ihn legt, hat deshalb heilende Wirkung, weil sie den Menschen zu seinem mütterlichen Ausgangsort zurück und in ein neues höheres Dasein hinüberführt. Dem Toten wirft man Erde nach, um ihn zu begraben und ihm zugleich die Wiedergeburt zu ermöglichen. Die Behandlung der Kranken mit Erde ist also eine angedeutete Wiedergeburtshandlung. Den mystischen Heilwert des Speichels werden wir im vierten Kapitel verstehen lernen. Im Speichel wie in anderen Sekreten und Exkreten ist nach älteren Volksanschauungen die Seele bzw. die Zauberkraft des Menschen enthalten. Die Anwendung des Speichels ist also nur eine andere Form der geistigen Behandlung durch das Wort oder der Heilung durch Kuss und Handreichung.

Die Alchemisten und Rosenkreuzer haben ihre königliche Kunst der Verwandlung und Steinbereitung fast immer auch als eine ärztliche Kunst verstanden und ausgeübt. Der Stein der Weisen ist die Universalarznei. Die unappetitlichen Stoffe, aus denen man den Stein herzustellen hoffte, galten in den Kreisen dieser Spiritualmediziner als ebenso wertvolle Heilmittel wie das edelste und begehrteste Metall, das Gold.

▲ *Sühne*

Die Grundüberzeugung, von der die Mysterienbünde ausgehen, ist, wie wir schon im ersten Kapitel sahen, die, dass der natürliche, nur einmal geborene Mensch unvollkommen, fehlerhaft, krank ist. Die Menschen bedürfen einer Kur, und die Mysterienbünde wollen die Kuranstalten sein. In der spätantiken Welt wurde diese Auffassung mit aller Bestimmtheit, ja Schroffheit vertreten. Die Welt fühlte sich damals krank und sehnte sich unendlich nach Reinheit und Gesundheit. Die Bünde jedoch glaubten Persönlichkeiten, Heilslehren und Lebensweisen zu kennen, zu besitzen und den Sehnsüchtigen darbieten zu können, die die kranke Welt in ein reineres und besseres Dasein versetzten. Daher sind die Mysteriengottheiten und Bundesstifter jener Zeit stets in erster Linie Ärzte und Heilande, so zum Beispiel Isis, Hermes, Mithras, Asklepios, Jesus, ebenso im 17. Jahrhundert Christian Rosenkreuz.

Mit dem Gefühl, krank und unrein zu sein, verbindet sich sehr leicht das Schuldgefühl. Der Kranke ist auch der Sündige, die Krankheit ist Strafe, ist Sühnung einer Schuld. In der urchristlichen Zeit war das Schuldgefühl zu einer Höhe angeschwollen, die man als pathologisch bezeichnen muss. Alle Welt glaubte sich verseucht von bösen Geistern und befleckt durch Sünde, sei es durch eigene oder sei es durch Erbsünde. Gefangen und gebunden kam man sich vor, ohnmächtig ausgeliefert den Rachegeistern, den Schreckensphantasien von Hölle und Teufel. Daher flüchtete man sich auf die Insel der Reinen, das heißt in die Bünde der Geweihten, die Mittel und Wege wussten, um alle Schuld loszuwerden, aller Strafe zu entgehen, alle Unreinheit zu bannen. Diese Mittel und Wege waren die von uns beschriebenen magischsymbolischen Wiedergeburts-,

Verwandlungs-, Reinigungs- und Heilungshandlungen. Durch Vornahme dieser Handlungen wurde der Mensch den Schulddämonen entrissen und ging einen unlöslichen Bund mit den guten Freiheits- und Lichtgewalten ein. Den Göttern und Bundesstiftern wurde vor allen anderen Namen immer die Bezeichnung: die Reinen (Katharoi, Hosioi, Sancti) beigelegt, und auch der Bund ihrer Freunde und Erwählten wusste sich keinen bezeichnenderen Namen zu geben als: Gemeinde der Reinen oder Heiligen.

Wir sahen, dass der Wiedergeburtskandidat zuerst getötet werden muss und dass die Tötung mit einer angeblichen Mordschuld begründet wird, die er auf sich geladen haben soll. Er hat Gott ermordet! Wurde die Handlung breit ausgeführt, so wurde der Kandidat zunächst gezwungen, diesen Mord tatsächlich zu begehen. Er musste einer Götterstatue oder einem die Gottheit vertretenden Bundesbruder symbolische Todesstreiche versetzen, wozu ihm etwa (im Mithraskult) ein blutiges Schwert in die Hand gegeben oder wenigstens gezeigt wurde. Oder er musste, wie im Tempelherrnorden, den Gekreuzigten mit Füssen treten oder was dergleichen symbolische Gottestötungen und bildliche Verbrechen am Heiligsten mehr sind. Außerdem wird ihm mitunter auch das Verbrechen, dessen man ihn beschuldigt, mit Worten (im Anschluss an die Kultlegende) vorgehalten und darauf von der ein symbolisches Blut- und Femgericht bildenden Brüderschaft das Todesurteil über ihn gesprochen. Auf die symbolische Gerichtsverhandlung bei der Bundesweihe werden wir später noch zurückkommen.

Der Novize wird also zum Mörder erklärt oder gemacht. Die Bundesweihe ist dann die Mordsühne. Psychologisch ist das nur verständlich, wenn man bei den Mitgliedern und Kandidaten ein tatsächliches Schuldgefühl voraussetzt, das in einer so auffallenden, so schrecklichen Symbolik Entladung und Befreiung sucht. Es verdient Erwähnung, dass gewisse griechische Mysterienbünde sich geradezu erboten, Mörder und andere Verbrecher zu entsühnen. In Samothrake fragte man die Suchenden nach der schwersten Schuld, deren sie sich bewusst seien. Durch die Weihe würde, so versprach man, die Schuld gesühnt werden. Es scheint, dass die Riten bei der im Altertum üblichen, rechtlich gültigen Mordsühne den Mysterienriten sehr ähnlich waren. Das Rechtsverfahren ist überhaupt dem Mysterienwesen eng verwandt gewesen und ist es zum Teil noch. Die Rechtssymbolik bedient sich, wie die Mysteriensymbolik, der Begriffe Stellvertretung, bildliche Vollziehung, geistig-körperlicher Ausgleich usw.; auch hat sie es stets mit dem Verhältnis Einzelner zu einer Gemeinschaft zu tun. Durch Prüfung, Isolierung und Eidesleistung soll die gestörte Gemeinschaft wieder hergestellt werden. Es wäre lohnend, den Übereinstimmungen einmal weiter nachzugehen, dies würde das Verständnis für die Rechtsformen zweifellos vertiefen und unser Rechtsleben enger an das sittlich-religiöse Gemeinschaftsleben knüpfen, mit dem es einst eine Einheit gebildet hat.

Wenn der Herold in Athen zum eleusinischen Fest einlud, so erklärte er allerdings, Menschen unreiner Hände, das heißt Mörder, und fremder Sprache würden nicht zugelassen. Es scheint aber doch, dass man durch besondere Vorkehrungen die unreinen Hände zu reinigen und also auch die Schuldbeladenen der Segnungen des großen Heilungsfestes teilhaftig zu machen gewusst hat. Jedenfalls liegt es in der Idee aller Mysterienbünde begründet, Schuld zu tilgen, verirrte Wanderer heimzuführen, losgelöste, mit der Gemeinschaft zerfallene Menschen dem Kreis der wahrhaft Lebendigen, der wahrhaft Verbrüderten einzuverleiben. Der Templerorden durfte gebannte Ritter aufnehmen, der Guttemplerorden nimmt die dem Alkoholteufel Entrissenen auf. Es wäre gut, wenn auch der Freimaurerbund sich darauf besänne, welchen Suchenden, Darbenden, Verkannten und Verirrten er wohl seine Tore öffnen müsste, um der Gefahr zu entgehen, eine Gesellschaft von Selbstgerechten, auf ihre Verdienste pochenden Reichen zu werden. Die Gesunden bedürfen des Arztes nicht, aber die Kranken!

Die Mordsymbolik der Mysterienbünde hat von jeher Anlass zu dem Verdacht und der Anklage gegeben. In den geheimen Bünden würden wirkliche Mordtaten begangen, es würden Menschen geopfert und unheimliche Dinge mit Blut, Schädeln, Särgen usw. getrieben. In jedem Menschen liegt ein dunkles Gefühl tief versteckt, dass Blut und

Leben, Menschenblut und Gottesblut die mächtigsten Reinigungsmittel der Welt sind und dass die Rettung aus der furchtbarsten Not, die Versöhnung in der verhängnisvollsten Entzweiung nur durch die Opferung von Menschen oder menschlichen Göttern erzielt werden kann. Und mit Recht ahnte die profane Welt, dass in den Mysterienbünden dies Gefühl Tat und klare Erkenntnis geworden sei, dass Todesriten in den Bünden geübt würden. Aber sie täuschte sich in der Tragweite und in dem Ziel dieser Riten. So wenig der Vorwurf zutrifft, dass die urchristlichen Gemeinden Kinder geschlachtet hätten, so wenig sind in anderen Mysterienbünden wirkliche Menschenopfer, wirkliche Schädigungen der Novizen an Leib und Leben vorgekommen. Dagegen beruhen die zahlreichen Berichte über Rohheiten bei der Aufnahme, über Misshandlungen von Novizen, die sich gegen anscheinend schreckliche oder schändliche Zeremonien wehrten, gewiss zum Teil auf Wahrheit. Diese Brutalitäten sind einerseits Entartungserscheinungen, anderseits aber doch wohl Reste des ursprünglich gewalttätigen und grausamen Charakters der menschlichen Kultübungen. Die Mysterienbünde halten das Primitive fest und wekken Erinnerungen aus dem Kindheitsalter des menschlichen Geisteslebens auf. Daher vereinigen sie mit dem Zug in das Übersinnliche auch grobsinnliche und allzu derbe Züge. In vielen Mysterienbünden stoßen wir auf den symbolischen Gebrauch von Totenschädeln und Gebeinen. Woher dieser Gebrauch, der jenen Verdacht der Profanen so oft genährt und das Grauen vor dem lichtscheuen Treiben der Bünde verstärkt hat? Die Totengebeine sollen zweifellos dem Gedanken der Mordsühne Ausdruck und Nachdruck geben. Ursprünglich sind diese Gebeine in der Tat die Gebeine von Bundesbrüdern, es sind Reliquien, teure Reste der Bundesvorfahren, wenn nicht gar des einen großen Bundesheroen und göttlichen Stifters, der einst als heiliges Opfertier erschlagen worden ist. Als Beweise seiner symbolischen Mitschuld werden sie dem Novizen vorgelegt und als Warnungen und Mahnungen werden sie im Bundesheiligtum aufbewahrt. Wir müssen uns hier die Tatsache vergegenwärtigen, die später noch näher zu erörtern ist, dass das Bundesheiligtum: Namengebung und Namennennung vielfach die Begräbnisstätte und das Beinhaus des Bundes ist. Ich erinnere an die christlichen Katakomben und Krypten. Auch aus anderen Kulturkreisen haben wir Beispiele für die Einheit von Bundeshaus und Grabstätte des Bundes, zumal Grabstätte der heiligen Ahnen und Stifter des Bundes. Die Gebeine und Schädel sind also heilig, sie haben Wunderkraft, sie halten die feindlichen Dämonen ab und bewirken die mystische Vergeistigung und Verwandlung der Novizen. Daher finden wir auch bei fast allen Geisterbeschwörungen, magischen Krankenheilungen und religiösen Reinigungs- und Vorbereitungshandlungen Schädel oder ganze Gerippe verwendet. Im Altertum verfertigte man sogar Skelette aus Holz, um sie zu Mysterienzwecken zu benutzen. Überall, wo die Geister oder der Geist ins Spiel kommt, erscheinen auch diese schaurigen Reste des menschlichen Daseins, die vernehmlich und ernst von Tod und Schuld reden, aber darum zugleich auch Mittel sind, Tod in Leben zu verwandeln und Schuld zu sühnen.

Warum finden Aufnahmehandlungen immer im Namen eines Gottes oder einer anderen geistigen Macht statt?

▲ *Namengebung und Namennennung*

An die Taufe oder den ihre Stelle vertretenden Reinigungs- und Aufnahmeakt schließt sich oft die Erteilung eines neuen Namens an den Novizen und die Anrufung und Ausrufung heiliger Worte. Wir besprechen zunächst das letztere, die Nennung heiliger Worte und Namen. Warum finden Aufnahmehandlungen immer im Namen eines Gottes oder einer anderen geistigen Macht statt? Weil diese Macht die unreinen Geister vertreiben und von dem Novizen Besitz ergreifen soll. Durch die Nennung des Namens wird das Taufwasser oder sonstige Reinigungsmittel geweiht, das heißt mit dem angerufenen Geist erfüllt, und dann vermittels der Handlung in den oder die Reinigungsbedürftigen hineingeleitet. Auch bei der spirituellen Krankenheilung wird der Name genannt, gewöhnlich sind es hier (also bei dem sogenannten Exorzismus) zwei

Da der Mensch durch die Weihe zu einem neuen, verwandelten Dasein gelangt, muss er auch einen neuen Namen erhalten.

Namen, erstens der Name des unreinen Geistes, der ausfahren und zweitens der des heiligen Geistes, der einfahren soll.
Handelt es sich um die Aufnahme in einen Bund, so wird die Einverleibung des Bundesgeistes in den Kandidaten dadurch ausgedrückt und bestätigt, dass dem Kandidaten dieser Geistname oder Bundesname hinfort als Beiname zuerteilt wird. Da der Mensch durch die Weihe zu einem neuen, verwandelten Dasein gelangt, muss er auch einen neuen Namen erhalten. Welchen Namen aber wird man wählen? Denjenigen, der das neue Sein möglichst deutlich ausspricht, der also den Geweihten als einen dem heiligen Bund Gewonnenen, dem Bundesgeiste als Bruder und Ebenbild Gleichgesetzten kenntlich macht. Mit einem neuen Namen ist der Bruder dem profanen, von unreinen Geistern bedrohten Leben für immer entrissen.

Wenn der neue Name dem Bruder als Rufname dienen soll, so muss er natürlich anders lauten als die Bundesnamen der übrigen Brüder. Man trifft dann aus den verschiedenen Namen, die der Bundesgeist etwa hat, eine Auswahl oder man nimmt Namen, die irgendwelche Eigenschaften, Kräfte, Söhne, Verwandte, Taten, Schicksale des Bundesgeistes bezeichnen. So entsteht die große Zahl von Bundesnamen, die wir in den Mysterienbünden finden. Sie gehören oft zu den Geheimnissen, die nicht verraten werden dürfen, eben weil sie unmittelbar mit dem Wiedergeburts- und Vergottungsgeheimnis zusammenhängen. Nach primitiver, religiös-magischer Auffassung ist der Name eine substantielle Macht, er haftet so fest an seinem Besitzer wie der Kopf oder die Seele. Die Namenerteilung bewirkt geradezu die Wandlung des Menschen im Sinne des erteilten Namens, sie macht den Menschen zu dem, was der Name besagt. Das ist der feste Glaube der primitiven Menschheit, der in unserem Volke und in der christlichen Religion noch deutlich nachwirkt.

Die Namenerteilung bewirkt geradezu die Wandlung des Menschen im Sinne des erteilten Namens, sie macht den Menschen zu dem, was der Name besagt.

Daher kann die Namennennung (das heißt die Herbeirufung) und die Namengebung (Einverleibung) zum Hauptakt der Mysterienweihe werden, zu dem die übrigen Aufnahmehandlungen nur das Beiwerk bilden. Der Name zieht von selbst die Erfüllung des erwünschten Reinigungs- und Wiedergeburtsvorganges nach sich. Verstärkt wird bei dieser Gestaltung des Weiheaktes die Wirkung des Namengebens und -nennens gern durch weitere heilige Worte, durch Segensformeln und magische Wünsche, die über den Kandidaten gesprochen werden. Mitunter stellt der Name selber solch eine Wunschformel dar.

Ich leugne natürlich nicht, dass die Erteilung des Bundesnamens in politischen oder konfessionellen Geheimbünden den Zweck hat, den geheimen Verkehr der Mitglieder zu erleichtern und sie vor Entdeckung zu schützen. Aber bei der Auswahl der Geheimnamen wird man meist finden, dass sie auf den Bundesgeist, also den Zweck und die Mittel der Vereinigung Bezug nehmen. Das kann man zum Beispiel auch bei den Ritternamen der freimaurerischen Hochgrade des 18. Jahrhunderts erkennen.

▲ *Abzeichen*

Ferner wird mit der Taufe oder der Aufnahmehandlung mitunter die Besiegelung verbunden. Dem Novizen wird ein Siegel aufgedrückt, entweder auf die Stirne oder die Zunge oder einen anderen Körperteil. Im Mithraskult geschah dies anscheinend auf sehr altertümliche Weise: man brannte das Mal ein. Das entspricht der Tätowierung in den Bünden der primitiven Völker. In anderen Bünden war man milder: man begnügte sich, das Mal nur lose aufzudrücken oder es mit der befeuchteten Hand (Taufwasser, heiliges Öl u. dgl.) auf den Körper zu zeichnen. Ein solches Siegel war freilich vergänglich, aber geistig sollte es fortwirken, und man traute ihm nicht geringere Dauerhaftigkeit zu als der Tätowierung oder Stigmatisierung. Was für Male wählte man? Solche, die mit dem Bundesgeist zusammenhingen, zunächst direkte Bilder oder bildliche Attribute des Geistes. Die Ornamente, die die primitiven Völker in ihre Haut, in die Wände ihres heiligen Hauses und in ihre Waffen und Geräte ritzen, stellen fast immer den Geist ihres Bundes selber dar, mindestens Symbole,

Zeichen, Teile, Gabeln, Werkzeuge des Geistes. Diese Bilder werden aus gewissen Gründen vereinfacht und stilisiert dargestellt, so dass ihre Bedeutung den späteren Geschlechtern, zumal den fremden Betrachtern nicht mehr verständlich ist. Die Nachkommen halten diese stilisierten Gottesbilder oder Gotteszeichen für rein ornamentale Schöpfungen oder legen ihnen einen anderen Sinn unter.

Das gilt für die Symbole der verschiedensten Völker und Bünde. Einst waren sie nichts Anderes als Gottessymbole, oder Gottesattribute. Als man diese Bedeutung nicht mehr verstand, deutete man sie anders. Solche Gottessymbole der Bünde sind z. B. die Sonne (Kreis, Auge, Dreieck), das Kreuz in seinen verschiedenen Formen (darunter Hammer, Hebel, Galgen, Winkelmaß), der Stein (Haus, Höhle), die Säule (Baum, Stab, Staude) und andere mehr.

Das Siegel braucht nicht in die Haut geschnitten, nicht auf den Körper gemalt zu werden. Man kann es auf andere Weise am Körper befestigen, zum Beispiel um den Hals hängen, an den Finger oder Arm stecken, auf den Kopf setzen, um den Leib binden. Der Zweck bleibt derselbe. Das Zeichen soll stets einen Schutz bilden gegen die unreinen und schädlichen Gewalten, denen der Bundesangehörige durch die Aufnahme entrissen wird, die ihn aber auch weiterhin bedrohen. Das Abzeichen soll ihn als einen Reinen, einen den guten Geistern Verbündeten beweisen und dartun.

Man nennt die bannenden, schützenden, heiligenden Abzeichen Amulette. Das Amulettwesen ist über die ganze Erde und auf allen Kulturstufen verbreitet. Die Primitiven fassen den Schutz und Vorzug, den das Tragen von Amuletten gewährt, gröber und materieller auf, die Kultivierten geistiger und feiner. Schließlich bleibt nur der rein symbolische Wert übrig und damit verschwindet auch der Name Amulett. Aber wo noch irgendwelche Abzeichen wert- und heiliggehalten werden, wo sich Menschen um ein Abzeichen als um das Sinnbild ihres höchsten Strebens scharen, da ist der Ursinn des Amuletts noch nicht erstorben.

Wir haben es hier nur mit den Abzeichen in den Mysterienbünden zu tun. Da wären zunächst die Ringe zu nennen. Im ganzen

Altertum legte man den Ringen, um des Siegels willen, das sie trugen, und zugleich um der Kreisform willen, magische Kräfte bei. Der Ring schützt den Träger vor Gefahren, Krankheiten und mystischen Anfechtungen, er verleiht ihm zugleich übermenschliche Fähigkeiten und Kräfte, ist also ein Talisman. Daher verlieh man in verschiedenen Mysterienbünden den Mitgliedern oder den bevorzugten, hochgraduierten, leitenden Brüdern einen Ring. An diese Verleihung wurden gerne Kultlegenden geknüpft. Der Ring gehörte einst dem Bundesheros, war von ihm unter Gefahren erobert und unrechtmäßigen Besitzern geraubt worden. Es liefen Sagen von Zauberringen um, deren hoher Ruhm sich bis in die Neuzeit fortpflanzt. Am berühmtesten war wohl der Ring Salomos. Durch seinen Siegelring soll König Salomo, der Freimaurergroßmeister, Herr über alle Geister gewesen sein und mit des Ringes Hilfe den Tempel erbaut haben. Auch die Ringe anderer Mysterienhelden und Bundesstifter waren hochberühmt, so der Ring des Henoch, des Seth, des Hermes.

Die Ringe wurden gerne aus Erz gearbeitet, weil Erz als ein den guten Geistern heiliges Metall galt, das Dämonen vertreibt. Auch der Klang des Erzes hatte diese Eigenschaften. Daher der Gebrauch von Glocken, von ehernen Schallbecken, von Hämmern in den Mysterienbünden. Während Eisen und Stahl, auch Gold und Silber meist verpönt sind, weil sie den Zauber brechen und unerwünschte Geister herbeilocken, hat das Erz heiligende und exorzisierende Wirkung. Die Gründe dieser verschiedenen Wertung der Metalle auseinander zu setzen, würde uns hier zu weit führen. Auf jeden Fall hängt die Bevorzugung des Erzes (oder der Bronze) in den Mysterienbünden mit der oft erwähnten Vorliebe dieser Bünde für uralte, aus vergangenen religiösen und kulturellen Epochen stammende Vorstellungen und Symbole zusammen. Schallbecken finden wir in den Eleusinien, Sistren im Isiskult, Glocken in kirchlichen und häretischen Bünden. Der jüdische Hohepriester hatte an dem heiligen Amtskleid Glöckchen, die bei seinem Gehen im Heiligtum hörbar sein mussten, damit er nicht sterbe. Der Klang der Glöckchen sollte die bösen Dämonen verjagen, aber auch die Gefahren bannen, die der Verkehr mit dem furchtbaren Jahwe für den Menschen mit sich brachte. Ebenso sollten die Glocken in den Mysterienbünden teils auf die störenden Gewalten, teils auf den Bundesgeist selber Eindruck machen; psychologisch ausgedrückt, sie sollen die Seelen der Mysten reinigen, öffnen und zugleich zur Achtsamkeit mahnen.

Die mannigfachen Bundesabzeichen, Bundeswappen, Fahnen, Embleme usw. können wir hier nicht im Einzelnen aufführen. Sie alle stellen den Bundesgeist oder Symbole desselben oder Pflichten der Brüder gegen ihn dar. Deshalb sind sie Schutz und Schild, sind sie Heiligtümer und leuchtende Sinnbilder des Bundes. Zu diesen Bundesabzeichen gehört auch die rituelle Tracht und Bekleidung, die besondere Art, sich zu begrüßen und sich sonst zu gehaben. Ehe wir auf die Bekleidung eingehen, sei mit einem Wort auf die Haartracht hingewiesen. In manchen Bünden war den Mitgliedern eine besondere Haar- und Barttracht vorgeschrieben, entweder mussten sie die Haare lang tragen oder sie wurden ihnen bei der Aufnahme unter feierlichen Zeremonien abgeschnitten. Letzteres war häufiger. Die Isismysten zum Beispiel waren kahlgeschoren, wie die ägyptischen Priester. In christlichen Engbünden begnügte man sich mit der Tonsur und der Fernhaltung des Bartwuchses unter Gewährung bestimmter Ausnahmen. Die Entfernung des Haares hat den Sinn einer mystischen Reinigung. Dämonen halten sich besonders gern im Haar verborgen. Darum wurden auch den Hexen die Kopf- und Körperhaare entfernt. Zugleich aber ist das Haar nach primitivem Glauben ein Träger der menschlichen Kraft und Seelensubstanz, daher gewinnt, wer sein Haar dem Bundesgeist hingibt, ein inniges Schutzverhältnis zu ihm. Das Wachsenlassen des Haares wird meist eine bloße Vorbereitungsmaßregel gewesen sein, die nur bis zur eigentlichen, höchsten Weihe beizubehalten war. Das frei wachsende Haar deutet auf Ungebundenheit, Eigenwillen, Vertrauen auf die persönlichen Kräfte oder auf büßende Vorbereitung zur Bundesschließung. Gott als freier Herr-

Das frei wachsende Haar deutet auf Ungebundenheit, Eigenwillen, Vertrauen auf die persönlichen Kräfte oder auf büßende Vorbereitung zur Bundesschließung.

scher trägt langes Haar. Aber für Gott als Bundesgeist, als Bruder, als Schlachtopfer schickt sich ein beschränkter und auf rituelle Weise angeordneter Haarwuchs — so dachte die von Mysteriengedanken erfüllte und beeinflusste Menschheit.

▲ *Verhüllung*

Mit der Haartracht hängt die Kopfbedeckung zusammen, die wir als erstes rituelles Kleidungsstück nunmehr betrachten wollen. Vielfach diente die Kopfbedeckung hauptsächlich dazu, die Haare zu verhüllen und die Unbequemlichkeiten, die mit dem Haarschneiden oder rituellen Anordnen der Haare verknüpft waren, zu vermeiden. Paulus gebietet den Frauen, ihr Haar beim Gottesdienst durch ein Tuch zu verhüllen. Er fügt als Grund hinzu: der Engel wegen (1. Kor. 11, 10), das heißt der bösen gefallenen Engel wegen, die den Frauen nach einer berühmten Stelle der Genesis besonders gefährlich sind. Das Kopftuch hat also reinigenden, schützenden Zweck.

Der Gebrauch, bei religiösen Feiern und insbesondere bei Bundeszusammenkünften, Kopfbedeckungen oft von besonderer Form zu tragen, ist sehr alt und weit verbreitet. Schon bei den primitiveren Völkern, die sonst mit unbedecktem Kopf gehen, finden wir vielfach, dass sie bei heiligen Festen Hüte aufsetzen. Schutz vor Kälte kann nicht Zweck sein, zumal wenn die Feiern im geschlossenen Bundeshaus stattfinden. Verschönerung kann auch nicht der einzige Zweck sein, denn, wie die Wissenschaft längst festgestellt hat, ist die große Schmuckliebe primitiver Völker nicht auf rein ästhetische oder sexuelle Gründe zurückzuführen, sondern auf religiöse Gründe. Um der Geister und des Geistes willen schmückte man sich mit so ungeheurem Eifer, und diese religiöse Bedeutung des Schmuckes, der Tracht und der Bekleidung klingt bis zum heutigen Tage in der Kulturwelt nach, wie aus tausend Anzeichen zu ersehen ist. Am deutlichsten ist dieser tiefere Sinn natürlich bei denjenigen Schmuck- und Kleidungs-

Der Gebrauch, bei religiösen Feiern und insbesondere bei Bundeszusammenkünften, Kopfbedeckungen oft von besonderer Form zu tragen, ist sehr alt und weit verbreitet.

stücken, die noch heute bei religiösen Feiern und als religiöse Abzeichen Verwendung finden.

Der Hut schützt und verbirgt seinen Träger nach Auffassung der älteren Menschheit vor bösen Geistern und schädlichen Einflüssen. Zugleich macht er ihn aber auch selbst zu einem Geistwesen, zu einem Bruder und Vertreter des Bundesgeistes. Die Götter und Bundesgeister trugen nämlich selber Hüte, wer ihnen gleich sein will, muss ebenfalls seinen Kopf bedecken, oder er muss sich vielmehr durch die Mysterienweihe den Geisterhut feierlich verleihen und aufsetzen lassen. Wir finden Hüte von hoher, konischer Form in Geheimbünden der Naturvölker, und wir finden im Mithraskult die phrygische Mütze, die erst in einem höheren Grad verliehen wurde. In anderen Mysterienbünden trat an die Stelle des Hutes auch wohl eine Stirnbinde aus Wolle oder Leinen oder eine Krone, das heißt ein Kranz aus Zweigen oder Blüten oder anderen Stoffen hergestellt und auf bestimmte Weise angeordnet. Auch der christliche Täufling erhielt eine Binde um den Kopf und wurde mit Myrten und Palmen bekränzt.

> **Der Hut schützt und verbirgt seinen Träger nach Auffassung der älteren Menschheit vor bösen Geistern und schädlichen Einflüssen.**

Zur rituellen Bekleidung der Zauberer bei Herbeirufung der Geister gehörte ebenfalls ein Hut, nach Art einer Bischofsmütze zugespitzt, aus Leinwand gearbeitet. Ferner trug der Zauberer nach manchen Anweisungen eine Binde um die Stirne, auf welcher das Tetragramm, das verborgene heilige Wort, mit Taubenblut geschrieben, stehen musste. Die letztere Bestimmung ist recht bezeichnend. Der Name und das Taubenblut (die Taube ist der Vogel des Geistes und von besonderer Reinheit) sollten die reinigende, schützende und zugleich vergöttlichende Wirkung der Binde verstärken.

> **Wer den Hut trägt, ist mystisch geschützt, ist ein Bevorzugter, ein Angehöriger einer göttlichen Gemeinschaft, ein Herr und Gottesfreund.**

Die rituelle Verwendung des Hutes in manchen Bünden wird gewöhnlich mit dem Hinweis auf die Freiheit des Mannes erklärt, ähnlich wie in Rom die Zeremonie der Aufsetzung des Pileus bei der Freilassung eines Sklaven. Mit Recht, aber warum macht uns ein Hut frei? Wie konnte das Tragen eines Hutes zum Abzeichen des freien Mannes gegenüber dem Knecht werden? Warum ist es anderseits in Europa Sitte geworden, bei höflicher Begrüßung den Hut abzunehmen, also sich des Freiheitszeichens zu entäußern? Diese ganze Hutsymbolik kann doch nur auf religiösen oder abergläubischen Vorstellungen beruhen. Wer den Hut trägt, ist mystisch geschützt, ist ein Bevorzugter, ein Angehöriger einer göttlichen Gemeinschaft, ein Herr und Gottesfreund. Wenn man die zaubermächtige Kopfbedeckung vor jemand abnimmt, so gibt man sich damit ihm gewissermaßen in die Hände, ordnet sich ihm symbolisch unter und überträgt ihm oder seinem Schutzgeist die Herren- oder wenigstens Bundesrechte über sich. So wird der Hut zum Zeichen der Freiheit vor Gott und Menschen und zugleich zum Zeichen der Angehörigkeit zu einem Bunde der Auserwählten. Man erinnere sich des Huttragens bei der freien Geistgemeinde der Quäker, die sich selber Gesellschaft der Freunde oder der Söhne des Lichts nennen.

In der gnostischen Sekte des Markos wurde dem Novizen bei der feierlichen Reinigungshandlung (Apolytrosis) ein Hut aufgesetzt, der angeblich die Kraft hatte, den Träger unsichtbar zu machen, damit er, wie es ausdrücklich heißt, den rächenden Dämonen (dem Richter) entfliehen könne. Da ist der Zweck der Kopfbedeckung, einen mystischen Schutz zu verleihen, deutlich zu erkennen. Diesen Helm des Hades setzte die Mutter dem Novizen auf, das heißt die gnostische Isis, die Personifizierung der Urmutter Erde, in deren Schoß sich nach der Wiedergeburtslehre der Mensch zurückziehen soll, um als ein Neuer aufzuerstehen. Der Hut versetzt also den Novizen gleichsam in den Zustand des Ungeborenseins, in den unkörperlichen Zustand der Geistwesen. Jedem fällt hierbei die Tarnkappe der deutschen Sage ein, sowie der unsichtbar machende Zauberring des Gyges. Jede mystische Kopfbe-

Jede mystische Kopfbedeckung ist eine Vermummung, eine Unsichtbarmachung und dadurch nach Mysterienauffassung eine Vergeistigung und Errettung.

deckung ist eine Vermummung, eine Unsichtbarmachung und dadurch nach Mysterienauffassung eine Vergeistigung und Errettung. Dass ein Ring dieselbe Wirkung haben kann, erklärt sich aus der Bedeutung des Kreises als der um- und einschließenden Zauberfigur: die ganze Welt wird nach Anschauung des Altertums von einem Ring, der als großes Wasser oder als Schlange gedacht wird, umschlossen und gleichsam in Bann gehalten. Der Ring (Kreis) ist ein allverbreitetes Mysteriensymbol.

Wie das Gesicht, verhüllt man vielfach auch die Hände, auch sie sollten geschützt und vor Befleckung bewahrt werden, wenn man sich mit heiligen Dingen abgab.

Dass die rituellen Kopfbedeckungen eine mystische Verhüllung und Vermummung bezwecken, folgt weiter daraus, dass mit dem Kopf oft auch das Gesicht oder Teile desselben bedeckt werden. Wer sich dem Heiligsten nähert, verhüllt sein Antlitz und schließt seine Augen, sei es durch die Hände oder durch ein Tuch. Zumal beim Eingehen eines heiligen Bundes schien die Bedeckung des Gesichts erforderlich, weil sich dann die unreinen Geister aus Neid und Bosheit besonders herzudrängen und die Verbrüderung mit den guten Gewalten stören wollen. So verhüllte sich die antike Braut vor der Eheschließung, und dieser Gebrauch, der noch heute in dem Brautschleier fortlebt (bei dem Brautkranz denke man an das über rituelle Kronen und Hüte Gesagte), schien so wichtig, dass man die ganze Hochzeit im Altertum eine Verhüllung (nuptiae) nannte. Aus einem griechischen Mysterienbund berichtet uns eine Reliefdarstellung folgendes: Der Myste sitzt, offenbar bei der Aufnahme, mit verschleiertem Kopf, über den er das Gewand gezogen hat, auf einem Stuhl, der mit einem Widderfell bedeckt ist, und die Priesterin hält eine Getreideschwinge über ihn. Die Getreideschwinge ist ein Befruchtungssymbol, deutet also auf den Unions- und Wiedergeburtsvorgang hin. Das Widderfell ist ein Verwandlungs- und Opfersymbol.

Wie das Gesicht, verhüllt man vielfach auch die Hände, auch sie sollten geschützt und vor Befleckung bewahrt werden, wenn man sich mit heiligen Dingen abgab. Handschuhe werden angezogen, wenn man einen heiligen Bund schloss oder mit den Bundesbrüdern zusammen Feste feierte. Daher die Handschuhe als rituelle Bekleidung, aber auch als Abzeichen einer Würde oder eines Amtes.

Die Bedeckung und Verhüllung kann noch weitergeführt werden. In manchen Geheimbünden der Naturvölker tragen die Mitglieder bei den Festen eine vollständige Maskenkleidung. Kopf, Gesicht und Körper stecken in Hüllen, die den Träger unerkennbar machen und ihn oft nicht einmal als einen Menschen erscheinen lassen. So ist er von aller Verfolgung und Verunreinigung durch feindliche Geister und niederziehende Einflüsse gesichert. Auch in den Mysterienbünden des Altertums finden wir Maskenkleidungen und die Körperformen unkenntlich machende heilige Gewänder. Dazu kamen dann noch Amulette, Gehänge und Abzeichen aller Art, mit denen sich die Mysten in manchen Bünden über und über beluden, so dass sie sich nur mühsam bewegen konnten. Wer könnte zweifeln, dass all dieser Schmuck und Kleideraufwand sehr ernste Gründe hatte, dass er unbezwinglichen Bedürfnissen Ausdruck verlieh!

Kleid und Schmuck sind nicht nur magisch-symbolische Schutz- und Reinigungsmittel, sie verhüllen und bedecken nicht nur, sie verwandeln, sie zeichnen und bezeichnen den Menschen auch.

Die heutige Welt liebt solche Dinge nicht, sie nennt das Äußerlichkeiten und begreift nicht, wie man Schmuckstücken, Kleidungsstücken, Kopfbedeckungen einen so hohen Wert beilegen kann. Die Vergangenheit war einsichtiger, bei gewissen Gelegenheiten stellte sie die Übergabe dieser Äußerlichkeiten sogar in den Mittelpunkt und gab danach den heiligsten und entscheidendsten Handlungen die Namen. Investitur, das heißt Einkleidung, Krönung, das heißt Aufsetzung einer Kopfbedeckung.

▲ *Das Anziehen des neuen Menschen*

Kleid und Schmuck sind nicht nur magisch-symbolische Schutz- und Reinigungsmittel, sie verhüllen und bedecken nicht nur, sie verwandeln, sie zeichnen und bezeichnen den Menschen auch. Jede Maske, die man anlegt, ist zugleich eine Verhüllung und eine Verwandlung. Der Maskierte erscheint als ein anderes Wesen. Die Verwandlung, die der Mysterienbund an den Novizen vollziehen will, kann gar nicht greifbarer und sinnfälliger dargestellt und wirksamer magisch herbeigeführt werden als durch die Bekleidung, Schmükkung, Bemalung, Bezeichnung (Markierung, Besieglung) des Körpers in dem erwünschten Sinne. Wenn der Kandidat die Geister- oder Gottesmaske anlegt, also etwa ein weißes oder schwarzes bauschiges Gewand, eine Strahlenkrone oder dgl., wenn er als göttliches Tier (Rabe, Löwe, Taube, Lamm usw.) maskiert wird und wie im Mithraskult und bei den primitiven Völkern auch die Bewegungen und Laute dieser Tiere nachahmen muss, wenn er als Ritter, als Maurer, als Mönch, oder in irgendein Berufes- oder Standesgewand gekleidet wird und die entsprechenden Berufshandlungen ausüben muss, — so erfährt er zweifellos eine starke suggestive Beeinflussung, die sich bei erregten Gemütern zu einem ausgesprochenen Verwandlungsgefühl steigern kann. Er wird, wozu ihn das Kleid stempelt. Ich erwähnte, dass die kirchlichen Feinde des Mithraskultes über die Tiermasken und Tiergebärden in diesem Kult gespottet haben: Die einen schlagen mit den Flügeln, wie die Vögel, die andern brüllen wie Löwen. Da sieht man, wie Leute, die sich weise nennen, zu lächerlichen Narren werden! Wir werden nicht spotten, denn wir verstehen den tieferen Sinn dieser freilich übertriebenen Verwandlungsriten, die aber für eine bunte, aus allen Völkern gemischte Menge wohl gerade das nötige Maß von Sinnfälligkeit und Eindrücklichkeit hatten. Auch die Freimaurer versinnlichen die Verwandlung, die sie durch den Eintritt in den Bund zu erleben wünschen, durch das Kleid und durch gewisse Gemeinschaftsformen, freilich genügen ihnen wenige, sofort in das Geistige gewendete Andeutungen.

Trotz seiner Verwandlung in einen Pneumatiker, einen Geistmenschen, fühlt der Myste den irdischen Anteil noch immer als Bestandteil seiner selbst.

Der Myste also legt ein anderes Kleid an und zieht damit symbolisch einen anderen Menschen oder einen anderen Leib an. Der Kleiderwechsel kann auch in mehrere Abteilungen zerlegt werden und stufenweise erfolgen. So berichtet Apuleius, dass er bei der Einweihung in die Isismysterien zwölfmal habe das Gewand wechseln, also zwölf Verwandlungen habe durchmachen müssen. Wie diese verschiedenen Gewänder aussahen, wissen wir nicht. Nur das letzte, das Himmelsgewand, das ihn symbolisch zum Gott Osiris-Horus machte, beschreibt er genauer. Wahrscheinlich waren die anderen zum Teil Tiermasken.

Wenn der neue Leib angezogen ist, was wird dann aus dem alten? Er ist abgetan, weggeworfen, also gestorben. Da aber der ganze Vorgang nur symbolisch nachempfunden wird, so geschieht auch das Sterben nur symbolisch. In Wirklichkeit ist der alte Mensch, der unreine, hässliche, verseuchte Erdenbürger noch da. Trotz seiner Verwandlung in einen Pneumatiker, einen Geistmenschen, fühlt der Myste den irdischen Anteil noch immer als Bestandteil seiner selbst. Demnach hat der Mensch, der die große Reinigung durchgemacht und die zweite Geburt erfahren hat, zwei Leiber, denn seine Verwandlung kommt einer Verdoppelung der Persönlichkeit gleich. Diese Verdoppelung oder auch Vervielfältigung des Menschen als Folge des von uns beschriebenen geistigen Erlebnisses ist eines der schwierigsten und wichtigsten Probleme der religiösen Psychologie und Pathologie. Wir können hier auf die psychologische Bedeutung, so sehr auch der Vorgang einer psychologischen Erklärung bedarf, nicht eingehen. Wir haben nur die Folgen dieser Verdoppelung für das Gemeinschaftsleben im Bund zu erwägen.

Gewissermaßen lebt und wohnt der pneumatische Leib im Bundestempel, er lässt sich, sobald man das heilige Gemeinschaftshaus betritt und die Bundeskleidung angelegt hat, auf jeden Bruder nieder.

Wer die Weihe empfangen hat, besitzt also zwei Leiber, wie er zwei Gewandungen besitzt. Mit dieser Doppelheit wird er sich dadurch abzufinden suchen, dass er bald den einen, bald den anderen Leib anlegt. Den neuen heiligen Geistleib zieht er an, wenn er in das Heiligtum geht, wenn das heilige Kleid seinen suggestiven Einfluss auf ihn ausübt, und dieser Einfluss durch die Feier, zumal durch die Weihe und Einkleidung eines neuen Mitgliedes noch verstärkt wird. Auch der Raum, die Anwesenheit der Brüder, die Musik, alles wirkt mit, um in dem Mysten den zweiten Menschen zur Herrschaft und den ersten zum Schweigen zu bringen. Gewissermaßen lebt und wohnt der pneumatische Leib im Bundestempel, er lässt sich, sobald man das heilige Gemeinschaftshaus betritt und die Bundeskleidung angelegt hat, auf jeden Bruder nieder. Der alte Leib und mit ihm alles Kleinliche, Unreine, Zeitliche fällt ab und bleibt draußen. Der Reine und Verwandelte tritt über die heilige Schwelle.

Nachher aber tritt der alte Mensch wieder in sein Recht, der Alltag gewinnt seine Macht zurück, der reine Leib bleibt mit der heiligen Garderobe im Tempel. Der Gotterfüllte, Geheiligte ist nun wieder ein gewöhnliches, unter das Joch der Notdurft gebeugtes Wesen.

Dieser Wechsel ist eine gefährliche Folgeerscheinung der Verwandlungssymbolik. Alle Mysterienbünde haben schwer unter dem Doppelgeist und Doppelleben ihrer Anhänger leiden müssen. Je schroffer der Bund den Gegensatz zwischen dem alten und dem neuen Menschen fasst und je größeres Gewicht er auf die plötzliche, wunderhafte Vertauschung des alten mit dem neuen infolge der Bundesweihe legt, um so bedrohlicher sind die sittlichen Wirkungen. Es entwickelt sich nämlich die Auffassung, dass man den alten Leib in seinen alten Gelüsten ruhig gewähren lassen könne, das beeinträchtige die Reinheit und Hoheit des pneumatischen Leibes nicht, weil beide völlig voneinander getrennt seien. Wer einmal die Weihen empfangen habe, sei für immer dem Leben gewonnen, vermöge der Verwandlungsmagie sei der Bund Herr über das Schicksal jedes Menschen, ja über Welt und Gott. Daher denn auch das ungeheure Selbstbewusstsein in Verbindung mit tiefster Selbstverachtung und Wegwerfung bei den Bekennern dieser Auffassung. Wir finden das bei manchen gnostischen Sekten, aber auch zum Teil im Evangelium.

Die Freimaurerei ist diesen Gefahren nicht ausgesetzt. Auch sie unterscheidet einen alten und einen neuen Menschen, aber sie glaubt nicht an einen schroffen Gegensatz zwischen diesem und jenem. Sie lehrt nicht, dass der natürliche Leib abgetan und weggeworfen werden müsse, vielmehr, dass er in einen Tempel umgeschaffen, also dass der neue Mensch in den alten hineingebaut werden soll. Der Gegensatz soll aufgehoben, nicht verschärft und verewigt werden. Dazu kann der Akt der Weihe und Einkleidung wohl mithelfen, aber das Beste muss die Arbeit tun. Nur allmählich kann die ganze Persönlichkeit von dem Pneuma (Geist) durchdrungen werden. Der Mensch ist nicht rein, er wird aber rein durch sein unermüdliches Streben, Altes mit Neuem, Sinnliches mit Geistigem unlöslich zu verbinden.

▲ *Entkleidung*

Jede Symbolik enthält Riten, die sich zu widersprechen und in ihrer Wirkung gegenseitig aufzuheben scheinen. So finden wir neben, vor oder nach der rituellen Bekleidung und Schmückung der Aufzunehmenden und der Brüder auch eine rituelle Entkleidung und Schmuckablegung. Welchen Sinn mag diese Entkleidung haben? Zunächst haben wir wohl daran zu denken, dass jeder Kleiderwechsel notwendig mit einer Entkleidung verbunden ist. Wer ein anderes Gewand anziehen will, muss das seinige ausziehen. Die Entkleidung wäre demnach eine Vorbereitungshandlung von verhältnismäßig untergeordneter Bedeutung. Jedoch sehen wir, dass der Zwischenzustand des Entkleidetseins mitunter einen selbstständigen Symbolwert erhält. Es macht sich die Vorstellung bemerkbar, dass die Nacktheit selber reinigend und heiligend wirkt und dass der Zustand der Nacktheit für die wahrhaft Lebendigen und Auserwählten eigentlich der angemessene sei. Diese Vorstellung geht zum Teil auf jene Furcht vor den verunreinigenden Dämonen und schädlichen Substanzen zurück: in den Kleidern setzen sich diese fest, dem Nackten wie dem Geschorenen können sie nichts anhaben.

In den Mysterienbünden lebt ein so starkes Verlangen nach Entblößung und eine so feste Überzeugung, dass der Kleidlose auch der Unschuldige und Leidlose sei, dass man sich unwillkürlich an Goethes Mignon erinnert fühlt, die so herzbewegend von der Nacktheit der Vollendeten singt: Und keine Kleider, keine Falten umhüllen den verklärten Leib. Das ganze Todeslied Mignons: So lasst mich scheinen, bis ich werde, ist ein einziger Ruf nach Befreiung aus den Banden des alten, unreinen und unvollkommenen Leibes. Die Hüllenlosigkeit ist ihr gleichbedeutend mit Reinheit, der nackte Mensch ist für sie bereits der verwandelte, selige Mensch.

Wir stoßen hier wieder auf den Gedanken, dass der Wiedergeborene zum Kind wird. Das Kind ist unschuldig, es freut sich der Nacktheit. Ebenso hat der Wiedergeborene mit dem alten Leben und der alten Unreinheit auch die Scham und das Verhüllungsbedürfnis verloren. Frei und ohne Zurückhaltung wie die einst so scheue und verschüchterte Mignon steht der vom symbolischen Tod erstandene Myste da.

So wird die rituelle Bedeutung der Entkleidung verständlich. Es wird kaum einen Mysterienbund geben, der keine Entkleidungszeremonien besäße. Im alten Christentum bestand folgender Brauch: Der Priester selber löste den Gürtel des Taufkandidaten, zog ihm Oberkleid und Schuhe aus und stellte ihn dann, nur mit dem Hemd (Chiton) bekleidet, gegen Osten. Dass die Entkleidung hier nicht bloß die notwendige Zurüstung zu dem heiligen Badeakt ist, beweist zum Beispiel die in der alten Kirche verbreitet Sitte, zum Gebet die Oberkleider abzulegen, was die Väter als heidnisch bekämpften. Auch die Regeln der Zauberer, für deren Beschwörungsakte meist die Mysterienweihen zum Vorbild dienten, schrieben Entkleidung vor. Der Magier zog sich zur Anrufung der Geister splitternackt aus, weil die Kleider angeblich den Zauber brechen. Die Zauberer des Mittelalters und der Neuzeit begnügten sich meist damit, als Zeichen der Nacktheit über ihre Kleider ein Hemd zu ziehen. Es musste ein wohlgereinigtes, von den Voreltern überkommenes, ein sogenanntes Erbhemd sein. So ziehen auch die Priester über ihre Kleider das Chorhemd oder ein entsprechendes heiliges Gewand.

Das Kleid der Reinheit, das dem Täufling in den urchristlichen Gemeinden angelegt wurde, trug er die ganze Osterwoche hindurch.

Die Entkleidung macht aus naheliegenden Gründen meist bei dem letzten Gewand halt. Das Hemd behält der Entkleidete an, und dieses Hemd deutet dann zugleich mit der Nacktheit auch die neue geistige, mystische Bekleidung an. Das Mysterienkleid, das dem Novizen verliehen wird, ist meist weiß und hemdartig. Es ist Mignons weißes Kleid, das sie mit keinem anderen vertauschen will. Statt der weißen Farbe kann auch die Himmelsfarbe Blau gewählt werden. Bei gnostischen Taufhandlungen finden wir die Teilnehmer mit leinenen Gewändern bekleidet, das Haupt mit Ölzweigen bekränzt. Sie halten heilige Kräuter in den Händen. Das Kleid der Reinheit, das dem Täufling in den urchristlichen Gemeinden angelegt wurde, trug er die ganze Osterwoche hindurch. Legte er es ab, so war das ein neuer feierlicher Akt. Auch in den eleusinischen Mysterien hatten die Mysten reine, anscheinend weiße Kleider an, die sie nach dem Verbrauch als Weihegabe in den Tempel stifteten. Hier ist auch daran zu erinnern, dass man die Toten in weiße Leintücher wickelt oder mit dem Totenhemd bekleidet. Der Novize im Mysterienbund ist ebenfalls ein Toter. Das weiße Unschuldskleid, das ihm angelegt wird, ist sein Totenhemd. Mit ihm kann er gefahrlos die Unterweltreise antreten, die ihn zu dem neuen Leben der Reinheit und Freiheit führt.

Der Schmuck, den der Mensch vor Eintritt in den Bund getragen hat, stört den Vorgang der Einverleibung, weil an diesem Schmuck Geister, Ideen oder Wünsche haften, die dem Bundesgeist und Verbrüderungsideal fremd und feindlich sind.

Auf die sexuellen Regungen, die bei der rituellen Entkleidung mitunter ins Spiel kommen, gehen wir im vierten Kapitel näher ein. Der Mysterienkandidat feiert nämlich eine mystische Hochzeit mit der Gottheit. Wer aber zur Unio schreitet, muss sich entblößen. Es lässt sich nicht verkennen, dass auch bei Mignons Entkleidungsverlangen die Sehnsucht nach der Unio mystica mitspricht. Die irdische Liebe war Mignon missglückt, nun rüstet sie sich zu dem himmlischen Brautlager. Will ein Bund die sexuelle Beziehung ausschließen oder das Geistige des Vorgangs noch besonders hervorheben, so kann er dem Kandidaten etwa ein Hüfttuch (Schurz) als symbolisches Kleidungsstück übergeben.

Barfüßigkeit

Mit der Entkleidung geht das Abtun des Schmuckes Hand in Hand. Auch das scheint dem oben geschilderten Verlangen der Mysterienbünde nach schützenden Abzeichen, nach schmückenden Amuletten und Talismanen zu widersprechen. Was bedeutet das Gebot, sich alles Schmuckes, alles Edelmetalls, aller Edelsteine zu entäußern, das so viele Bünde an ihre Novizen richten?

Der Schmuck, den der Mensch vor Eintritt in den Bund getragen hat, stört den Vorgang der Einverleibung, weil an diesem Schmuck Geister, Ideen oder Wünsche haften, die dem Bundesgeist und Verbrüderungsideal fremd und feindlich sind. Wir sagten bereits, dass der Schmuck für die frühere Menschheit immer zugleich religiöse Bedeutung hat. Die Schmuckgegenstände sind Male und Siegel, sie stellen entweder die Geistesmächte, die der Mensch fürchtet und deren Hilfe er sich sichern will, in Person dar oder weisen durch Symbole aller Art auf diese Mächte hin. Will der Mensch eine Verbindung mit neuen Geistern eingehen, so sind ihm dabei die Zeichen und Bilder derjenigen Geister, deren Symbole er bisher trug und deren Freund und Diener er war, hinderlich, er muss sie ablegen. Die alten Schmuckstücke und Abzeichen gehören zu dem alten Leib, sie sind vom Standpunkt der neuen Bundesschließung aus unrein, böse, heidnisch, kurz verwerflich, es sind Zeichen unwürdiger Dienstbarkeit, sind Schandmale teuflischer Hörigkeit.

Das etwa ist der Gedankengang, der dem Ritus der Schmuckablegung ursprünglich zugrunde liegt. Es ist nicht allein der Stoff der Metalle oder Edelsteine, der verpönt wird, sondern mindestens ebenso sehr die Wappen, Siegel, Namen und Zauberzeichen aller Art, die in die Metalle und Steine eingegraben sind. Sie machen das Gold und Silber sowie die Steine unrein und hassenswert, allerdings in einem anderen Sinn auch wieder heilig und verehrungswürdig.

Nach antiken Inschriften war es den Mysten verboten, bei Prozessionen – so zum Beispiel bei Eintritt in das Demeter-Heiligtum – persönlichen Goldschmuck und Ringe zu tragen. Ähnliche Verbote sind auch sonst nachweisbar. Auch die Zauberer entfernten vor der

Beschwörung Gold und Silber, Eisen und Stahl von ihrem Körper und aus ihrer Nähe.

Plutarch berichtet, dass die Teilnehmer beim Opferfest des Helios kein Gold am Leibe tragen durften. Das fordert eine besondere Erklärung, da das Gold gerade dem Helios heilig war und man meinen sollte, der Heliosanbeter wählte das Gold vielmehr als angemessensten und dem Gotte wohlgefälligsten Schmuck. Gold und Sonne werden nämlich, wie wir im nächsten Kapitel sehen werden, in der religiösen Symbolik des Altertums und auch in den Mysterienbünden einander gleichgesetzt. Jedoch tritt hier ein anderer, religiöser Gedanke in den Vordergrund, der auch sonst bei der rituellen Entkleidung und Schmuckablegung Berücksichtigung erheischt. Das ist der Opfergedanke. Weil das Gold dem Sonnengott gehört, opfert es ihm die Festgemeinde und entäußert sich desselben. Nun ist aber alles in der Welt, zumal alles Wertvolle und Kostbare, Eigentum der Gottheit. Der Mensch hat, was er besitzt, was er benutzt und an seinem Körper trägt, nur zu Lehen. Um die Eifersucht und den Zorn der Götter nicht zu reizen, muss dies Besitzverhältnis von den Menschen stets deutlich anerkannt und namentlich, wenn man den Göttern sich nähert, symbolisch zum Ausdruck gebracht werden. Darum tritt der fromme Mensch arm und demütig, schmucklos und nackt vor das Angesicht der Himmlischen und legt auf ihren Altar das Beste, was er hat, als Opfer nieder. Dieser Gedankengang führt also zu demselben Ritus wie der andere Gedankengang, dass der Schmuck der Bundesschließung hinderlich sei, weil er auf ein älteres Bundes- und Abhängigkeitsverhältnis hinweist.

Nach antiken Inschriften war es den Mysten verboten, bei Prozessionen – so zum Beispiel bei Eintritt in das Demeter-Heiligtum – persönlichen Goldschmuck und Ringe zu tragen.

Aller Erinnerung an das vergangene Leben ledig steht der Myste vor der Pforte des neuen Lebens. Entblößt und befreit steigt er in das heilige Wasser, durchfährt er den Vergessen bringenden Totenstrom, schreitet er an den Fährnissen und Verführungen der falschen Welt vorbei und macht die große Verwandlung vom zeitlichen zum ewigen, vom natürlichen zum geistigen, vom verlassenen zum verbrüderten Wesen durch.

Am heiligen Ort zieht er auch die Schuhe aus. Die Entblößung der Füße wird unter den Aufnahmeriten der Mysterienbünde mitunter besonders hervorgehoben. Warum wohl? Man könnte daran denken, dass die Barfüßigkeit symbolisch die Nacktheit des ganzen Körpers vertreten soll. In der Symbolik steht sehr oft ein Teil für das Ganze. Übrigens sind die Füße der Verunreinigung am meisten ausgesetzt. Die Fußbekleidung kommt mit dem Boden in beständige Berührung, an ihr haften die Befleckungsstoffe, die leiblichgeistigen Feinde des Menschen, am meisten. Wer rein und heilig sein will, muss daher die Fußbekleidung in erster Linie ablegen.

Augustinus berichtet über folgenden Brauch bei der christlichen Taufweihe in afrikanischen Gemeinden. Der Taufkandidat trat barfuß vor die Gemeinde und stellte sich gebeugten Nackens auf ein Cilicium. Der gebeugte Nacken deutet hier wohl nicht auf die Knechtschaft, die der Täufling verlassen hat, sondern auf die neue höhere Dienstbarkeit, die er als Soldat des himmlischen Herrn auf sich nimmt. Das Cilicium ist ein aus cilicischem Ziegenhaar gefertigter Teppich. Dieser Teppich steht hier mit der Reinigungs- und Weihehandlung in einer besonderen Verbindung, er ist heilig. Er wird mit entblößten Füßen betreten und offenbar wohnt ihm die Kraft inne, dem Novizen von seiner Reinheit mitzuteilen. Die Barfüßigkeit erleichtert und befördert die Aufnahme der heiligen Substanzen, die in dem Teppich enthalten sind.

Barfuß betrat der israelitische Priester den Tempel. Ebenso ziehen Brahmanen, Muselmanen usw. bei religiösen Anlässen die Schuhe aus. Und auch Pythagoras gab seinen Jüngern das Gebot, opfere und bete unbeschuht!

Der Trauernde und Büßende geht barfuß. Er will dem Staub nahe sein, streut sich deshalb auch Asche oder Erde aufs Haupt. Das ist wiederum ein Hinweis auf den natürlichen und symbolischen Tod. Zu der Totenwanderung, die in das neue Leben der Wiedergeburt hinüberführt, muss der Myste die Schuhe ausziehen, weil diese Wanderung nicht nur auf heiligem Boden vor sich geht, sondern gleichsam durch den Schoß der Mutter Erde hindurchführt.

▲ *Enthaltung*

Die zuletzt genannten Reinigungshandlungen tragen asketischen Charakter. Sie gehören zu den Prüfungen, die dem Novizen auferlegt werden. Auch die Taufe kann eine Prüfungsmaßregel sein. Denn das Untertauchen im kalten Wasser oder auch die Erleidung der Feuer- oder Bluttaufe ist meist keine Annehmlichkeit. Es gibt aber außer den bisher erwähnten Riten — schon die Besiegelung, Verhüllung usw. erfordern Überwindung und Standhaftigkeit von dem Novizen — noch besondere asketische Vorbereitungshandlungen. Sie fehlen in keinem Mysterienbund ganz, wenn auch ihre Art und Ausdehnung sehr verschieden ist.

Diese Prüfungs- und Läuterungsmaßregeln können wir in zwei Gruppen teilen, in negative und positive. Die negativen sind die Unterlassungen und Enthaltungen, die dem Aufnahmeheischenden, mitunter auch allen Mitgliedern des Bundes zugemutet werden. Die positiven sind die Drohungen und Angriffe, denen der Novize ausgesetzt wird und die Opfer, die er leisten muss.

Vor der Aufnahme in die antiken Mysterienbünde war meist eine mehrtägige Enthaltung vom Beischlaf und von bestimmten Speisen und Getränken vorgeschrieben. Als Apuleius sich in die Isismysterien einweihen lassen wollte, musste er zunächst ein Reinigungsbad nehmen und sich mit Weihwasser besprengen. Darauf musste er neun Tage lang den Werken der Venus entsagen und den Fleisch- und Weingenuss meiden. Ähnlich war es im Mithraskult und wohl auch in den christlichen Mysterienbünden. War die Aufnahme geschehen, so konnte man freiwillig die asketische Lebensweise fortsetzen. In höheren Graden und strengeren Verbänden wurde die dauernde oder zeitweilige Enthaltung von der Liebe und von anderen Genüssen auch wohl zur Pflicht gemacht. Wer die Entsinnlichung und die Aushungerung der natürlichen Triebe als Weg zur Vollkommenheit predigt, muss zu solchen asketischen Bundespflichten kommen.

Enthaltungsgebote gab es schon in den Bünden der Naturvölker. Der Gedanke, dass der Geschlechtsverkehr verunreinigend wirke oder doch der religiösen Betätigung im Wege stehe und dass Nahrungsenthaltung oder -einschränkung die Einkehr des Geistes im Menschen befördere, reicht bis in die Urzeit des Menschengeschlechts zurück. Die physiologischen und psychologischen Gründe dieser Anschauung, die, wie gesagt, ganz besonders in den Bünden heimisch gewesen ist, und die bis zum heutigen Tage immer wieder als Begleiterscheinung von Bundesschließungen und Sektenbildungen auftritt, können wir hier nicht auseinandersetzen. In einigen Bünden steht die Askese in einem merkwürdigen Zusammenhang mit scheinbar entgegengesetzten Bundespflichten oder Bundessitten, nämlich mit einer gewissen Zügellosigkeit und Ausschweifung. Einer der häufigsten Vorwürfe gegen die Mysterienbünde alter, mittlerer und neuerer Zeit ist der, dass sie der Unsittlichkeit Vorschub leisteten und lasterhafte oder doch üppige Bräuche hätten. Dieser Vorwurf ist insbesondere gegen einige gnostische Gemeinden und den Isiskult, ferner gegen den Templerorden und mehrere Häretikergemeinden gerichtet worden. Den Freimaurern hat man, wenn nicht sexuelle Abirrungen, so doch eine Vorliebe für gutes Essen und noch besseres Trinken nachgesagt.

Dass in manchen Bünden mit der Askese die Ausschweifung Hand in Hand ging, kann nicht bezweifelt werden. Wo diese Ausschweifung zu rituellen Handlungen in Beziehung stand und kultischen Charakter trug, fordert sie eine andere Beurteilung, als wenn sie bloße Lockerheit und Entartung war. Auf die symbolische Bedeutung der sexuellen Riten kommen wir im vierten Kapitel zu sprechen. Eine enthusiastische und orgiastische Stimmung eignet allen Mysterienbünden. Sie haben alle etwas Festliches, und sie bedienen sich des alten und allverbreiteten Mittels, den Enthusiasmus zu erzeugen und zu vermehren: Einer vorausgehenden Enthaltungs- und Bußzeit.

Mit aller Schärfe ist zu betonen, dass in echten Mysterienbünden niemals die Zügellosigkeit als solche gepredigt worden ist, noch je werden kann. Dagegen gehört die Askese in irgendeiner Form zum

Wesen jedes Mysterienbundes. Sogar die orgiastischen Kulte Syriens und anderer Mittelmeerländer waren auf einen düsteren und asketischen Grundton gestimmt, wenn das die christlichen Väter, auf deren Berichte wir meist angewiesen sind, auch nicht wahrhaben wollen.

Der Bund der Pythagoräer hatte ausführliche Enthaltungs- und Speiseregeln. Ebenso die Essäer. Fastengebote vor den heiligen Festen, vor der Pubertätsweihe, der Hochzeit und vielen anderen Berührungen mit der Gottheit und überhaupt mit dem Heiligen sind allverbreitet.

▲ *Fesselung*

Mit den Fasten- und Entsagungsgeboten verknüpft sich in manchen Bünden ein eng verwandter asketischer Gebrauch, nämlich die Einschließung und Fesselung. Der Neuling wird, bevor er den Tempel betreten darf, in ein abgesondertes, gefängnisähnliches Gemach geführt, in welchem er eine Zeitlang verweilen muss. Hier wird man unwillkürlich daran erinnert, dass einst die Menschen, die religiöse Erlebnisse erwarteten, in die Wüste zu gehen pflegten, um sich in der Einsamkeit vorzubereiten. Bei manchen Naturvölkern werden die Jünglinge vor der Aufnahme in den Bund in die Wälder geführt, wo sie in einsamen Hütten die Zeit bis zur Weihe zubringen müssen. Dass der Aufenthalt in diesen Isolierhütten den Zweck und die Kraft hat, die Inwohner zu reinigen, darauf deutet die verbreitete Sitte kulturarmer Völker, gebärende Frauen und Kranke ebenfalls in einsame Hütten außerhalb der Ortschaften zu bringen. Die Kranken und Gebärenden sind unrein, so ist der allgemeine Glaube dieser Völker. Man entfernt sie deshalb und setzt sie gefangen, in der Hoffnung, dass dadurch die Übertragung der Unreinheit verhindert und die Verunreinigten selber durch die Einwirkung der Einsamkeit gereinigt würden.

Der Neuling wird, bevor er den Tempel betreten darf, in ein abgesondertes, gefängnisähnliches Gemach geführt, in welchem er eine Zeitlang verweilen muss.

Zur Einschließung kann sich die Fesselung gesellen. In manchen Bünden legte man dem Aufzunehmenden einen Strick um den Hals und führte ihn an demselben in den Tempel. Im Mithraskult wurden dem Novizen die Hände mit Hühnerdärmen gefesselt und die Augen verbunden. So musste er über eine mit Wasser gefüllte Grube springen. Darauf trat ein Befreier heran und durchschnitt mit einem Messer die Fesseln. Warum gerade Hühnerdärme verwendet wurden, ist nicht klar, hat aber vermutlich auch eine bestimmte symbolische Bedeutung. Das Verbinden der Augen ist schon an und für sich eine Fesselung und Freiheitsbeschränkung. Denn wer ist hilfloser als ein Blinder? Er ist der Sklave dessen, der ihn führt. Offenbar ist das auch der Sinn, der Novize soll sich als einen Sklaven empfinden, ehe er die Freiheit eines Bundesbruders erlangt.

Dass der Novize der Fesselung bedarf, soll wie seine Einkerkerung bekunden, dass er unrein, krank, gefährlich ist. Der Mensch im Zustand vor der Aufnahme, im Zustand der ersten Geburt aus dem Fleische ist ein Gelähmter, ein Blinder, ein Gefangener — so will dieser Ritus lehren. Er befindet sich im Banne der unreinen Geister, der finsteren Dämonen. Er lebt als ein Gehemmter, als ein Träumender, als Hypnotisierter. Das soll ihm durch die Fesselung zum Bewusstsein gebracht werden.

Hier ist daran zu erinnern, dass in der Zauberei und in der religiös-magischen Heilkunde ein häufiger Gebrauch von Stricken, Schlingen und Knoten gemacht wird. Diese Schlingen (Katadesmoi, fila magica, vincula) hatten den Zweck, Geister, deren man habhaft werden wollte, Menschen, die man schädigen wollte, Krankheiten, die man austreiben wollte, dingfest zu machen. Mit der Schürzung des Knotens unter den entsprechenden Formeln hatte man die betreffenden Geister oder Kräfte in seine Gewalt gebracht und konnte über sie im Guten und im Bösen verfügen. Wollte man dagegen sich oder andere aus der Gewalt feindlicher Mächte befreien, so wurden unter Beschwörungsformeln Schlingen, die man vorher gebunden hatte, feierlich gelöst.

Der Aufnahmeheischende vereinigt, wie wir schon früher gesehen haben, mehrere symbolische Persönlichkeiten in sich. Er ist Vater, Mutter, Sohn, er ist der Mörder Gottes und zugleich der gemordete

Gott. So ist er auch der unreine, feindliche Geist, der gefangen gesetzt werden muss und zugleich der Vertreter des guten Bundesgeistes, der befreit, entfesselt und über alle ausgegossen werden soll.

Bindung und Lösung ergänzen sich also wie Tod und Wiedergeburt. Daher auch der Doppelsinn des Ketten-und Ringsymbols. Kette und Ring sind Fesselungsmittel, durch sie werden die Geister gebannt, unschädlich gemacht, unterjocht. Zugleich aber sind sie Befreiungsmittel. Wer in den heiligen Ring (Zirkel) tritt und zu einem Glied der Kette wird, über den haben die außerhalb befindlichen Mächte keine Gewalt mehr, er ist ihnen entrissen, sie können nicht eindringen, sie sind verbannt und gebannt. So sind die vom Zauberring des heiligen Bundes Umschlossenen die wahrhaft Freien, sie sind gelöst und erlöst, so fest sich auch um sie das Band der Kette fügt, deren Glieder sie selber bilden.

▲ Gericht

Zu der Einschließung und Fesselung gesellt sich mitunter die Bedrohung, Einschüchterung, ja Misshandlung des Aufnahmesuchenden. Schmerzzufügungen und körperliche Misshandlungen gehören ebenfalls zu den ältesten Gemeinschaftsriten des Menschengeschlechts. Wir haben im ersten Kapitel erwähnt, dass es sich dabei vielfach um Andeutungen der symbolischen Tötung handelt. Das Böse, Unreine, Kranke im Menschen soll durch diese groben Maßregeln getötet oder wenigstens vertrieben werden. Außerdem sind es Proben der Standhaftigkeit, Bewährungen der Männlichkeit.

Diese Proben, die der Novize durchzumachen hat, diese Enthaltungen, die man ihm zumutet, diese Beschränkungen, Bedrohungen, Misshandlungen, die er erleidet, finden ihren Abschluss in einem Urteilsspruch. Auf Grund der Prüfungs- und Läuterungsergebnisse entscheidet der Bund oder seine Vertreter,

Wer in den heiligen Ring (Zirkel) tritt und zu einem Glied der Kette wird, über den haben die außerhalb befindlichen Mächte keine Gewalt mehr, er ist ihnen entrissen, sie können nicht eindringen, sie sind verbannt und gebannt.

ob der Prüfling würdig ist, ob es gelungen ist, das unedle Metall zu veredeln und von den Schlacken zu säubern, ob er also als ein Gereinigter und Erlöster in den Kreis der Auserwählten aufgenommen werden kann.

Wohl in allen Mysterienbünden findet eine Art Wahlhandlung statt und diese Wahlhandlung wird vielfach als eine Gerichtsverhandlung mit nachfolgender Urteilssprechung ausgestaltet. Demnach hat die Ballotage ihre rechte Stelle eigentlich am Ende aller Vorbereitungen und Prüfungen, unmittelbar vor der Verpflichtung und Einverleibung. Jedoch lässt sich auch die Verlegung des Gerichtsakts an den Anfang der gesamten Aufnahmehandlungen rechtfertigen, wenn nämlich das Gericht den Zweck hat, die beschwerlichen und gefährlichen Vorbereitungs- und Wiedergeburtsriten zu begründen. In diesem Falle spricht das Gericht den Novizen schuldig und verhängt die Riten als Strafen über ihn. Die Hauptformen der rechtlich-staatlichen Strafe sind ja den Prüfungsriten der Mysterienbünde überaus ähnlich und im tiefsten Wesen verwandt: Todesstrafe, Schmerzzufügung, Gefangenhaltung, Entziehung von Genüssen und Betätigungen. Die Strafe bewirkt Reinigung, Wandlung, Wiederherstellung. Jede Strafe ist, recht verstanden, auch eine Prüfung. Bei der Todesstrafe liegt der Gedanke zugrunde, dass die bösen und unreinen Geister, die von dem Verbrecher Besitz ergriffen haben, durch die Tötung des Leibes ausgetilgt und gänzlich zerstört werden, während das Gute in ihm irgendwie gerettet und befreit wird. Auch die Todesstrafe ist ein Sühn- und Einschmelzungs- oder Umschmelzungsprozess. Nur wer sie so fasst, wird sie rechtfertigen können.

Indessen haben wir hier keine Theorie der Strafe zu geben. Uns liegt nur daran, die rituelle Verwendung zu erklären, welche die Mysterienbünde von der Straf-, Sühn- und Gerichtsidee ableiten. In den Mysterienbünden tritt die Strafe stets als Reinigungs- und Erneuerungsmaßregel auf. Und die symbolische Gerichtsverhandlung, die bei der Aufnahme eines neuen Mitgliedes, oder bei der Beförderung in einen höheren Grad, oder unter Umständen auch bei der Totenfeier stattfindet, hat entweder den Zweck, die Sühnemaßnahmen gegen den symbolisch Schuldigen festzusetzen oder nach vollbrachter Prüfung und Läuterung das Urteil über ihn zu sprechen. Das heißt, ihn der Gemeinschaft der Auserwählten für würdig oder unwürdig zu erklären.

Das Bundesgericht ist wie die anderen Mysterienhandlungen auch in das Kosmische übertragen worden. Am Ende aller Tage, oder am Ende jedes Weltabschnitts, findet nach der Lehre einiger Mysterienbünde und Mysterienreligionen ein großer Gerichtstag unter dem Vorsitz des Bundesgottes und dem Beisitz seiner bevorzugtesten Jünger satt. Da muss jedes Wesen Rechenschaft ablegen und geht, je nach dem Richterspruch, in den Kreis der Seligen oder in den Schlund der Hölle ein. Dieser Urteilsspruch ist nicht immer als ein endgültiger, abschließender gedacht, sondern mitunter leitet er ganz so wie das Mysteriengericht, die eigentlichen und entscheidenden Prüfungs- und Läuterungsvorgänge nur ein. Bei dieser zweiten Auffassung gibt es keine ewige Verdammnis, jeder wird endlich rein und findet Einlass in den heiligen Bund der Befreiten und Vollendeten.

Drittes Kapitel

DAS LICHT

▲ *Offenbarung*

Das Erlebnis der Wiedergeburt kann durch verschiedene Bilder versinnlicht und durch verschiedene symbolische Maßnahmen ergänzt, vorbereitet und in seiner Wirkung verstärkt werden. Soeben haben wir die Reinigungs-, Heiligungs- und Sicherungsriten besprochen, welche in den Mysterienbünden entweder dazu dienen, das Wiedergeburtserlebnis vorzubereiten oder Darstellung und mystische Vollziehung des Erlebnisses selber sein sollen. Nunmehr kommen wir zu einer anderen Gruppe von Symbolen, die das Erlebnis als eine Erleuchtung verbildlichen und die Vollziehung durch Lichtgebungs-, Lichterzeugungs-, Lichtzuführungshandlungen fördern.

Was heißt Offenbarung? Doch wohl Enthüllung, Öffnung eines Verschlossenen, Erhellung eines Dunkels, Sichtbarmachung eines Verborgenen. In den Mysterienbünden wird das Wunder, von dem wir in dem ersten Kapitel sprachen, fast immer als ein Lichtwunder, als eine Erscheinung, Verklärung beschrieben.

Wir hatten im ersten Kapitel gesehen, dass die Mysterienbünde auf den Ausdruck Offenbarung Wert legen. Was heißt Offenbarung? Doch wohl Enthüllung, Öffnung eines Verschlossenen, Erhellung eines Dunkels, Sichtbarmachung eines Verborgenen. In den Mysterienbünden wird das Wunder, von dem wir in dem ersten Kapitel sprachen, fast immer als ein Lichtwunder, als eine Erscheinung, Verklärung beschrieben. Es wird hell in dem Menschen und um ihn, er fühlt entweder das Licht zu sich herabkommen oder sich zu dem Licht emporgehoben. Dieser Vorgang trägt mitunter den

Charakter des Abnormen und Pathologischen. Es treten Halluzinationen auf. Die Erleuchtungsriten mancher Mysterienbünde verfolgen offensichtlich den Zweck, die Entstehung dieser Halluzinationen zu erleichtern und zu fördern. In anderen Bünden begnügt man sich mit der inneren Erleuchtung. Jedoch lehrt die Erfahrung, dass auch bei einer rein psychologischen, also nicht spiritualistischen Auffassung der Offenbarung das Gefühl bestehen bleibt, dass das Licht von außen komme, dass die Erleuchtung durch Eingebung (Inspiration) bewirkt werde. Das bestätigen Künstler und Weise bis zum heutigen Tage.

Der Myste schaut und hört zugleich das Verborgene, das für den Ungeweihten unsichtbar und unhörbar ist.

Die Eingeweihten des höheren Grades in den Eleusinien hießen Epopten, das heißt Schauende. Das tiefere Erkennen der Geheimnisse wusste man also nicht besser zu symbolisieren als durch den Gesichtssinn. Die Wahrheit entschleiert sich den Schauenden und dringt durch das Auge ein. Diese Vorstellung finden wir in allen Mysterienbünden. Es scheint, dass der Mensch dessen, was er sieht, sich mehr versichert hält, als dessen, was er hört.

Allein mit der Gesichtsoffenbarung verbindet sich meist auch die Gehörsoffenbarung. Der Myste schaut und hört zugleich das Verborgene, das für den Ungeweihten unsichtbar und unhörbar ist. Der Akt der Lichtgebung ist daher in den Bünden meist von einer Verkündigung (Botschaft, Evangelium) begleitet, die in Eleusis und auch sonst meist in bestimmten rituellen Formeln erfolgt, wie auch die Gesichtsbilder rituell feststehen. Ob in Eleusis die auftretenden und handelnden Götter selber gesprochen und ein regelrechtes Drama durchgeführt haben, oder ob die Handlungen stumm waren und die verkündenden Formeln von einem deutenden Priester gesprochen wurden, also das Ganze nur eine Pantomime war, kann nicht mit Sicherheit ausgemacht werden. Eine Art Zwischenstufe zwischen stummer Handlung und gesprochenem Drama ist der Lehrdialog (Katechis-

Ohne Lichtentzündung keine Bundeszusammenkunft, ohne Lichteinbringung keine Loge.

mus). Auch er vermittelt nach Auffassung der Mysterienbünde ein mystisches Schauen.

▲ *Lichtentzündung*

Nach der jüdischen Kosmogonie beginnt die Welt mit der Erschaffung des Lichts. Die Mysterienbünde beginnen ihre Feiern ebenfalls mit der Erschaffung des Lichts. Ohne Lichtentzündung keine Bundeszusammenkunft, ohne Lichteinbringung keine Loge. Auch in den Zauberbüchern (z. B. Fausts Dreifacher Höllenzwang) wird selten die Vorschrift vergessen, dass zu Beginn der Beschwörung heilige Kerzen angezündet werden müssen. Die Art und Weise der Lichtentzündung kann verschieden sein. Manchmal geschieht sie mit altertümlichen Mitteln und erinnert damit an die Zeiten, wo die Feuererzeugung eine schwierige, bedeutungsvolle und deswegen heilige Sache war, wo das Licht als Geschenk der Gottheit aufgefasst wurde oder als Raub oder als magische Kraft, die man aus den brennbaren Stoffen herauszieht.

Was bewirkt die Lichtentzündung? Zunächst reinigt sie. Licht vertreibt die bösen Geister und schädlichen Fluida, die sich gern im Finstern aufhalten. Der Lichtglanz blendet sie und scheucht sie in ihre Schlupfwinkel zurück. So werden die Versammelten rein und frei zum Guten. Die Lichtgeister, die in der Flamme wohnen oder von ihr angezogen werden, kehren in die Herzen ein und beleben sie, wie alles Lebendige durch die Strahlen des Lichts belebt und erneuert wird.

Die Lichtgeister, die in der Flamme wohnen oder von ihr angezogen werden, kehren in die Herzen ein und beleben sie, wie alles Lebendige durch die Strahlen des Lichts belebt und erneuert wird.

Gottes Lichtschöpfung ist mit einem befehlenden Schöpferwort: Es werde Licht! verbunden. Das heilige Befehls- oder Wunschwort trägt die Gewähr der Erfüllung in sich. Bei Gott sind Wort und Tat eins, er braucht nur zu sprechen, nicht zu handeln. Die menschlichen Lichtschöpfer besitzen eine so wunderbare Kraft in der Regel nicht, sie bedürfen außer dem Wort noch der Handlung. Beides unterstützt sich gegenseitig. Das begleitende Wort fördert die Handlung und die Handlung erzwingt dem während ihrer Ausführung gesprochenen Wunsch oder Befehl Erfüllung. Das ist uralter und ewig neuer Zauberglaube. Aus ihm erklärt sich der Brauch, während der Lichtentzündung Gebete oder Wünsche zu sprechen.

Die Gebete oder Sprüche haben auch einen erklärenden Wert. Die Lichtentzündung kann vielerlei Zwecke haben, sie hat zum Beispiel bei einer Zauberbeschwörung, bei einer magischen Krankenheilung einen anderen als bei Eröffnung einer religiösen Feier. Die Sprüche weisen also die Handlung in die gewünschte Richtung und wehren damit auch die möglichen bösen Folgen ab, die Ermunterung und Erscheinung unerwünschter Geister und Triebe (z. B. der erotischen Leidenschaften, die sich gerne an das Feuersymbol knüpfen).

▲ *Die Höhle*

Damit die Lichtentzündung ihre volle Wirkung entfalten kann, muss sie in der Dunkelheit geschehen. Daher finden die Zusammenkünfte der Mysterienbünde meist in dunklen Räumen statt. Die antiken Bünde bevorzugten aus Gründen, die oben angeführt sind, sogar unterirdische Räume: Grabstätten, Felsgrotten, natürliche Höhlen mannigfacher Art. Die Tempel der Mithrasgemeinden, deren Reste noch vielfach erhalten sind, waren als unterirdische Gewölbe (Spelaea) ausgebaut. Die Christen versammelten sich in den Katakomben. Auch von anderen Bünden wird uns berichtet, dass sie bei der Anlage ihrer Versammlungsräume auf Dunkelheit und auf einen höhlen- und grabartigen Eindruck Wert legten.

Natürliche Höhlen gibt es dort, wo Berge sind, daher befindet sich die Bundesgrotte meist an, in oder auf einem Berg, sei es in Wirklichkeit, sei es symbolisch. Diese Berghöhle kommt in der Mythologie als Eingang zur Unterwelt oder als Grab eines Gottes oder als Aufenthalt geheimnisvoller Lichtsucher vor. Das ist im Grunde immer dasselbe. Die Lichtsucher sind selber

Natürliche Höhlen gibt es dort, wo Berge sind, daher befindet sich die Bundesgrotte meist an, in oder auf einem Berg, sei es in Wirklichkeit, sei es symbolisch.

die Totengeister, die in der Unterwelt zu dem begrabenen Lichtgott hinab und mit dem erbeuteten Lichte als wiedergeborene Lichtwesen wieder hinauf dringen. Schon in der altpersischen Religion, die für die Mysteriensymbolik mindestens ebenso wichtig ist wie die ägyptische und babylonisch-assyrische Religion, ist von einem heiligen Berg die Rede, mit einer Höhle, die umgeben ist von Quellen und Bäumen, also vom Wasser und vom Baum des Lebens. In dieser Höhle halten sich Weise auf, die den Stern des Erlösers, das heißt die Auferstehung des begrabenen Lichtes erwarten. An die Berghöhlen der griechischen Mythologie, die den Unterweltsgöttern zum Ab- oder Aufsteigen dienen und die zum Beispiel im eleusinischen Kult von besonderer Bedeutung sind, brauche ich kaum zu erinnern. Wenn es in der symbolischen Unterweisung der Freimaurer heißt, dass die Loge im tiefsten Tal stehe, so wird sie damit ebenfalls dem Dunkel des Erdinnern möglichst nahe gerückt. Der Zusatz, oder auf dem höchsten Berg, drückt einen anderen Zug der Lichtsymbolik aus, auf den wir gleich zu sprechen kommen. Dieser höchste Berg ist nämlich ein Symbol des Lichthimmels, des Wohnortes der Lichtgeister, der olympischen Götter, der Verklärten (vgl. die Verklärung im Evangelium, die ebenfalls auf einem Berg stattfindet), weist also auf die bereits erleuchtete, der Finsternis entrückte Loge hin.

Am dunklen, schaurigen Ort, im Leib der Mutter Erde, versammelt sich also der Bund derer, die nach Licht verlangen. An diesem Ort entzünden sie die freundliche Lebensflamme und wiederholen damit den Schöpfungsakt Gottes, der mit seinem: Es werde Licht! das Chaos in Kosmos, das Nichts in die lebendige Fülle des Werdens verwandelte. So verwandelt das Licht auch die nach Wiedergeburt verlangenden Mysten. Das Licht versöhnt die Mysten mit den schwarzen Todesmächten und errettet den Geist aus dem finsteren Grabeskerker, in den er gebannt war.

Im Verlaufe der Mysterienhandlung wird mitunter das Licht wieder gelöscht, teils als Schlusshandlung, teils als zeitweilige, durch die Vorgänge des heiligen Dramas bedingte Verfinsterung. An dem Hauptfest der Eleusinien scheint ein mehrmaliger Wechsel von Licht und Finsternis von tiefer Wirkung gewesen zu sein. Die Sehnsucht nach dem endgültigen, oder bei abgestuften Beleuchtungen nach dem vollen Licht, wächst natürlich durch derartige Lichteffekte und begünstigt unter Umständen das Auftreten von visionären Erlebnissen.

▲ *Die Nachtzeit*

Wie der Mysterienbund dunkle Räume aufsucht, so bevorzugt er auch die Nachtzeit. Die Lichtsucher versammeln sich zu der unheimlichen Zeit, wo das Licht des Himmels erloschen ist und die Welt im Dunkel liegt. Dieser Zug ist so allgemein, dass man kaum einen Mysterienbund ohne Nachtfeier (Pannychis) finden wird. Bei Tagesfeiern wird gern das Tageslicht abgeblendet und eine künstliche Nacht erzeugt. Warum suchen die Lichtfreunde die Nacht auf? Weil in der Nacht das Bedürfnis nach Licht am stärksten ist. Die Nacht ist die Zeit der finsteren Gewalten und schlimmen Gedanken. Um ihnen zu entgehen, muss man sich mit den Lichtgeistern verbrüdern und die heilige Flamme entzünden. In der Nacht wird alles wach, was bei Tage schläft. Die Nacht ist die Zeit, wo der Mensch nach uraltem Glauben ein anderer ist als bei Tag, ein Verwandelter, ein Tier (ein Werwolf), ein Gott. In der Nacht zitiert der Zauberer die Geister und empfängt der Prophet Offenbarungen der Götter.

Das Licht versöhnt die Mysten mit den schwarzen Todesmächten und errettet den Geist aus dem finsteren Grabeskerker, in den er gebannt war.

Das geheimnisvolle Erlebnis, wie es sich in der Mysteriensymbolik und Ritualistik verkörpert, kommt einem mitunter vor wie eine Darstellung des nächtlichen Traumes. Im Traum erleben wir oft genug Verwandlungen, im Traum geschehen unerhörte Dinge, es treten Erscheinungen aller Art auf, die in früheren Zeiten eine weit ernstere Beachtung fanden als heute. Man schrieb den Träumen religiöse Bedeutung zu und legte sich im Tempel und an anderen heiligen Orten zum Schlafen nieder, um Träume mit wertvollen Erlebnissen hervorzurufen. Am häufigsten waren die Heilträume. Die Kranken oder ihre priesterlichen Ärzte ließen sich durch Träume, die sie im

Tempel hatten und in denen der Heilgott selber erschien, die Kur vorschreiben. Auch bei der Mysterienaufnahme, die ja ebenfalls eine Art Krankenheilung im geistigen Sinne ist, kamen Träume zur Verwendung. Apuleius erzählt uns, dass ihm im Traum die Göttin Isis erschienen sei und ihm verhießen habe, dass er sie bei der Weihehandlung in der acherontischen Finsternis als leuchtenden Stern wiedersehen werde. Wir dürfen glauben, dass die außerordentlichen Vorgänge bei der Weihe in dunkler Nacht oft genug den Novizen wie ein Traum vorgekommen sind. Alles vereinigte sich, um sie in einen abnormen, hypnotischen Seelenzustand zu versetzen und ihnen das Tagesleben als unwirklich und die gefürchteten oder ersehnten Gebilde der Traumphantasie als glaubhaft und wirklich erscheinen zu lassen.

Das geheimnisvolle Erlebnis, wie es sich in der Mysteriensymbolik und Ritualistik verkörpert, kommt einem mitunter vor wie eine Darstellung des nächtlichen Traumes.

Auch das Christentum hat die Nacht bevorzugt. Das heilige Nachtmahl hat seinen Namen nicht umsonst. Die Taufe fand ebenfalls bei Nacht statt, und zwar in der unheimlichen und segensvollen Osternacht, wo der Lichtheld Christus aus dem Grabe von seiner Höllenfahrt zurückkehrte. Die Gemeinde pflegte die Osternacht gemeinsam zu durchwachen, bis nach vorgenommenen Reinigungen das heilige Licht im Osten begrüßt werden konnte.

▲ *Das Lichttragen*

Das in dunkler Grabesnacht gewonnene und auferstandene Licht trug man gern ins Freie hinaus, damit es seinen Segen über alle und alles ergieße. Die Mysterienbünde haben von jeher eine Vorliebe für Umzüge und Aufzüge gehabt, bei denen die Bundesheiligtümer, darunter meist auch das Licht, in feierlicher Weise herumgetragen wurden. In den antiken Mysterienbünden bildeten solche Aufzüge meist den Hauptbestandteil ihrer öffentlichen Tätigkeit. Sie wurden mit großer Pracht gefeiert und erregten die Teilnahme des ganzen Volkes. In der Freimaurerei haben öffentliche Prozessionen mit den

Lichtern des Bundes nur in den ersten Jahrzehnten stattgefunden. Später beschränkte man sich auf Umzüge innerhalb des Bundeshauses, der Sinn bleibt derselbe. Auch wenn das Licht nur im Tempel herumgeführt wird, das gefundene Licht geht auf die Reise, es breitet sich aus, es vertreibt die Finsternis aus allen Winkeln.

Die Christen veranstalteten in der Osternacht ein großes Lichtertragen. Aus dem Mittelalter wird von glänzenden Prozessionen und Schaustellungen der religiösen Brüderschaften berichtet. Jeder Fackelzug, der heutigen Tages dargebracht wird, ist ein Nachhall solcher Lichtumzüge, die einst zur Ausbreitung des heiligen, in der nächtlichen Stille des Bundesheiligtums eroberten Lichtes abgehalten wurden.

Bei der Mysterienweihe gab man den Novizen während der rituellen Wanderung oder in einem anderen Abschnitt der Weihehandlung selber eine Kerze oder Fackel oder Lampe in die Hand, zum Zeichen, dass sie von der Finsternis zum Licht durchgedrungen sind, oder auch um die Wesensgleichheit des Geweihten mit dem Licht- und Bundesgott auszudrücken. Apuleius bekam, als er die Weihenacht durchgemacht hatte und aus dem Allerheiligsten wieder in den oberen Tempel emporstieg, eine brennende Fackel in die Hand und trat so als eine Inkarnation des Osiris auf eine erhöhte Bühne, um von der Gemeinde verehrt zu werden. Auch hatte er einen Strahlenkranz aus Palmenblättern auf dem Haupt. Diese Strahlenkrone, die wir oben schon als Mysterienkopfbedeckung kennen gelernt haben, ist auch ein Licht- und zugleich Gottessymbol. Der Sonnengott, auch der Himmel- oder Mond- sowie Sternengott trägt diese Krone.

Auch wenn das Licht nur im Tempel herumgeführt wird, das gefundene Licht geht auf die Reise, es breitet sich aus, es vertreibt die Finsternis aus allen Winkeln.

Der Verwandtschaft des Mysterienrituals mit der Hochzeit entspricht es, wenn das Brautpaar bei seinem Eintritt in die Kirche, also bei der heiligen Wanderung, Kerzen in den Händen und Kränze auf dem Haupt trägt. Nach der Mysteriensymbolik stellt jedes Brautpaar, wie jeder Neugeweihte, die Lichtgottheit selber dar. Aus ihrer Ehe soll, wie einet aus der Urzeugungstat Gottes, der Logos, der Lichtbringer hervorgehen. Deshalb erhalten die Brautleute die Lichtsymbole und tragen sie in einem feierlichen Um- oder Aufzuge einher. Verwandt ist auch das Lichttragen bei den Totenkulten.

Die Lichtfeste

Die Lichtprozessionen der Mysterienbünde und kultischen Genossenschaften aller Art stehen häufig mit dem Jahreszeiten- und Vegetationskult in Beziehung. Der Winter ist die Zeit der Finsternis, der Frühling und der Sommer sind die Lichtzeit. Das Licht, das über die Felder oder um das Heiligtum herumgeführt wird, symbolisiert die warme, Leben bringende Frühlingssonne. Daher verbinden sich auch die Lichtsymbole mit den Vegetationssymbolen. Kränze, grüne Reiser, ganze Bäume werden in dem heiligen Zug des Lebens einher getragen. Oder die Menschen erscheinen in der Maske von Vegetationsgeistern, von Lebens- und Fruchtbarkeitsdämonen, von Licht- und Gestirngöttern. In den mannigfachen Abzeichen und den rituellen Handlungen, die vor, während oder nach dem Zug vorgenommen werden, kommt der Sinn des Ganzen und die Bedeutung der einzelnen Masken deutlich zum Ausdruck.

Das Bild des Lichts und seines periodischen Wechsels dient zur Verdeutlichung und Beförderung des menschlichen Erneuerungs- und Heiligungserlebnisses.

In jeder Religion, von der primitivsten bis hin zu den höchststehenden, finden sich Spuren des Vegetations- und Jahreszeitenkults. Die Mysterienbünde haben das Ihrige dazu beigetragen, diesen Kult zu vergeistigen und zu vertiefen. Dabei aber halten sie an der Sinnlichkeit der Riten nach Möglichkeit fest. Alle magisch-symbolischen Methoden, das Licht zu finden, zu erzeugen, zu nähren, zu verbreiten und zur Herrschaft zu bringen, finden sich bei ihnen. Immer haben sie auch die Wirkung des Lichts auf das vegetative Leben und auf die tierisch-menschliche Zeugungs- und Fortpflanzungskraft in ihren Symbolschatz einbezogen. Aber diese sinnlichen Vorgänge dienen ihnen als Sprungbrett, um sich in die übersinnliche Sphäre hinaufzuschwingen und das Licht des Geistes mit Inbrunst zu umarmen und mit Jubel zu feiern. Die Hauptfeiern der Bünde sind Lichtfeste und zwar wird im Grunde an diesen Lichtfesten immer der Tod und die Geburt des Lichtes zugleich gefeiert. Das alte, müde, unrein und unglückhaft gewordene Licht wird getötet und begraben, und das junge reine Licht wird gezeugt, geboren, angebetet. Das ist der Inhalt jedes vollständigen Mysterienfestes. Wie man sieht, stimmt das zu dem im ersten und zweiten Kapitel Ausgeführten. Das Bild des Lichts und seines periodischen Wechsels dient zur Verdeutlichung und Beförderung des menschlichen Erneuerungs- und Heiligungserlebnisses. Die Aufnahme eines neuen Mitgliedes, die Beförderung in einen höheren Grad, ja auch die Totenfeier im Bund ist daher nichts anderes als eine Feier der Lichterzeugung und Lichterneuerung. Der Novize, der Beförderungskandidat, der tote Bruder, sie alle werden zu Sinnbildern und Verkörperungen des Lichtgeistes, der in den Bruderkreis hereintritt oder in dem Bruderkreis durch die heiligen Riten zu einem neuen, höheren, verwandelten Leben erweckt wird.

Die Lichtfeste verteilen sich auf die vier Hauptabschnitte des Jahres: Frühling, Sommer, Herbst und Winter. Je nach dem Charakter der Jahreszeit tritt die eine oder die andere Seite des geheimnisvollen Vorgangs, der durch die Lichtfeste gefeiert und für das innere Leben des Menschen symbolischmagisch-nutzbar gemacht wird, hervor oder zurück. Feiert ein Bund sein Hauptfest im Herbst, wie der eleusinische, so deutet das darauf hin, dass ihm das Hinabsteigen des Lichts und das Hinüberwandern der Seele ins Jenseits das Wesentlichste an dem Vorgang ist. Mit der Sonne, mit dem sinkenden Jahr, mit der müden Vegetation, mit der Hadesbraut Persephone steigt der Myste in die Unterwelt hinunter, wo das wahre Leben ist. Es herrscht also die Todesstimmung vor. Jedoch verbindet sich mit dieser herbstlichen Todesstimmung ein eigentümlicher Enthusiasmus und Orgiasmus. Der Herbst ist die Zeit der Ernte, der Wein und Bier liefernden Stoffe. Der Totengott Dionysos ist zugleich Weingott. Das hat schon oft Verwunderung erregt, aber es ist vom Standpunkt des Mysterienlebens durchaus nicht ungereimt. Die Grundlehre aller Mysterienbünde ist die Überwindung des Todes durch das Leben. Dionysos, dessen Kult übrigens von Haus aus ein wesentlich nächtlicher Kult ist und der in Eleusis als Unterweltsgott erscheint, stellt die großen Übergänge, die großen Wechsel dar: Leben-Tod-Leben, Licht-Finsternis-Licht! Diese ungeheure mikro- und makrokosmische Peripetie verläuft nach der urmenschlichen Erfahrung, die sich ebenso in der Mythologie wie in der Mysterienhandlung ausprägt, unter enthusiastischen, aus Schmerz und Lust gemischten, Trauer und überschwängliches Glück vereinigenden Gefühlen. So war es auch bei den Eleusinien, wie die Beschreibungen des Nachtfestes lehren und so auch bei orphischen Festen. Orgiastische Umzüge und Gelage bei der Trauerfeier, bacchische Requisiten wie Stab, Kranz, Phallos usw. als heilige Symbole eines sehnsüchtig die Befreiung der Seele aus dem Kerker des Leibes erwartenden Kultes.

Man sieht, dass auch das herbstliche Lichtfest, wenn auch der Tod im Vordergrund steht, dem Leben doch den vollen Tribut zahlt. Entsprechend ist es mit dem Frühlings-, dem Winter- und dem Sommerfest. Das Winterfest wird in der nächtlichsten Nacht des Jahres unter der strengsten Herrschaft der bösen Dämonen der Finsternis gefeiert und trägt doch als Geburtstag des Lichtes einen heiteren Charakter. Unter Gefahren und Nöten geboren, verfolgt und flüchtig, aber doch sieghaft und verheißungsvoll, so tritt das Licht sein neues Leben an. Die mystischen Schilderungen der Geburt und der Kindheit des Lichts (Mithras, Jesus) entsprechen genau den Riten bei der Mysterienweihe: Felshöhle oder Hütte, Bedrohung und Kampf, Wanderung und Einkehr.

Die Freimaurer feiern das Lichtfest im Sommer, an dem hellsten Mittag des Jahres. Sie nennen es auch das Rosenfest. Die Rose ist ein Sonnensymbol, das Tragen, Anheften oder Streuen von Rosen ist also gleichbedeutend mit dem Lichttragen. Die Träger weihen sich durch die Rose zum Diener und Wesensverwandten des Lichts, wie der griechische Myste sich durch das Weinlaub zum Dionysosdiener, durch das heilige Tierfell zum göttlichen Tier umschuf. Da das Licht am Johannistag die Finsternis völlig besiegt hat und die unumschränkte Herrschaft über die Welt ausübt, so ist das maurerische Rosenfest ein Fest der Freude und des sonnigen Ausruhens. Aber man glaube nicht, dass ihm die ernste und düstere Seite der Mysterienfeste gänzlich fehle. Die Wende der Sonne führt nicht aufwärts, sondern abwärts, hinter dem Gipfel des Berges liegt die Höhle des Todes, in die das Licht gar bald durch die mächtiger werdenden Feinde gejagt und gebannt werden wird. Das Rosenfest ist daher auch ein Schlussfest, ein Ende. Ferner ist darauf hinzuweisen, dass die Mittagszeit, des Tages sowohl wie des Jahres, nach altem Glauben eine ebenso unheimliche und gefährliche Zeit ist wie die Mitternachtszeit. Die Geister, die dem Menschen Verderben sinnen, gehen zu dieser Zeit um, ja der Lichtgott selber ist zu dieser Zeit ein Tod bringender Pfeilschütze, der die Menschen opfert und verzehrt, weshalb die sich in Höhlen und dunkle, fensterlose Räume zurückziehen müssen. Dieser Glaube an die Tödlichkeit des vollen Lichtes stammt wohl aus den heißen Gegenden, hat aber auch im Norden Fuß gefasst.

Die Rose ist ein Sonnensymbol, das Tragen, Anheften oder Streuen von Rosen ist also gleichbedeutend mit dem Lichttragen.

Endlich deutet auch der Name Johannes, der mit dem Sommerfest und mit dem ganzen Freimaurerbund so fest verknüpft ist, auf ernste und dunkle Stimmungen hin. Wer ist dieser Johannes, nach dem die Freimaurer ihre Logen und ihr höchstes Fest benennen? Die einen sagen, es sei der Täufer Johannes, jener asketische und prophetische Vorläufer des Heilands, dem im Reich Gottes keiner oder der untergeordnetste Platz zugewiesen werden soll. Die anderen sagen, es sei der Evangelist Johannes gemeint, jener zarte und tiefsinnige Mystiker, der das Erdenwalten des göttlichen Logos beschrieben und die Geheimnisse der Endzeit in gewaltigen Bildern enthüllt hat. Für beide Auffassungen lässt sich vieles anführen, aber ganz befriedigen können sie wohl beide nicht, da sich die Freimaurerei beim besten Willen nicht völlig mit den überlieferten Charakteren und Zielen dieser beiden Johannes gleichsetzen lässt und außerdem die Maurer- und Steinmetzengewerkschaften nicht Johannes, sondern die Vier Gekrönten als Schutzpatrone verehrten. Daher müssen wir uns anderwärts umschauen. Johannes scheint mit einer oder mehreren orientalischen Gottheiten zusammengeflossen zu sein (L. Keller hat an babylonische Gestalten wie Oannes, Ea gedacht). Er gehört auch vielleicht mit Jannes und anderen Zauberern und Gemeindegründern der urchristlichen Zeit zusammen. Wenn die Freimaurer gerade den Namen Johannes — der übrigens noch in den Zauberbüchern der neueren Zeit eine gewisse Bevorzugung erfährt* — als Bezeichnung für ihre Logen und seinen Tag als Geburtstag des erneuerten Bundes, als Schluss- und Wendefest des Bundeslebens wählten, so könnte darin doch vielleicht ein halb unbewusster Protest gegen das anerkannte Glaubens- und Gemeindewesen und eine Hinneigung zu jenen heidnischen Lichtgewalten und Lichtkulten zum Ausdruck kommen, die sich unter mancherlei Verkleidung in der christlichen Welt forterhalten hatten. Der Johannestag ist kein christlicher Feiertag mehr, der kirchliche Kalender geht an der Sommersonnenwende achtlos vorüber.

▲ *Der Liebeskampf von Licht und Finsternis*

Alle Mysterienkulte sind Lichtkulte. Jeder Mysterienbund glaubt, dass die Profanen, die Ungeweihten, in Finsternis wandeln und dass die Bundesbrüder das Licht sehen. Das Merkwürdige ist nun aber, dass dieses Bundeslicht, wie wir soeben erkannt haben, in der engsten Verbindung mit dem äußersten Lichtmangel, mit Nacht und Tod erscheint. Die Mysteriengötter sind Lichtgötter, aber zugleich sind sie Zauberer, sind sie unheimliche Geistwesen, sind Todes- und Unterweltgötter. Sie leben nicht in ewigem Glanz, sondern reisen — freiwillig oder gezwungen — in das Land der Finsternis hinab, gehen mit

* *In der Pneumatologia occulta heißt es: Der Exorzist könne zum Beschwörungsakte drei Personen mitnehmen, die alle den gleichen Vornamen, womöglich Johannes tragen müssten. Was bedeuten diese drei Johannes als Zaubergesellen?*

der Finsternis einen mystischen Bund ein, erleiden den Tod, gelangen in die grausige Tiefe der Unterwelt, kurz sie haben ein wechselndes, menschenähnliches Schicksal und stehen dem Dunkel nicht weniger nahe als dem Licht.

Die Bünde suchen die Einheit der Gegensätze, die Befreundung des Feindlichen! Der Urgegensatz von Licht und Finsternis, Gut und Böse, Leben und Tod macht dem Menschen am meisten zu schaffen, er erfüllt das ganze menschliche Dasein. Diesen Widerspruch glaubt der Mysterienbund aufgelöst und damit das quälendste Lebensrätsel entschlüsselt zu haben. Daher die stolze Siegesgewissheit, die jubelnde Tapferkeit aller echten Mysten. Aber wie lautet denn die Lösung des Rätsels? Um welchen Preis ist der Myste der Freiheit, dem Lichte und dem Leben gewonnen worden? Die Antwort klingt geheimnisvoll und widersinnig: Der Myste ist frei durch Knechtschaft, ist lebendig als Gestorbener, ist licht, weil er dem Dunkel vermählt ist. Mit anderen Worten: Licht und Finsternis sind eins! Leben ist zugleich Tod und Finsternis ist zugleich Licht!

Durch die ganze Mysteriensymbolik zieht sich das unermüdliche Bestreben, diese dem Verstand unfassbare Einssetzung bildlich zu verwirklichen und dem Menschen erlebbar und erfahrbar zu machen. Jedes Symbol, wenn man es tief genug versteht, verkündet den Kampf und die Hochzeit von Licht und Finsternis, von Leben und Tod. In den Bundesmythen lässt sich das am deutlichsten nachweisen. Sie berichten stets von einem Kampf des Lichthelden und einer finsteren Urmacht. In diesem Kampf unterliegt zuerst meist der Lichtheld, er wird getötet, gebunden, zerstückelt usw., wie wir schon im ersten Kapitel gesehen haben. Die Höhle im Berg ist gewöhnlich der Ort, in welchem das überwältigte Licht gefangen gehalten und eingesargt wird. An die Stelle dieser Höhle kann auch ein lebendiges Grab, der Leib des feindlichen Ungeheuers selber treten. Von diesem Ungeheuer wird der Lichtheld verschlungen. Eine Unzahl derartiger Mythen ist

Der Urgegensatz von Licht und Finsternis, Gut und Böse, Leben und Tod macht dem Menschen am meisten zu schaffen, er erfüllt das ganze menschliche Dasein.

bei fast allen Völkern verbreitet, sie beschäftigen wegen ihrer Menge und ihrer überraschenden Gleichartigkeit an den entgegengesetzten Orten der Erde die Mythologen schon seit langer Zeit. Auf den ersten Teil der Geschichte, der die Überwältigung und Verschlingung des Lichthelden erzählt, folgt dann ein zweiter, in welchem seine Befreiung und sein Triumph geschildert wird. Der Lichtheld bricht siegreich aus der Höhle hervor, er zersprengt die Fesseln, zerschneidet mit dem Schwert von innen den Drachenbauch oder wird wie Jonas von dem Ungeheuer ausgespien, kurz er gewinnt den Sieg über die Macht der Finsternis, er lebt, und er kehrt wieder. Einen derartigen Kampf haben die meisten Mysteriengötter und Bundesstifter oder Bundesheiligen zu bestehen: Osiris, Attis, Orpheus, Dionysos, Mithra, Pythagoras, Jesus und andere.

Der Myste ist frei durch Knechtschaft, ist lebendig als Gestorbener, ist licht, weil er dem Dunkel vermählt ist. Mit anderen Worten: Licht und Finsternis sind eins! Leben ist zugleich Tod und Finsternis ist zugleich Licht!

Nun aber, wer ist die Gegenmacht, die sie bekämpfen? Es ist meist ein ihnen eng verwandtes Wesen. Typhon ist der Bruder des Osiris, und wenn nicht alles trügt, ist gar nicht Typhon-Seth nach der ursprünglichen Sage der Feind und Mörder des Osiris, sondern die eigene Gattin Isis tötet ihren Gatten und Sohn Osiris-Horus, sargt ihn ein oder schlingt ihn in ihren mütterlichen Leib zurück, um ihn dann in verjüngter und verklärter Gestalt neu zu gebären. Auch in anderen Sagen vom Kampf des Lichtes mit der Finsternis ist die Finsternis die Gattin und Mutter des Lichtes. Mit ihr als dem bösen Prinzip, dem er doch zugleich Leben und Nahrung und Glück verdankt, kämpft der männliche Lichtheld. Wir stehen damit wieder mitten in der Wiedergeburtssymbolik drin: Die Mutter Erde ist die Höhle, die den Leib des Toten, aber auch den Samen des ihr vermählten Lichtes in sich aufnimmt. Der Kampf ist ein Liebeskampf, ein Zeugungs- und Geburtsakt.

Je nach der mehr pessimistischen oder mehr optimistischen Richtung des Kulturkreises oder Lebens- und Kultbundes, der den Mythos schafft und fortpflanzt, überwiegt die feindliche oder freundliche, schöne oder hässliche Auffassung dieses Kampfes und der an ihm Beteiligten. Als ein schauriges Geheimnis flüsterte der Mysterienkatechet dem Novizen zu, dass die gütige Muttergöttin und liebende Gottesbraut eigentlich der Tod bringende Dämon der Finsternis sei, der ihre eigenen Kinder verschlinge und ihren Gatten ermorde. Sie sei nichts anderes als die bluttrinkende Hadeskönigin, nichts anderes als die Nacht, die Hölle, als das Chaos, sie sei die böse Materie, die den Geist in Fesseln schlage und der der wahre Myste sich durch Keuschheit und alle die anderen asketischen Maßregeln und Weiheriten entziehen müsse! Und weiter flüsterte der Mysterienkatechet: die Welt verdanke einem Verbrechen ihr Entstehen und könne nur durch ein zweites Verbrechen wieder vernichtet werden. Der schöpferische Gottmensch der Urzeit (Protanthropos, Adam Kadmon usw.) habe seine Mutter oder Schwester geehelicht, oder sei von ihr verführt worden, das sei der Anfang der Welt gewesen. Und das Ende werde und müsse sein, dass der Mensch das Weib von sich stoße, der Materie den Kopf zertrete und sich zu den lichten Höhen zurückwende., aus denen der männliche Lichtgeist einst gekommen.

Aber das Bild kann auch freundlicher und versöhnlicher ausgestaltet werden, wie wir im nächsten Kapitel bei Besprechung der Unionssymbolik sehen werden. Die Welt braucht, auch wenn sie als Kampf und Hochzeit von Licht und Finsternis erkannt wird, nicht verflucht und die Finsternis, auch wenn sie als Materie, als Sinnlichkeit und Dinglichkeit erkannt wird, nicht als Hindernis des wahren Seins verwünscht zu werden! Indessen, je mehr der Urgegensatz gemildert wird und an die Stelle des grauenhaften Kampfes samt seinen Folgen die erotische Vorstellung tritt, ergeben sich sittliche Konflikte, die den Mysterienbünden nicht weniger gefährlich geworden sind als die streng dualistische Auffassung.

▲ *Lichtkult*

Der Kult der Mysterienbünde ist ein Lichtkult. Die Mysteriengötter sind Lichtgötter, sie sind die symbolischen Helfer der Geweihten in dem großen Kampf, sind die Träger des Lichtsamens, sind die Befruchter, die Hochzeiter, je nach der mystischen Ausgestaltung des Mysterienerlebnisses.

Diese Lichtbringer wurden bisweilen mit der Sonne oder dem Mond gleichgesetzt. So zum Beispiel Mithra und Osiris. Daher die Gestirnanbetung oder Gestirnsymbolik in den Bünden. Jedoch scheint es, dass ursprünglich die göttlichen Lichtwesen weiter und unbestimmter gedacht wurden. In der altpersischen Religion sind Sonne und Mond Mithras Augen, er bedient sich also dieser Gestirne und ist nicht selbst ein Gestirn. Auch Jesus ist das Licht der Welt, aber die Gleichsetzung mit der Sonne haben die Christen stets abgelehnt, um so schroffer, als das Heidentum in der frühchristlichen Zeit immer mehr zu einem naturalistischen Sonnenkult wurde, der mit dem Kaiserkult verschmolz. Des Symbols und also auch des Kults des Lichtes konnte das Christentum jedoch nicht entraten. Im Hebräerbrief wird die Bekehrung zum Christen durch das Wort Erleuchtetwerden ausgedrückt, die Verwandlung und Erlösung, die der Mensch erfährt, wenn er Christ wird, empfand man also als eine Lichtgebung und Augenöffnung. In den Evangelien sind die Vergleiche, die vom Gesichtssinn hergenommen werden, sehr zahlreich. Das Gleichnis des Lichtes wird ja auch von Platon bevorzugt, trotz des antisinnlichen Zuges in der platonischen Philosophie. Platon weiß seine sublimsten Lehren von der wahren Welt der Ideen nicht besser zu verdeutlichen als durch den Vergleich mit der Sonne und den Gestirnen. Sein Gleichnis von der Höhle, in der die Gefesselten sitzen, erinnert auffallend an die Höhlensymbolik der Mysterienbünde und ist wahrscheinlich durch pythagoräische und orphische Geheimsymbolik beeinflusst.

Gestirnsymbolik und Hinneigung zur Astrologie kennzeichnen das gesamte häretische Bundeswesen der christlichen Jahrtausende.

Auch von den Neuplatonikern und Neupythagoräern wird immer wieder die Heiligkeit des Lichtes hervorgehoben und die Sonne erscheint regelmäßig als Bild der geistigen Erleuchtung, nach der diese Theosophen so inbrünstig verlangten. Ihnen und den ihnen verwandten Mysterienbünden ist es hauptsächlich zu verdanken, dass die Sonnen- und Gestirnsymbolik den naturalistischen Charakter, den sie unter Einwirkung der babylonischen Astrologie angenommen hatte, dauernd verlor und bis zum heutigen Tage der Träger einer ausgesprochen geistigen Religionsauffassung ist oder doch sein kann. Bei den Neuplatonikern, wie einst im eleusinischen Kult, war der Schauende der wahrhaft Erkennende, und die Gestirne waren die Führer und Geleiter in die unsinnliche Welt. Auch diese Männer waren jedoch der Astrologie zugetan. Gestirnsymbolik und Hinneigung zur Astrologie kennzeichnen das gesamte häretische Bundeswesen der christlichen Jahrtausende.

▲ *Der Osten*

Die Gestirnsymbolik, die auch in der Freimaurerei ihre Stelle hat, kommt auch in der Verehrung des Ostens zum Ausdruck. Die Sonne erscheint im Osten, dort befindet sich die Höhle, in der sie gefangen gehalten worden ist, oder das Brautbett, auf dem sie mit der Finsternis oder mit der Mutter Erde, oder mit der Mondin gelegen hat. Im Osten erhebt sie sich zu neuer Arbeit im Dienst der lichtbedürftigen Welt.

Der Osten ist der heiligste Teil des Mysterientempels, im Osten werden die Heiligtümer aufgestellt. Nach Osten wenden sich die Blicke der Mysten. In den ewigen Osten wandert der verstorbene Freimaurer.

Der Sitz der Gottheit wurde in den meisten orientalischen Religionen in den Osten verlegt, während als Sitz der bösen Gewalten entweder der Westen oder der Norden gilt. In jüdischen Überlieferungen heißt der Böse der Mann aus Mitternacht. Der Osten ist die rechte Seite, der Westen die linke Seite der Welt, daher galt bei den Pythagoräern alles, was rechts ist, für gut und das Linke für böse. Auch der Weltrichter Jesus führt die Guten auf die rechte, die Lichtseite, die bösen auf die linke Seite, wo der Ort der Finsternis und der Strafe ist.

Es finden sich aber auch Spuren einer abweichenden Symbolik der Himmelsrichtungen. Die Griechen und die Inder versetzen das

Paradies, das heißt das mystische Land, wo die Gerechten wohnen, mitunter in den Norden. Im hohen Norden, für gewöhnliche Menschen unzugänglich, dachten sie sich ein Volk oder einen heiligen Bund von guten und weisen Übermenschen hausen. Woher diese Bevorzugung des Nordens? Der Osten würde sich als Ort des Lichtlandes doch weit mehr zur Wohnstätte der Vollendeten eignen. Es scheint, dass sich hier wieder die Vorstellung geltend macht, dass der Ort, wo die Sonne des Nachts weilt und wo die Toten in die Unterwelt hinabsteigen, nur scheinbar finster ist, in Wirklichkeit das hellste, geheimnisvoll belebende Licht birgt. Die Toten sind die Vollendeten, sie wohnen bei dem Totengott, der nach der Mysterienlehre zugleich der Licht-und Freudengott ist. Darum muss es im Land der Nacht, also im Norden und im Westen, trotz scheinbarer Unwirtlichkeit und Finsternis doch licht und schön und gerecht sein. Bei den Ägyptern heißt der Ort, wohin die Totenseele hinabfährt, Amenthes, d. i. Okzidens (Westen), das rührt angeblich daher, dass die Begräbnisstätten in Ägypten meist auf dem westlichen Nilufer in das Felsengebirge eingehauen wurden, hat aber zweifellos noch den allgemeinen tieferen Grund, dass der Westen der Ort des Untergangs ist. Die ägyptische Mythologie und ihre Fortsetzung in den ägyptisch beeinflussten Mysterienkulten war eifrig bemüht, diesem Ort des Untergangs, wenigstens für die Guten und Erwählten, den Charakter des Lichten und Glücklichen zu verleihen, also die Hinabfahrt in eine Hinauffahrt umzuwandeln oder doch der Hinabfahrt und der unterweltlichen Gerichtshandlung eine Hinauffahrt in das Lichtmeer folgen zu lassen.

Der Osten ist der heiligste Teil des Mysterientempels, im Osten werden die Heiligtümer aufgestellt.

Indessen ist es natürlicher, dass der Mensch das Lichtland dort sucht, wo er das Licht mit den sinnlichen Augen findet, und das ist im Osten. Im Osten wohnt das Licht, wohnt die Sonne. Warum nicht im Süden? Weil das Auftauchen der Sonne und ebenso des Mondes und des Morgensternes im Osten am meisten die Aufmerksamkeit der Menschen erregt. Das aufgehende Licht erscheint verehrungswürdiger als das im Zenith stehende oder hinabsinkende Licht. Jedoch verehren manche Bünde die drei Sonnenrichtungen: Ost-Süd-West. Auch der Mithras-Jünger verehrt die Sonne in ihrem ganzen Lauf, er wendet sich bei dem dreimaligen Tagesgebet nach Morgen, Mittag, Abend. Der Mohammedaner dagegen wendet sich bloß gegen Osten.

Der Tempel kann nur eine einzige Hauptrichtung haben, falls er nicht als Rundtempel gebaut ist. Diese Richtung ist in fast allen Religionen des orientalisch-europäischen Kulturkreises der Osten. Nach Osten soll auch der Raum sich richten oder sich öffnen, den der Zauberer für gewisse Beschwörungen, die der Divination dienten, verwendete. Bei diesen Beschwörungen, über die uns aus dem späten Altertum berichtet wird und bei denen ein weissagender Knabe als Medium gebraucht wurde, kam es auf die Durchdringung des Dunkels an, das uns Menschen die Zukunft und die räumliche Entfernung verbirgt. Daher war das Licht, und zwar das denkbar hellste und heiligste, besonders vonnöten. Von Osten nur konnte dieses Licht geholt werden.

Von Osten kommen auch die drei Könige oder Magier, um das heilige Kind zu suchen, dessen Stern sie in ihrer dem Ostlicht so nahen Heimat gesehen haben. Diese drei Meister reisen von Ost nach West. Allem Anschein nach ist die Geschichte von den Weisen aus dem Morgenland nicht ursprünglich christlich, was schon aus dem ihr zugrunde liegenden astrologischen Glauben hervorgeht. Die drei Weisen sind ursprünglich die Lichtbringer, die das im Osten geschaute Licht im dunklen Westen verbreiten wollen. Dann erst ist die Erzählung so umgeformt worden, dass das von den Magiern aus dem Osten mitgebrachte Licht gleichsam vor dem in dem Stall (genauer in der Höhle) zu Bethlehem geborenen Licht verblasst und sich ihm unterordnet wie das Mondlicht dem Sonnenlicht. In diesem Sinne ist die Erzählung von den Christen oft gegen den Mithraskult ausgespielt worden.

▲ *Spiegel und Auge*

Die Mysterienbünde symbolisierten das Licht in mancherlei Zeichen. Für die brennende Flamme bot sich als natürlichstes und einfachstes Zeichen das Dreieck, denn die Flamme brennt als ein aufrecht stehendes Dreieck. Auch der Blitz wird als Dreieck oder Dreizack symbolisiert und stilisiert. Der Mysteriengott Mithra trägt in der Hand ein dreieckiges Instrument, das gewöhnlich als Messer erklärt wird. Mit Recht, aber dieses Messer des Stiertöters ist zweifellos die zersprengende und spaltende Flamme des Blitzes, die das Chaos (oder den Leib der Mutter Erde) durchdringt und damit nicht nur Tod, sondern zugleich neues Leben zeugt.

Das Licht der Gestirne und insbesondere der Sonne wird am natürlichsten durch eine kreisförmige Figur versinnbildlicht. Diesen Kreis haben wir als Kranz, als Stirnband, als Strahlenkrone kennen gelernt, aber er erscheint auch als Ring am Finger, Arm, Hals usw. Noch treffender und wirkungsvoller ist die Symbolisierung der Gestirne durch den Spiegel und das Auge, weil Spiegel und Auge die Eigenschaft haben, selber Licht auszustrahlen oder doch zurückzustrahlen.

Das Altertum kannte nur den runden oder ovalen Spiegel aus Metall. Dieser glänzende Metallspiegel war ein viel gebrauchtes Zauberinstrument. In ihm erblickte der Zauberer das Entfernte, Verborgene und Zukünftige. Man schrieb ihm schützende, Dämonen abwehrende und reinigende Kraft zu. Aber der Spiegel kam auch in den Mysterienreligionen zur Verwendung. In den gnostischen Spekulationen über die Weltschöpfung und Welterlösung finden wir das folgende Bild. Unten ist das Chaos oder die Materie oder was sonst an Stelle des stofflichen, passiven, weiblichen Weltelements steht. Dieses Weltelement wird flüssig gedacht und seine Oberfläche ist daher ein Spiegel. Oben ist das Licht, das gestaltende, schöpferische Element. Das Licht spiegelt sich nun in der unteren Fläche und die dadurch entstehenden Spiegelbilder sind die Dinge der Welt, wie wir Menschen sie sehen. Nur der Geweihte und Erwählte erhebt sich (vgl. Platon) zum Anschauen des Lichtes selber. Das Him-

Aller Wahrscheinlichkeit nach gehörte zu den Weihehandlungen der Mysterienbünde auch ein Spiegelungsakt, durch den der Novize erleuchtet und hellsichtig werden sollte.

melslicht — so geht das gnostische Bild weiter — wird durch sein Spiegelbild angezogen und senkt sich zu dem Chaos herab, um es liebend zu umarmen und schöpferisch zu durchdringen. Die Spiegelung ist also eine Art Liebesvereinigung und Befruchtung der Finsternis durch das Licht, der Materie durch den Geist. Je nach der pessimistischen oder optimistischen Grundstimmung wird diese Spiegelung als ein Unheil, als Fall und Verderb des Lichtgeistes oder als segensvolle Schöpferarbeit und Erlösung aufgefasst.

Aller Wahrscheinlichkeit nach gehörte zu den Weihehandlungen der Mysterienbünde auch ein Spiegelungsakt, durch den der Novize erleuchtet und hellsichtig werden sollte. Neben dem Metallspiegel verwendete man dabei auch eine Wasserfläche oder eine glänzende Kugel. Man erinnere sich dabei des Spiegels in der Hexenküche (Goethes Faust). Mitunter warf man, um die magische Kraft der Spiegelung zu erhöhen, Gold- und Silberplättchen, die mit Zaubercharakteren beschrieben wurden, in das Wasserbecken hinein. Gold ist das Sonnenmetall, Silber das Mondmetall. Man bannte also das Licht der Gestirne selber, verstärkt durch die magischen Gottes- oder Geisterzeichen, in den Spiegel fest und teilte es dem Erleuchtung Suchenden, der hineinschaute, dadurch mit.

Die Steinsymbolik der Mysterienbünde hängt zum Teil zweifellos mit der bewundernden Verehrung funkelnder Edelsteine zusammen.

Denselben Zweck konnte auch ein leuchtender Stein erfüllen. Die Edelsteine, die in der Mysteriensymbolik vielfach vorkommen und die in der Religion und Zauberei von jeher als Amulette bevorzugt worden sind, haben die Kraft, die der Mensch als die segensvollste und begehrenswerteste aller Kräfte empfindet: die Kraft, Glanz und Licht auszustrahlen. Solche göttliche Lichtträger schaute daher der Lichtsuchende an oder befestigte sie an seiner Hand, seinem Hals, seiner Stirn. Die Steinsymbolik der Mysterienbünde hängt zum Teil zweifellos mit der bewundernden Verehrung funkelnder Edelsteine zusammen. Der Stein wird zum Symbol des Edelsten und Heiligsten, zum Symbol Gottes und des zu Gott strebenden Menschen. Auch wird der Stein der Alchemisten, den sie mit dem lebendigen Stein

Christus gleichsetzten, oft als ein leuchtender Edelstein beschrieben, bisweilen allerdings auch als ein unscheinbares Pulver.

Spiegel und Stein sind dem Augensymbol nahe verwandt und treten oft für das Auge ein. Das Auge ist eines der ältesten und verbreitetsten unter allen religiösen Symbolen. Es tritt in verschiedenen Formen auf, meist als Kreis, mit oder ohne Punkt in der Mitte, aber auch als Oval, als längliches Viereck, als Rhombus usw. Solche Augenornamente dienten vor allem als Schutzzeichen gegen den bösen Blick, gegen die bannenden und Verderben bringenden Augen feindlicher Dämonen und Menschen. Das Schutzauge war also ein Amulett, es stärkte und vervielfältigte die Kraft des eigenen Blickes, es wirkte also wie die im zweiten Kapitel genannten Abzeichen und Wappen. Auch stellt es in vereinfachter, den Teil für das Ganze setzender Form den Schutzdämon und Bundesgeist selber dar. Das Auge ist ein Gottessymbol, wie das Wappenbild und Geheimwort der Bünde. Darum bringt man es an Geräten und Tempelwänden an. Wer es an seinem Leib befestigt, der schaut gleichsam mit Gottes Auge und ist also ein Wissender und Licht Verbreitender. Insbesondere wird dann das Auge mit der Sonne gleichgesetzt und gewinnt dadurch im Gestirnkult eine große Bedeutung. Aber das Auge erscheint auch als Symbol des Bundes und seines Versammlungsraumes, worauf einige Spuren in gnostischen Quellen hinweisen. Die Augenhöhle ist der Geburtsort des Lichtes, ist der finstere, verborgene und doch Licht spendende Ort, in welchem das ganze All sich spiegelt und durch die heilige Arbeit der Erwählten als ein erneuertes und als vollendeteres All wiedergeboren wird.

Das Auge ist ein Gottessymbol, wie das Wappenbild und Geheimwort der Bünde.

▲ *Astrologie und Geometrie*

Die Astrologie, die Religion und Wissenschaft der Chaldäer, ist eine der großartigsten Schöpfungen des menschlichen Geistes. Sie setzte sich das Ziel, die ganze Außen- und Innenwelt in ein System zu bringen und die gesetzliche Ordnung, die im Größten und Kleinsten herrscht und die die babylonischen Gottesweisen nicht als eine mechanische, sondern als eine organische Ordnung erkannten, zu erforschen, zu berechnen, zu verehren und für das menschliche Einzel- und Gemeinschaftsleben nutzbar zu machen. Im Mittelpunkt dieser erhabenen Religion stand das göttliche Licht, das sich in den Gestirnen verkörpert. Bevor die Astrologie ihre Weltherrschaft antrat, nahm sie unter ägyptischem und persischem Einfluss mancherlei andere Elemente auf, die teils eine Vergeistigung, teils aber auch eine Verflachung und Entartung ihres ursprünglichen altbabylonischen Wesens zur Folge hatten. In dieser Form schlug dann die Astrologie fast das ganze spätere Altertum in ihren Bann, gewann maßgebenden Einfluss auf die Mysteriensymbolik und wirkte durch das Mittelalter und die Renaissancezeit bis in die Gegenwart fort.

Die Astrologie lehrt, dass die Gestirne, vor allem die sieben Planeten: Saturn, Jupiter, Mars, Sonne, Venus, Merkur, Mond nicht nur miteinander in einer gesetzmäßigen Verbindung stehen und einander wesensverwandt sind, sondern auch mit den Metallen, den Pflanzen, den Edelsteinen, den Körperteilen und Eigenschaften des Menschen, den Buchstaben des Alphabets, den Winden, den Himmelsrichtungen, den Zahlen und Maßen, Tönen und Tonarten, ferner mit den Göttern, Engeln, Patriarchen und sonstigen übermenschlichen Wesen, Heilbringern, Bundesstiftern, ferner mit religiösen Hypostasen, mit philosophischen Ideen, kurz mit allem universellen und personellen Sein und Geschehen. Diese ungeheure Gleichsetzung wurde praktisch verwertet. Man las auf Grund einer überaus feinen und verwickelten Berechnung alles, was auf Erden vor sich ging, am Himmel ab, Aufgang und Niedergang der Gestirne, Veränderung ihrer Stellung — dies waren die Vorgänge, welche dem Astrologen Aufschluss in Form von Analogien gaben über die geistigen und leiblichen, menschlichen und außermenschlichen, organi-

Die Geometrie galt als eine Schwester der Musik. Der Eingeweihte, dem sich die Augen geöffnet hatten, hörte nun auch die Ordnung in der Welt als ein harmonisches Tönen.

schen und unorganischen Vorgänge in der Welt. Keineswegs war das Stellen der Nativität die einzige Arbeit der Astrologen. Als wichtigste Hilfswissenschaft der Astrologie galt die Geometrie, Geometrie wurde geradezu als ein anderer Ausdruck für Astrologie gebraucht. Denn freilich war das Messen die Haupttätigkeit des Astrologen, die Messwerkzeuge, zumal der Zirkel, gewannen Teil an der hohen Verehrung, die den geheimnisvollen Berechnungen der Gestirnläufe und der in ihnen sich offenbarenden Lichtgeister und Weltordner (Archonten) gezollt wurde; sie wurden zu heiligen Symbolen. Die Geometrie und ihre Werkzeuge öffneten das Tor zu der höchsten Weisheit. Sie bildeten die Schlüssel zu den göttlichen Lichtgeheimnissen. Daher konnte man dem Eingeweihten, dem Erleuchteten, den Ehrentitel Geometriekenner verleihen und die Götter, Heroen und Bundesstifter vor allem als Messkünstler und Rechenmeister preisen. Ich verweise auf die englische Freimaurerlegende.

Nach astrologischer Anschauung ist also das Licht gleichbedeutend mit der Ordnung, der Gesetzmäßigkeit, der Harmonie. Wenigstens ist es Schöpfer und Erhalter dieser Dinge. Nicht nur begrifflich wurde dieser Zusammenhang erfasst, sondern vor allem gefühlsmäßig. Die Geometrie galt als eine Schwester der Musik. Der Eingeweihte, dem sich die Augen geöffnet hatten, hörte nun auch die Ordnung in der Welt als ein harmonisches Tönen. Er durfte der Musik der Sphären, die für gewöhnliche Ohren unhörbar ist, lauschen und durfte sich den heiligen Zahlen, die dem Ungeweihten nur kalte Begriffe und tote Verstandeshilfen sind, als lebendigen Klängen und göttlichen Wesen verwandtschaftlich nahe fühlen. Die Zahlenmusik und ihre geheime Bedeutung bildete ein Hauptstück in der Bundeslehre der Pythagoräer.

Und wie man die Gestirne zu tönenden und ordnenden Gewalten machte, gab man ihnen auch Gestalt und Körper. Man sah am Himmel nicht, wie wir, Gruppen flimmender Pünktchen, sondern phantastische Bilder und mythische Ereignisse. Diese Bilder malte man an die Decke des Mysterientempels und verehrte sie als bewegte und bewegende Lichtgeister.

Die Sphären und die Himmelstreppe

Der Astronom Ptolemäus, dessen Theorie bis in die Renaissancezeit hinein geherrscht und auch später noch in der Symbolik nachgewirkt hat, lehrte, dass die Welt aus acht übereinander liegenden Kristallsphären bestehe, von denen die Erde wie von den Häuten einer Zwiebel eingeschlossen werde. Den äußersten Ring bildete die Fixsternsphäre. Darauf folgen der Reihe nach die sieben Planetensphären und unterhalb von ihnen die vier Elemente in teilweiser Mischung gelagert. Die Mischung der Elemente (Feuer, Luft, Wasser, Erde) durch die alles Leben auf Erden verursacht ist, kommt durch die Bewegung der Sphären zustande, und diese wiederum wird von den Gestirngeistern geregelt.

Die sieben Gestirngeister hießen die Beherrscher der Welt. Jeder von ihnen regierte einen Wochentag, ein Metall, eine Tonart und einen Grad in den sieben- oder achtgradigen Mysterien. Unter den Planetengeistern traten naturgemäß die der Sonne und des Mondes besonders hervor, die übrigen fünf Planeten – auch Sonne und Mond galten als Planeten – erscheinen als Trabanten oder als eine gesonderte Gruppe für sich. Die Sonne und ihr Geist wurde meist männlich gedacht, der Mond weiblich. Der Mond empfängt und gebiert den von der Sonne ausgehenden Lichtsamen. Wir sahen oben, dass der schöpferische Lichtheld oft mit der Sonne gleichgesetzt wird. Ebenso erscheint der Mond oft als die Mutter und Gattin des Sonnenhelden, die zugleich seine Feindin und Verschlingerin ist. Mittelalterliche Naturforscher, wie Roger Bacon, sind noch überzeugt, dass die Sonne mit dem Mond neue Organismen erzeugen kann, die in faulender Materie auf Erden ausgebrütet werden. Der Weltschöpfungsprozess durch das männliche und weibliche Licht dauert also immer noch fort. Dabei wurde das männliche Lichtprinzip gern als etwas Flüssiges aufgefasst, entsprechend dem feuchten Regen und tierischen Samen. Dieses Urflüssige ist zugleich feurig-heiß. Es dringt in den weiblichen Mond ein und vom Mond wird es auf die Erde hinabgetragen, weshalb die hellen Mondnächte für alle geheimen, wissenschaftlich-mystischen Prozeduren als besonders fruchtbar galten.

Alle diese Abstellungen spielten in der Alchemie eine große Rolle.

Bei den Lichtsuchern des Altertums bestand das Verlangen, von dem Einfluss der zeugenden Sonne und des gebärenden Mondes, ja vom Einfluss aller Gestirnkräfte sich frei zu machen und durch die Elemente und die Planetensphären hindurch aufwärts zur Urquelle alles Lichts zu gelangen, um mit dieser Urquelle ewig vereint zu bleiben. Dieses Verlangen symbolisierte sich in dem uralten Mythos von der Himmelsleiter oder Himmelstreppe. Schon bei manchen Naturvölkern ist von dieser Himmelsleiter — es kann auch ein Seil, ein hoher Baum oder ein Berg sein — die Rede, die die Toten ersteigen müssen und die von den kühnen Helden und Propheten wohl auch lebend erklommen worden ist. Die Reise der Seele wird, wie wir schon erkannten, nicht immer als eine Hinabfahrt in die Unterwelt vorgestellt, vielmehr glaubt man, dass die auserwählten Menschen, dass die Guten, Tapferen, Vornehmen, Weisen aufwärts reisen in den Himmel und in Sterne verwandelt oder auf Sterne versetzt werden. Im Himmel ist wie in der Unterwelt ein Strom oder Ozean, den die Seele unter Leitung eines Fährmanns und göttlichen Beschützers auf der Mondbarke durchfährt. Auf die Einzelheiten und Varianten dieses Mythos von der Himmelsreise können wir hier nicht eingehen. Genug, die Mysterienbünde bemächtigten sich dieses Mythos, weil er ihrem Vergeistigungs- und Wiedergeburtsverlangen entgegenkam, und sie verknüpften ihn mit dem astrologischen Weltbild.

Neben und anstelle dieses Aufnahmeritus, der die Stufenreise des Geweihten bis zur Lichthöhe versinnbildlichte, brachte in manchen Mysterienbünden auch die Gradbildung dieses Aufsteigen zum Ausdruck.

Der Mysteriennovize musste daher bei der Aufnahme eine Treppe oder Leiter von meist sieben Stufen ersteigen*. Das ist die symbolische Totenreise, durch die Planetensphären hinauf in die heilige Acht. Oder die Reise geht durch neun Stufen bis in die heilige Zehn, das Pleroma. Die Acht, die Fixsternsphäre, ist dann nur eine Zwischen-

* *Die Treppe war manchmal nach Art einer Stufenpyramide gestaltet.*

station, die nach zwei weiteren Stationen zur endgültigen Vollendung, zur Vereinigung mit dem Urfeuer, oder wie man sonst das Ur-Eine bezeichnete, führte. Neben und anstelle dieses Aufnahmeritus, der die Stufenreise des Geweihten bis zur Lichthöhe versinnbildlichte, brachte in manchen Mysterienbünden auch die Gradbildung dieses Aufsteigen zum Ausdruck. Es ist kein Zufall, dass die Bünde gern sieben, acht, neun oder zehn Grade haben. Die drei Grade der Freimaurerei gehören in einen anderen Zusammenhang.

Wie die übrigen Mysterienhandlungen bildet auch die Stufenreise eine Art Vorwegnahme dessen, was nach dem Tod mit Hoffnung oder Furcht erwartet wurde. Figürlich wollten die Lichtsucher schon jetzt die Reise vollenden, um dadurch ihr Schicksal nach dem Tod magisch zu beeinflussen und zu verbessern. Ebenso wie man im Bund symbolische Tötungen und Verklärungen vornahm, um dadurch dem wirklichen Tod den Stachel zu nehmen und die wirkliche Verklärung gewährleistet zu erhalten.

Im Mithraskult scheint sowohl bei der Aufnahme wie bei der Durchschreitung der Grade das Symbol der Stufenreise durch die Planetensphären im Mittelpunkt gestanden zu haben. In den Mithräen waren treppenartige Absätze angebracht, durch Tore aus verschiedenem Metall voneinander getrennt. Die Tore waren von Engeln bewacht, der Wandernde wurde von Lichtwesen an der Hand geführt und nach gewissen Prüfungen und Fragen von den Wächtern durchgelassen.

Der Aufstieg der Seele ist dann eine Heimkehr, ist ein Sühneprozess, den die ursprünglich bei Gott weilende, dann gefallene und in das irdische Dasein verstoßene Seele durchmacht.

Jeder Planet herrscht über ein Metall, über einen Körperteil und über eine Charaktereigenschaft. Wer die Planetensphäre durchschreitet, der muss an dem betreffenden Tor das dem Planeten gehörige Metall zurücklassen. Er entäußerte sich aber auch der Eigenschaft und des Körperteils. Er zieht nacheinander seinen irdischen Leib samt dessen Eigenschaften aus, sodass er ganz nackt, nur mit dem reinen Lichtkleid und den Lichtabzeichen angetan, die Höhe der Freiheit und Verklärtheit erreicht. So heißt es etwa in einer spätantiken Aufzählung, dass die Seele dem Mond die Ernährungskraft, dem Merkur die Habsucht, der Venus die erotischen Gefühle, der Sonne — die die Mitte des Planetenreigens bildet, den vierten Grad gleichsam — die intellektuellen Fähigkeiten, dem Mars das Kriegerische, dem Jupiter die Ruhmsucht, dem Saturn die Trägheit zurücklässt. Man sieht hier, dass der Aufstieg auf der Himmelsleiter einen ausgesprochen antisinnlichen Charakter tragen kann. Er symbolisiert dann die Loslösung von allem Irdischen, die stufenweise vollzogene Weltverneinung. In diesem Sinne hat sich die Theorie auch mit der Seelenwanderungslehre verknüpft. Der Aufstieg der Seele ist dann eine Heimkehr, ist ein Sühneprozess, den die ursprünglich bei Gott weilende, dann gefallene und in das irdische Dasein verstoßene Seele durchmacht. Man dachte sich, dass die Seele bei ihrem Fall durch die Planetensphären abwärts die irdischen Eigenschaften und weiter unten von den Elementen den irdischen Körper erhalten und angezogen hat. Diese Abwärtsreise hat nach der Kultlegende der Mysterienbünde auch der Lichtheld, der schöpferische Logos, der Erlöser durchmachen müssen, als er Mensch wurde. Und bei seiner Heimkehr, als er wieder in den Himmel hinauffuhr und damit auch seinen Jüngern und Brüdern die Hinauffahrt ermöglichte und verbürgte, hat er das Menschliche und Irdische wiederum stückweise ausgezogen.

Alle Welt verlangte in den hellenistischen Jahrhunderten nach Mitteln, sich der Gewalt der Gestirne zu entziehen und die eisernen Ringe zu zerbrechen, welche sie nach der astrologischen Lehre durch ihre Herrschaft über das Irdische um unser menschliches Schicksal gelegt haben. Der Gestirnkult der Mysterienbünde, von dem wir soeben gesprochen haben, beruhte eigentlich auf einem in sich widerspruchsvollen Grundgedanken. Dieser Kult war eine Verherrlichung oder zumindest Gutheißung der unerbittlichen Gesetze, nach denen die Planetengötter die Welt aufgebaut hatten und regierten. Zugleich wollten die Mysten doch diese unerbittlichen Gesetze (Heimarmene, die Kausalität) beugen und außer Kraft setzen. Sie wollten durch die Gestirnssphären hindurch und über die Herrschaftssphäre der Gestirngötter hinausdringen. Die Gestirne wurden als Symbole des Lichts, zumal des inneren geistigen Lichtes, geliebt und verehrt und als Symbole des Zwanges, des Joches der Notdurft gehasst und beschworen, wie man böse Geister beschwört und sich zu Knechten macht. Der Gestirnkult glich also zum Teil der mystischen Krankenheilung, dem Exorzismus. Infolgedessen gewannen auch die Namen der Planetengeister, das heißt ihre Geheimnamen, die sie vor den Irdischen verborgen halten, so große Bedeutung. Die verhehlten Geheimnisse des Essäerbundes scheinen vornehmlich in der Kenntnis dieser Namen und der essäische Geheimkult in der exorzistischen Beschwörung der Planetengeister, vermöge dieser Namen bestanden zu haben. Wer den Namen eines Geistes weiß, vermag seiner Herr zu werden und sich seinem unerwünschten Einfluss zu entziehen. So versuchte man die fatalistische Weltlenkung der Gestirngeister für die Wissenden und Verbrüderten außer Kraft zu setzen und sich mit Hilfe des Gestirnkults in ein den Weltlenkern unzugängliches Reich der Freiheit, in eine Welt außerhalb der sichtbaren Welt hinauf zu schwingen.

Dies war natürlich nur möglich, wenn man annahm, dass es höhere Götter oder Kräfte gab als die babylonischen Astralgötter. Mit diesen höheren Kräften suchte der Myste eins zu werden, als ihren Abgesandten, ihren Sohn, ihren Inbegriff begrüßte er den Mysteriengott und Bundesstifter, den Logos, der doch zugleich den Gestirngeistern so eng verwandt und dem in den Kausalring eingezwängten Menschen so eng verbunden war.

▲ *Die Freiheit im Licht*

Wir stehen hier wieder an einem Punkt der Mysteriensymbolik, wo sich schroffe Gegensätze in einer für den Verstand unfassbaren Weise miteinander vereinigen. Wie der Myste Licht und Finsternis zu vermählen sucht, so auch Licht (Freiheit) und Gesetz. Dem Licht strebt er zu und doch sind ihm die sichtbaren Lichtkräfte böse Dämonen, gegen die er die Hilfe der magischen Bundesriten aufruft. Die Freiheit im Licht ist ihm die Freiheit von der großen Verkettung der Dinge, die in den Gestirnen ihren Knotenpunkt zu haben scheint. Die Mitglieder gnostischer Sekten waren überzeugt, durch die Weiheriten von diesem Aeon, das heißt von dieser Weltepoche und ihren Herrschern erlöst zu sein, weshalb denn angeblich die Astrologen über die zukünftigen Schicksale eines Geweihten nichts wissen. Die Sterne haben keine Macht mehr über ihn, er gehört einer höheren Lichtwelt an. Ähnlich dachten die übrigen Mysterienbünde, sie alle versprechen den Menschen in kürzerer oder längerer Zeit von den fatalistischen Mächten zu befreien und in einer anderen unvorstellbaren Lichtwelt heimisch zu machen.

Man darf wohl behaupten, dass damit das Problem nur unvollkommen gelöst ist, weil das Gesetz zu wenig zu seinem Recht kommt. Die Spätantike fühlte, wie wir früher schon ausführten, das politische und wirtschaftliche, ja das Leben überhaupt als eine schwere Bedrückung, als einen zermalmenden Zwang. Darum wollte sie wenigstens innerlich eine schrankenlose Freiheit genießen. Da nun in der Astrologie und was sich von wissenschaftlichen und religiösen Bestreben an sie anschloss, der Fatalismus und Kausalismus zum System erhoben war, schien es die Aufgabe der geistigen Führer und geistigen Bünde zu sein, die Menschheit von den in der Astrologie herrschenden Regeln, Gesetzen, Mächten, Göttern zu erlösen. Das Licht, das sie verkündeten, war daher ein Licht ohne Grenze und Gestalt, war ein Stern ohne Geometrie, der in das Dunkel der irdischen Knechtschaft hineinscheint und die Seele aus der Welt des Gesetzes in die selige gesetzlose Heimat im Licht hinaufführt.

Es gab damals wohl auch weniger extreme Richtungen, aber die gesetzesfeindliche war die vorherrschende, wie wir sowohl an den heidnischen, wie an den christlichen Mysterienbünden erkennen. In der Renaissancezeit und namentlich im 17. Jahrhundert, das die Freimaurerei hervorbrachte, war die Stimmung anders. Zwar fühlte und hasste man jetzt den Druck des dogmatischen Kirchentums und das formale Gesetzestum der scholastischen Gelehrsamkeit, aber man suchte die Freiheit nicht in der Abkehr von der Welt, vielmehr im eindringenden Studium der Natur. Die geheimen Gesetze der Natur zu erkennen, alle Wirkungskraft und Samen zu erschauen — das war dieser Epoche der Weg zur Freiheit und zum Licht. Daher wurden die Wissenschaften, die in das Innere der Natur — auch der menschlichen — zu führen schienen, und die Werkzeuge, mit denen man diese Wissenschaften trieb, zu Lichtern der neuen Mysterienbünde. Die Geometrie wurde zu einem Symbol des höchsten Lichtstrebens, eine in der Welt des neuen Testaments und der orientalischen Mysterienkulte undenkbare Symbolisierung. Auch Sonne und Mond und die übrigen astrologischen und naturphilosophischen Symbole gewannen ihre Stellung zurück. Jetzt konnte auch das Symbol des Tempels in den Mittelpunkt der Bundessymbolik treten. Ein Tempelbau aus lauter Licht und Freiheit und Liebe ist ein Unding, nur wenn der geometrische Rhythmus, der sich im heiligen Reigen der Gestirne offenbart, und die Dinglichkeit (Materie), die vermöge ihrer PlanetenSchwere nach unten sinkt und in harter Arbeit bewältigt werden muss, als wesenhaft und als notwendig anerkannt werden, kann sich der Bund der Lichtsucher einen Maurerbund nennen. Ob damit eine endgültige Synthese von Licht und Finsternis (Leben und Tod), von Freiheit und Gesetz erzielt ist, bleibe dahingestellt. Wir werden auf die Vereinigung dieser Gegensätze und also auf die Einmündung des Dualismus der Mysteriensymbolik in den Monismus oder auch Monotheismus im vierten Kapitel zurückkommen.

Die Anfänge der Farbensymbolik liegen ebenso weit zurück wie die Anfänge der Lichtsymbolik, ja der Symbolik überhaupt.

▲ *Die heiligen Farben*

Zum Licht gehört die Farbe. Die Erlebnisse, mit denen wir es hier zu tun haben, sind fast immer mit Farbenempfindungen verknüpft und die Menschenbünde, die sich der Pflege dieser Erlebnisse widmen, bilden fast immer eine Farbensymbolik oder gar Farbenphilosophie aus.

Die Anfänge der Farbensymbolik liegen ebenso weit zurück wie die Anfänge der Lichtsymbolik, ja der Symbolik überhaupt. Die primitiven Völker sind den Wirkungen der Farben in hohem Grade zugänglich und verwenden sie auch schon zur Darstellung, Verbreitung und Verstärkung von religiösen Gefühlen. Sie unterscheiden die Farbenwirkungen physiologischen und assoziativen Gesichtspunkten und schmücken mit den jeweils passenden ihren Körper, ihre Kleider, ihre Geräte, Waffen, Wohnungen, Götterbilder. Dies setzt sich durch die ganze religiöse Entwicklung der Menschheit bis zu ihren höchsten Formen fort. Ganz besonders haben sich die Mysterienbünde der Farbensymbolik bedient. Die Farben vermögen auf Erlebnisse, Absichten, Zusammenhänge in einer Weise hinzudeuten, die unbestimmt genug ist, um den Unwissenden unverständlich zu bleiben, und doch bestimmt genug, um den Angehörigen der Gemeinschaft als Erkennungsmittel, als Erinnerung des gemeinsam Erlebten und als Bestätigung und Auffrischung der Bundesgesinnung zu dienen.

Herodot erzählt, dass die persische Hauptstadt Ekbatana von sieben Mauern umschlossen gewesen sei, deren jede eine andere Farbe hatte und aus anderem Stoff bestand.

Eine genauere Untersuchung über die symbolischen Farben der verschiedenen Mysterienbünde würde uns hier zu weit führen. Die meisten verwenden mehrere Farben, entsprechend den verschiedenen Stimmungen, die im Bund zum Ausdruck kommen. Auch hat bisweilen jeder Grad oder jede Gruppe von Graden oder auch jedes Amt seine eigene Farbe.

Das Altertum unterschied vier oder sieben Hauptfarben. Die Zahl Vier ist von den Elementen hergenommen, die Zahl Sieben von den Planeten. Herodot erzählt, dass die persische Hauptstadt Ekbatana von sieben Mauern umschlossen gewesen sei, deren jede eine andere Farbe hatte und aus anderem Stoff bestand. Da ist die Beziehung auf den Lichtkult deutlich. Die sieben Mauern sind die sieben Planetensphären und die ganze Stadt ist eine symbolische Darstellung des Kosmos, sie erinnert also an die Himmelsstadt oder Gottesstadt, die in der Visionen-Literatur (Apokalypsen) des späten Altertums und in der Mysteriensymbolik bis auf den heutigen Tag von Bedeutung ist.

Weiß und Schwarz gelten meist als die Farben des Todes oder eines geisterhaften, überirdischen Lebens. Rot und Gelb sind die Farben des sinnlichen, leidenschaftlichen, kriegerischen Lebens, können aber als Farben der brennenden Flamme auch geistig gedeutet werden. In der Mitte zwischen Weiß-Schwarz und Rot-Gelb stehen in ihrer physiologischen Wirkung und religiösen Bedeutung die Farben Blau, Grün und die Mischfarben. Die weiße Farbe haben wir als Farbe des Unschuldskleides, als Farbe der seligen Nacktheit des zum Kinde gewordenen Wiedergeborenen kennen gelernt. Der Reine und Vollendete, der nur noch Geist ist, der einen durchgeistigten, blendenden Lichtkörper hat, ist weiß anzuschauen. Daher die hemdartigen Mystengewänder, daher auch die weißen Kleider des Toten und die weiße Farbe bei Trauerfeiern. Es drückt sich darin der Wunsch und das magisch unterstützte Bestreben aus, dem Toten das höhere Leben im Licht zu verschaffen. Wird die schwarze Farbe gewählt, so wird die düstere und lichtlose Seite des Todes betont, also der Tod und die durch ihn erregten Gefühle ihrem natürlichen Charakter nach versinnlicht. Jedoch ist die schwarze Farbe allmählich zum Symbol des Ernstes, der Würde, der Feierlichkeit überhaupt geworden, vermutlich weil der traurige, weltabgewandte, dem Tod zugewandte Mensch als der stärkste Ausdruck auch das Vorbild für alle nach innen gekehrten Zustände geworden ist. Die Mysterienbünde mit ihrer Todessymbolik haben zweifellos viel zu dieser Schätzung und Auffassung der schwarzen Farbe wie auch zur Beliebtheit der weißen Farbe in den Kulturländern beigetragen.

Der Reine und Vollendete, der nur noch Geist ist, der einen durchgeistigten, blendenden Lichtkörper hat, ist weiß anzuschauen.

Bei den primitiven Völkern bevorzugt man Rot und Gelb. Mit roten Säften, ursprünglich wohl mit Blut, bemalt sich der lebensdurstige Wilde, der zum Kampf, zum Fest, wohl auch zum erotischen Abenteuer eilt. Auch Leichen hat man rot angestrichen, um ihnen die Farbe des sinnlichen Lebens zurückzugeben. Wo in den Mysterienbünden das Rot oder das verwandte Gelb vorkommt, kann man immer auf die Symbolik des Feuers, der Leidenschaft, der enthusiastischen Verzückung des durch Blut erneuerten Lebens, kurz auf eine teils sinnliche, teils geistige Erregung schließen. Daher auch die weite

Verbreitung der roten Farbe bei der Hochzeit. Die Braut muss etwas Rotes (flammeum, Faden) an sich tragen. Auch die spartanischen Krieger, ja auch Priester und Könige tragen die Blutfarbe, um ihr Bündnis mit den Lebensgeistern und ihre durch Opferung erkaufte Gotteskraft darzutun.

Die grüne Farbe ist die des lebendigen Wachstums in der Natur, die blaue ist die Farbe des Himmels und des den Himmel wiederspiegelnden Wassers. Beide sind also mit Naturgefühlen verknüpft und tragen daher einen weniger extremen Charakter als die bisher genannten. Dem Freimaurer ist die blaue Farbe die heiligste: in den Hochgraden treten allerdings andere Farben auf. Blau ist eine kalte Farbe, wie die Maler sagen, sie ruft den Eindruck des Leidenschaftslosen, Ablehnenden, Indifferenten hervor. Wenn sie sich mit Weiß verbindet, verstärkt sich dieser Charakter noch. Warum haben die Freimaurer gerade die blaue Farbe gewählt? Historisch lässt sich wenig Sicheres darüber ermitteln, zur psychologischen Begründung könnte man an den ausgesprochenen Zweck der Freimaurerei erinnern, nämlich die Leidenschaften zu mäßigen und beruhigend und ausgleichend zu wirken. Bekanntlich gilt sowohl im Christentum wie in der altgermanischen Religion das Blau als eine heilige Farbe. Wotan trägt einen blauen Mantel, ebenso die Jungfrau Maria, beide offenbar als Himmelsgottheiten. Auch Frau Holle und die guten elbischen Wesen sind blau gekleidet. In der deutschen Sprache zeigen noch heute einige Ausdrücke, dass blau gleichbedeutend mit heilig, festlich gebraucht wurde. So heißt der Montag, wenn man sich an diesem Tage der Arbeit fernhält, deshalb blauer Montag, weil er ursprünglich ein dem Mond (dem Bruder der Sonne, nach germanischer Mythologie) heiliger Feiertag war. Der Himmelskönigin folgend bevorzugen diejenigen christlichen Brüderschaften, Kongregationen usw., die sich hauptsächlich dem Marienkult widmen, die blaue Farbe. Auch die Farbe der Isis, die viele Züge mit der christlichen Maria gemein hat, war blau, wie denn auch Osiris als Himmelsherrscher blau dargestellt wird.

Warum haben die Freimaurer gerade die blaue Farbe gewählt?

Der sinnliche Eindruck der blauen Farbe kann natürlich durch die religiösen Vorstellungen und Gedankenverbindungen, die ein Bund oder Zeitalter an sie knüpft, stark verändert werden. Erweckt doch der Anblick des blauen Himmels oder des blauen Wasserspiegels sehr verschiedene Gefühle in uns, je nach dem, was wir mit Himmel und Wasser in Beziehung bringen und zu dem Anblick hinzudenken.

▲ *Die Anrede*

Neben der Charakteristik der Farben, gibt es die Namensgebung. Der Mysterienbund verleiht dem neuen Bruder einen Namen, um damit auszudrücken, dass der Mensch durch den Eintritt in die Gemeinschaft der Mysten, der Wissenden und wahrhaft Lebendigen in ein neues Dasein eintritt und ein neuer Mensch wird. Dieser Bundesname wird, wie wir sahen, in der Regel von dem Bundesgott, dem Stifter, dem Geist, dem Ideal der Gemeinschaft hergenommen, so entstehen zum Beispiel die Namen Mithridates (Mithra) und Isidoros (Isis). Diese Namen sind Eigennamen bestimmter Personen und kommen als solche in den antiken Mysterienbünden vor. Jedoch erhält der Mysteriennovize, der Täufling, der Ritter, der Mönch oder der Maurerbruder nicht bloß einen neuen persönlichen Rufnamen, der ihn im Bundesverkehr von den anderen Brüdern unterscheidet — im Freimaurerbund findet sich diese persönliche Namengebung nur in früheren Hochgraden — sondern er erhält auch einen allgemeinen Namen, der ihn als Bundesmitglied oder als Gradmitglied gegenüber den Profanen und den anderen Graden charakterisiert.

Dieser allgemeine Name kann ebenfalls von dem Stifter hergenommen werden (zum Beispiel Christ oder Christianer) oder von der Bundesidee (Freimaurer). Aber er kann auch auf das Bundeserlebnis selber hindeuten und den Betreffenden als einen Menschen charakterisieren, der dieses Erlebnis wirklich durchgemacht hat und es nun als sein Eigentum besitzt. Dann wird der Bundesname zum mystischen Titel, zur Bezeichnung der durch Einverleibung der geheimen Schätze des Bundes erlangten Würde.

Auf diese Titel und Würden sind wir schon mehrfach gestoßen, wir haben ihre genauere Betrachtung bisher verschoben, weil vorher die Lichtsymbolik erörtert werden musste, mit der sie häufig in Verbindung stehen. So nennen die Mitglieder mancher Mysterienbünde sich oder die Angehörigen ihrer höheren Grade etwa: die Erleuchteten, die Erlauchten, die Verklärten, die Leuchtenden, die Schauenden. Sie wollen damit ausdrücken, dass die so Bezeichneten das Lichtgebungs- und Lichtwerdungserlebnis durchgemacht haben. Andere betonen die mystische Reinigung und nennen sich die Reinen, die Heiligen, so zum Beispiel die alten Christen. Wieder andere suchen direkt den Wiedergeburtsvorgang oder eine Seite desselben in dem Titel zum Ausdruck zu bringen, zum Beispiel die Erweckten, die Erlösten (Freien), die Erwählten (Wortübersetzung von Häretiker), die an das Ziel Gelangten (Adepten), die Vollendeten. Am häufigsten sind wohl diejenigen Titel, die nur andeuten wollen, dass die Bundesangehörigen eine höhere Stufe erreicht haben als die Profanen und deshalb eine besondere Achtung verdienen, also die Titel: Die Würdigen, die Ehrwürdigen, die Hochwürdigen usw.

Dazu kommt ferner die Anrede Meister, die ebenfalls in den Mysterienbünden älterer und neuerer Zeit heimisch ist. Der Meister (Magister) ist ein Titel, der einen freundlichen oder feindlichen Wettbewerb mit dem Priester (Presbyter) ausdrückt. Er ist eigentlich der Lehrer, also der Wissende, der von seiner Erkenntnis mitteilt. Der Meister versammelt Schüler und Lehrlinge um sich, die er ebenfalls zu Meistern heranbilden will. Er hat es nicht, wie der Priester, mit Laien zu tun, die ewig im Laientum verharren sollen. So hat der Meistername, den Luther mit Recht bei der Übersetzung des Neuen Testaments verwendet hat, einen häretischen Beigeschmack bekommen. Die Gelehrtenbünde, besonders die Magier, Theosophen, Alchemisten, bedienten sich seiner (noch heute spricht man von Hexenmeistern), aber auch die Ritterorden, die Werkgenossenschaften, kurz alle, die es auf ein Können oder Wissen und dessen Übertragung an einen geschlossenen Kreis von Mitstrebenden abgesehen hatten.

Die Anreden und Ehrentitel in den Mysterienbünden verdienen deshalb unsere Aufmerksamkeit, weil sie symbolischen Charakter tragen und die Haupteigenschaft alles Symbolischen: eine außerordentliche Langlebigkeit und Zähigkeit zeigen. Immer wieder sind es dieselben Titel, die dem Forscher entgegentreten, und wenn ein neuer mysterienartiger Bund ins Leben tritt, so darf man sicher sein, dass er, auch ohne bewusst ein älteres Vorbild zu benutzen, auf ganz ähnliche Bezeichnungen verfallen wird. Die Freimaurer nennen einander ehrwürdige und geliebte Brüder, aber auch die alten Christen und wahrscheinlich auch die Mithrasanhänger nannten sich schon Fratres carissimi et conlegae honestissimi. Die freimaurerischen Anreden sind unversehrt in die verschiedenen Sprachen übergegangen, über den Grund ihrer Beibehaltung sind mancherlei Vermutungen aufgetaucht. In der Zeit der sogenannten Jesuitenriecherei galten sie als Hauptbeweis für die klerikale Herkunft des Freimaurerbundes. Von den Jesuiten sollte es herrühren, dass die Freimaurer ähnliche Anreden haben wie die konfessionellen Geistlichen. Aber das rührt ganz einfach daher, dass die Würdenbezeichnung der Geistlichen den Besitz eines ähnlichen Erlebnisses zum Ausdruck bringen will, wie es die Freimaurer für sich in Anspruch nehmen.

Der Meister versammelt Schüler und Lehrlinge um sich, die er ebenfalls zu Meistern heranbilden will.

Über die Titel- und Ordenssucht der Menschen wird viel geklagt und gespottet. Auch den Mysterienbünden hat man diese Schwäche oft mit Härte vorgeworfen und sich gewundert, dass ernste Männer so großen Wert auf bestimmte, nicht selten übertriebene, anmaßend klingende Anreden und auf allerhand Bänder, Sterne und sonstige Abzeichen legen können. Warum die Abzeichen und Kleider für heiliggehalten werden, haben wir früher zu erklären gesucht: Weil es Symbole und Bürgschaften für die Gaben und Heilsschätze des Bundes sind. Die Sterne und Sternchen zum Beispiel gehören dem Lichtkult an und deuten symbolisch auf die Erleuchtung hin, die den Dekorierten zuteilgeworden sind. Dasselbe gilt für die Titel. Auch sie bestätigen und beurkunden gleichsam, dass der also Angeredete wirklich in Besitz des Bundesgeheimnisses gelangt ist, dass er wirklich verändert, neugeboren, gereinigt, illuminiert, vollendet (teleios, katharos, sacratus, renatus) ist. Daher kommt die Weglassung oder Verweigerung der Bundesanrede einer Beleidigung gleich und wird ebenso empfunden, als würde dem Betreffenden das Ordenskleid ausgezogen und die Bundeszeichen weggenommen. Wer ihm den Namen entzieht, vernichtet seine höhere Existenz und reißt ihn los von dem Zusammenhang mit dem Gott oder dem Erlebnis, das sich in dem Namen ausdrückt.

Man muss sich hier an den früher erwähnten Glauben unserer Vorfahren erinnern, dass der Name eines Dinges zum Wesen des Dinges gehört und selber etwas Wesenhaftes ist. Das Wort (der Logos) trägt magische Kräfte in sich, und wer in den Besitz des Wortes gelangt ist, der hat auch die in dem Logos verborgenen Verwirklichungskräfte zu seinem Eigentum gemacht, das Wort ist zu einer substantiellen Eigenschaft von ihm geworden. Nur aus diesem Glauben an die Wesenhaftigkeit des Namens ist der Logoskult der Mysterienbünde zu verstehen.

Wie das Symbolwesen überhaupt, wird auch das symbolische Namens- und Abzeichenwesen bestehen bleiben, solange es echte Menschenverbrüderung geben wird.

Es bedarf nicht der Versicherung, dass der Wort-, Titel- und Abzeichenkult schwere Gefahren in sich birgt und innerhalb und außerhalb der Mysterienbünde zu betrübenden und lächerlichen Verirrungen Anlass gegeben hat. An die Stelle des Vervollkommnungsstrebens trat nur zu leicht ein unberechtigtes Mehrseinwollen, ja ein heuchlerisches Mehrscheinenwollen. Was eine erlebte Tatsache und ein inneres Gut ausdrücken sollte, wurde zur Maske hochmütiger Wünsche und würdeloser Eitelkeit. Jedoch darf uns der Umstand, dass mit Titeln und Zeichen Missbrauch getrieben werden kann und getrieben worden ist, nicht hindern, den guten Sinn und hohen Wert derselben ans Licht zu stellen. Wie das Symbolwesen überhaupt, wird auch das symbolische Namens- und Abzeichenwesen bestehen bleiben, solange es echte Menschenverbrüderung geben wird.

Viertes Kapitel

DIE VERBRÜDERUNG

Bruder und Vater

Unter den Anreden und Titeln, die in den Mysterienbünden üblich sind, gibt es einen, den wir am Ende des vorigen Kapitels nicht genannt haben, weil er eine ausführlichere Betrachtung erfordert. Das ist der Brudername, der allgemeinste und höchste Ehrentitel in jedem Mysterienbund. Dass der Neuaufgenommene zum Bruder wird und zeitlebens ein Bruder bleibt, kennzeichnet die Veränderung und Erneuerung, die er als Myste erfahren hat, noch weit treffender als die übrigen Mysteriennamen, die man ihm beilegt. Die Wiedergeburt, die Reinigung, Befreiung und Erleuchtung ist bedingt durch die Verbrüderung. In jedem Symbol und jeder Handlung der Mysterienbünde ist die Verbrüderung mit enthalten.

Der Brudername ist nicht erst, wie man gemeint hat, durch das Christentum in das Bundeswesen eingeführt worden. Er ist viel älter und gehört zum Wesen jeder religiösen Bundesschließung. Durch den Wiedergeburtsakt geht der Mensch eine mystische Blutsverwandtschaft mit den übrigen Wiedergeborenen ein, er wird Mitglied einer geistigen Familie und erwirbt den Anspruch auf die im natürlichen Familienverhältnis gebräuchliche Anrede.

Der Brudername ist nicht erst, wie man gemeint hat, durch das Christentum in das Bundeswesen eingeführt worden.

Wo Brüder und — im weiblichen oder gemischten Bund — Schwestern sind, erwartet man auch Eltern und Kinder zu finden. In der Tat ist der Vater- und Sohnname (Mutter- und Tochtername) in vielen Mysterienbünden heimisch. Nach

Anschauung unserer Vorfahren erzeugt der Unterricht, den ein Meister seinen Lehrlingen erteilt, ein echtes Sohnesverhältnis. Namentlich glaubte man, dass sich bei geistig-religiösem Unterricht, der sich in symbolischen Formen vollzog, ein mystisches Verwandschaftsband um Lehrer und Schüler schlinge. Daher wird im Bund vor allem der leitende Meister oder die Gesamtheit der leitenden Brüder mit dem Namen Vater angeredet. Im Mithraskult wurden die Mitglieder des höchsten Grades Patres genannt. Der erste unter ihnen hieß Pater Patrum oder Pater patratus, nach dem Vorbild eines römischen Priesteramtes. Im Isiskult hieß der Meister und Novizenleiter ebenfalls Pater, ähnlich die Vorsteher im griechischen Thiasos, ähnlich aber auch die römischen Senatoren. Der Vatername findet sich vielfach als Bezeichnung der politisch Führenden, der Ältesten innerhalb eines Volkes oder einer Gemeinde, er nähert sich also dem Presbyter (Priester) in der ursprünglichen Bedeutung des Wortes, woraus sich auch die reichliche Anwendung des Titels Pater in der katholischen Kirche und ihren Engbünden erklärt.

Der Freimaurerbund kennt die Anreden Vater und Sohn nicht. Warum hat er, der doch den Brudernamen heilighält, das Elternverhältnis in der Symbolik unterdrückt? Offenbar, um den Gleichheits- und Freiheitscharakter der neuen Brüderschaft möglichst zu betonen. Als die Freimaurerei entstand, war die Welt mit dem Rang- und Klassenwesen im religiösen und bürgerlichen Leben überreich versorgt. Von diesen Herrschaftsverhältnissen wollte man sich im Bund innerlich freimachen und den Segen der Gleichheit genießen. Aus diesem Grund wählte der Bund auch für die Gottheit nicht den Herrn- oder Vaternamen, sondern entnahm das Allsymbol der freimaurerischen Werkidee.

▲ *Der Unionsgedanke*

Der Bruder- und Vatername der Mysterienbünde hat, wie wir aus dem ersten Kapitel wissen, seine Wurzel in dem Wiedergeburtserlebnis. In gewisser Betrachtung vereinigt der Mensch, der die Wiedergeburt erfährt, in sich selber die Dreieinigkeit von Vater,

Mutter und Kind. Der schöpferische Lichtfunke lebt in ihm selbst, wie er selbst auch die lichtbedürftige Höhle und der in der Höhle geborene Logos ist. Jedoch haben sich die Mysterienbünde mit dieser rein subjektiven Erklärung niemals zufriedengegeben, sie haben den Vorgang als eine Wechselwirkung von Objekt und Subjekt, von Einzelmensch und Gemeinschaft aufgefasst. Die Wiedergeburt ist ihnen zugleich eine Bundesschließung, eine mystische Unio.

Diese Unio kann nun, wie wir schon im ersten Kapitel angedeutet haben, auf verschiedene Weise symbolisiert werden. Als Vater gilt meist ein einzelner Vertreter des Bundes, entweder der Meister oder der Pate. Als Mutter gilt der Bund im ganzen und der Raum, in welchem die Aufnahme stattfindet oder vorbereitet wird: also die Krypta oder Loge oder finstere Kammer oder auch der Sarg, in welchen der Novize gebettet wird. Das ist die Geburtshütte, in welcher der Sohn zur Welt kommt. Der Sohn gleicht dem Vater und tritt symbolisch an seine Stelle. Es kommt darin zum Ausdruck, dass der Novize das Schicksal des Bundesheiligen, des Stifters und Urmeisters erleidet und als eine neue Inkarnation desselben gefeiert wird. Diese Gleichsetzung mit dem Lichtbringer des Bundes gilt natürlich auch für den die Aufnahme leitenden Meisterbruder. Der Meister stellt den Lichtgeist, den Sonnenhelden, den Befruchter, der den Bund gestiftet hat, in Person dar und stiftet ihn bei jeder Zusammenkunft von Osten her neu.

Schon daraus sieht man, dass der Unionsgedanke der Mysterienbünde in das Allgemeine und Kosmische übergreift. Der Mensch schließt, wenn er Bruder wird, den mystischen Blutbund nicht nur mit den Personen, die bei seiner Aufnahme zugegen und mittätig sind, auch nicht nur mit der Gesamtheit aller Bundesmitglieder. Der Bund reicht weiter, er umfasst alles, was lebt, alles, was ist. Hinter dem Meister, der die Verbrüderung vollzieht, steht ein größerer Meister, und über dem Bundestempel wölbt sich ein größerer, in das Ungemessene sich ausdehnender All-Tempel. Die Bünde drükken diesen Gedanken der kosmischen Unio mythologisch durch die Gleichsetzung ihres Bundesheros mit dem Weltschöpfer, mit dem

Allvater oder mindestens mit dessen Sohn, dem vollstreckenden Wort (Logos) aus. Bei den antiken Mysterienbünden ist es deutlich zu verfolgen, wie sich die mystischen Stifter oder Stammesväter der Bünde aus Lokal- (Natur) Dämonen oder Stammes- (Familien) Göttern zu allgemeinen Menschen- und Weltgottheiten entwickeln und die Neigung zeigen, alle übrigen Göttergestalten der Mittelmeerreligionen in sich aufzusaugen. In ähnlicher Weise tut sich in allen mysterienartigen Bestrebungen und Organisationen der christlichen Zeit bis hin zum Freimaurerbund der instinktive oder bewusste Wille kund, den von der Kirche begünstigten Polytheismus zu überwinden und den religiösen Einheitsgedanken der urchristlichen Zeit wieder zum Sieg zu führen. Jeder Mysterienbund lehrt das Erlebnis der Einheit Gottes und der Alleinheit. Dieses Erlebnis ist die notwendige Konsequenz des Verbrüderungserlebnisses, welches nur vollständig ist, wenn es ins Kosmische übergreift und der Verbrüderte dahin gelangt, die Musik der Sphären zu hören. Oder wie die Bünde das Empfinden des großen Weltzusammenhangs und seines ungeheuren Rhythmus sonst noch symbolisiert haben. Dieses Empfinden braucht nicht dogmatisiert zu werden, auch verträgt sich der Dualismus oder Pluralismus der Mysterienbünde sehr wohl mit ihm.

Hier möchte ich nur noch betonen, dass auch die Freimaurerei den Verbrüderungsvorgang meines Erachtens religiös, das heißt kosmisch fassen muss. Sie kann bei den Bundesbrüdern oder bei der Menschheit nicht haltmachen. Die freimaurerische Symbolik steht dem im Wege, auch wenn man den Namen Gottes gänzlich beiseitelässt und sich auf die Handlung als solche beschränkt. Jedoch stellt es die Freimaurerei dem Einzelnen völlig frei, wie er den Vorgang seinem Verstand und seiner Weltanschauung anpassen will. So kann er das im All wirkende Lebendige, dem er sich verbrüdert, als ein beständig sich Wandelndes und Entwickelndes denken. Bei jeder Wiedergeburt wird ja dieses Lebendige als ein Neues, Junges in oder aus dem Novizen geboren. Der Geist ist

Der Geist ist dem Mysterienbund nicht etwas Starres und Ruhendes, sondern etwas Bewegtes, das mit dem Bund wächst und sich verändert.

dem Mysterienbund nicht etwas Starres und Ruhendes, sondern etwas Bewegtes, das mit dem Bund wächst und sich verändert. Von einer Unio kann nur dann die Rede sein, wenn die beiden Teile, die sie eingehen, gegenseitig aufeinander einwirken und bis zu einem gewissen Grade einander gleichwertig sind. Freilich ist bei jeder Unio ein männliches und ein weibliches Element beteiligt, und das erstere ist mehr aktiv, das zweite mehr passiv. Aber es ist keineswegs ausgemacht, auf welcher Seite bei dem Verbindungserlebnis der männliche Teil zu suchen ist. Die Mysterienbünde sind darüber offenbar verschiedener Ansicht, die Freimaurerei neigt zweifellos dahin, die männliche Aktivität in der menschlichen Einzelpersönlichkeit, nicht in dem All-Leben zu suchen.

Das Eigentümlichste an dem Unionsgedanken der Mysterienbünde ist die Vereinigung des sexuellen Gedankens, das heißt der symbolischen Ausmalung des Unionsvorganges als eines Liebesaktes zwischen Mann und Weib, mit dem Geburtsgedanken, das heißt der Auffassung des Unionsgedankens als eines geistigen Geburtsaktes. Beides liegt physisch und menschlich allerdings nahe genug beieinander, aber es führt in der Symbolik zu wunderlichen Konsequenzen, weil dadurch, wie wir gesehen haben, der Mensch, an dem der Vorgang vollzogen wird, zugleich in der Rolle des Liebenden (bzw. der Geliebten) und in der Rolle des Kindes (bzw. des Vaters) erscheint. In Goethes Faust, dem vollkommensten Spiegelbild der neuzeitlichen Mysterienstimmungen, finden wir die Sehnsucht ausgedrückt, an den Brüsten der Natur zu liegen und als ein neugeborenes Kind aus dieser Lebens- und Liebesquelle Reinheit und Wahrheit zu trinken. Faust also will Kind sein, will an den Mutterbusen und in den Mutterleib zurückkehren, die Unio, nach der er so verzehrend sich sehnt, stellt sich ihm als Geburts- und Ernährungsvorgang dar. Zugleich aber fühlt sich Faust als brünstiger Liebhaber der Natur, er will, wie wir namentlich im zweiten Teil sehen, der Natur den Schleier abreißen, will sie als Mann und Herr umarmen und mit ihr das Kind Kultur zeugen. Auch die Vermählung mit Helena ist Unionssymbolik im höchsten Sinne.

In den antiken Mysterienbünden tritt uns dieser Unionsgedanke und die Doppelheit seiner Symbolik noch viel greifbarer, mitunter abstoßend greifbar entgegen. Teils wird die Unio als Zeugungs- und Geburtsakt, durch den der Novize als ein Kind zur Welt kommt, versinnlicht, teils als ein Liebesbund, in welchem er den Bräutigam oder die Braut macht. Kind Gottes zu sein und Braut Gottes — dies waren die verbreitetsten Ausdrücke für das Verlangen, das die Menschen jener Zeit erfüllte. Daher finden wir auch immer wieder jene uralte Unionsformel im Gebrauch, die das religiös-sexuelle Erlebnis am schönsten und einfachsten wiedergibt: Du bist ich, ich bin Du. Das Ich in dieser Formel ist der Mensch als Individuum, das Du ist alles, was außer von diesem Individuum ist. Dazu gehört zunächst der Bund und dessen Vertreter, dann aber die Gesamtheit aller Dinge oder der Geist aller Dinge. Zwischen Ich und Du wird die absolute Identität erklärt, die durch die Verbrüderungshandlungen des Bundes und durch das Aussprechen dieser magischen Formel vollzogen werden soll.

Das Geheimnis der Unio — das ganz besonders der Geheimhaltung zu bedürfen schien, weil jede öffentliche Erklärung und Beschreibung dieses Unaussprechbaren eine falsche und peinliche Vorstellung erwecken musste — wurde zum Gegenstand der meisten Mythen und Spekulationen der Mysterienbünde. Wir haben die Mythen von der Weltentstehung aus einem väterlichen und mütterlichen Wesen, die zusammen den Sohn zeugen, sowie von den weiteren Schicksalen dieses Sohnes, seinem Liebeskampf mit der Mutter, seiner Schöpfungstätigkeit, seinem Leiden, Sterben, Auferstehen schon früher erwähnt. Meist ist der Himmel oder das Licht der Vater. Er liegt in liebender Umarmung auf der Mutter Erde oder der Materie. Der Sohn ist das Leben des Kosmos, zumal das im Menschen verkörperte Leben, das an beiden Anteil hat, aber die Mutter erlösen, das heißt zu neuem, höherem Gebären befruchten will. Durch Tod und Wiedergeburt, das heißt

Du bist ich, ich bin Du. Das Ich in dieser Formel ist der Mensch als Individuum, das Du ist alles, was außer von diesem Individuum ist.

durch Rückkehr in den Schoß der Mutter, wird das Leben, also der aus Licht und Stoff zusammengesetzte Mensch, geistiger, lichtähnlicher, göttlicher. Darum liebt und bekämpft er zugleich die Mutter und deren Abbilder. Das alles sucht der Mysterienbund in seinen heiligen Handlungen symbolisch zu verwirklichen und so den allgemeinen Weltprozess zu fördern.

Der Novize, der Sohn der Witwe oder Jungfrau oder Hure, wie die Mutter bei manchen Gnostikern heißt, ist also zugleich Erzeuger und Erzeugnis. Als Erzeugnis des kosmischen Unionsvorganges ist es der Logos, der göttliche Urmensch. Als Erzeugnis der Bundesweihe und Bundesarbeit ist er der Homunculus, der künstliche Geistmensch, den die Geheimwissenschaftler einst aus der Retorte herauszudestillieren unternahmen. So ungereimt uns heute die Idee der künstlichen Menschenfabrikation vorkommen mag, so ist sie doch als Konsequenz des Mysterienglaubens und Mysterienstrebens von höchster Bedeutung. Das Ziel des ganzen Unionswesens, das uns hier beschäftigt, ist ja die Erschaffung eines höheren, geistigeren Menschentypus. Der Novize ist gleichsam der Stoff, aus dem dieser neue Menschentypus gebildet werden soll. Durch den Unionsvorgang bei der Aufnahme findet eine Umschmelzung und künstliche Neuschöpfung statt, dessen Ergebnis eben der Homunculus, der Geistmensch ist.

Wir können uns schwer eine Vorstellung davon machen, mit welcher Inbrunst und welchem naiven Glauben die früheren Menschengeschlechter an dem Gedanken der geistigen Zeugung, der künstlichen Befruchtung des Menschen durch geistige Fluida, durch dämonische oder göttliche Wesen hingen. Dieser Gedanke trieb mystische und wissenschaftliche, magische und religiöse Blüten in unendlicher Fülle. In jedem Menschen mit ungewöhnlichen Eigenschaften und Fähigkeiten witterte man ein künstlich gezeugtes, von Geistern oder Göttern abstammendes Zwitterwesen, dem man je nach Umständen Verehrung oder Abscheu entgegenbrachte. Nicht nur das Heidentum lebte dieses Glaubens, auch das Judentum und Christentum war von ihm erfüllt. Hier wirkte namentlich die Stelle der Genesis (6, 1-6), wo von den

Bene Elohim, den Geist- oder Gottsöhnen, die Rede ist, die sich Töchter der Menschen zu Weibern nahmen und mit ihnen gewaltige und in der Welt berühmte Geschöpfe zeugten. Diese Stelle, die zweifellos ein Nachhall des kosmischen Zeugungsmythus der Babylonier ist, gab bis in die Neuzeit hinein Anlass, allen möglichen Geister- und Zauberglauben, der sich auf die geschlechtliche Verbindung von Frauen oder Männern mit Geistwesen bezog, auf die Bibel zu gründen. Auch der Hexenwahn zog Nahrung daraus. Die Hexen sollten das Böse, das sie anrichteten, angeblich vermittels dämonischer Sprösslinge (Homunculi) bewirken, die sie mit dem Teufel gezeugt hatten. Ebenso glaubte man von den geheimen Zauberzirkeln gewisser Ketzer, zum Beispiel der Freimaurer, dass dort der Teufel in Person erscheine und unnatürliche Geschlechtsakte mit den Mitgliedern vornähme, wodurch sie zu Höllenkindern und gefährlichen Zwitterwesen gemacht würden.

Das ist das Kehrbild des heiligen Verwandlungs- und Zeugungsglaubens der Mysterienreligionen, der übrigens in der Lehre Nietzsches vom Übermenschen eine unerwartete Auferstehung erlebt hat.

▲ *Unionshandlung*

Uns kommt es vor allem auf die Handlungen an, durch die die Mysterienbünde dem Unionsgedanken symbolischen Ausdruck verleihen. Einige von diesen Handlungen haben wir schon erwähnt. Im weiteren Sinne gehören alle Wiedergeburtsriten dazu, besonders auch diejenigen, bei welchen ein Sarg, eine Lade, Truhe oder ein ähnlicher Behälter vorkommt, in welchen entweder der Novize selber oder männliche Symbole gelegt werden zur Vollziehung des geistigen Zeugungsaktes. Diese Behälter stellen also geradezu die Gebärmutter dar. Auch bei der Höhle im Berge darf man wohl an den weiblichen Schoß denken.

Da der zeugende Gott oder Geist nicht persönlich herbeizuschaffen ist, wenn man ihn auch durch Gebete und Beschwörungshandlungen zum Kommen einlädt, muss für ihn ein Stellvertreter vorhanden sein, sei es in Gestalt eines Menschen (des Meisters oder Paten) oder sei es in Gestalt eines leblosen Bildes, eines Zeugungssymbols, einer Schlange und dergleichen. In einem spätantiken Mysterienbund zog man dem Novizen tatsächlich eine Schlange durch den Schoß. Aus dem Isiskult erzählt Josephus eine Geschichte, aus der zu entnehmen ist, dass die aufzunehmenden Frauen mit dem Gott ein Brautlager begehen mussten und dass die Priester bei diesen Brautlagern in einer unter Umständen das symbolische Gebiet überschreitenden Weise die Rolle des Gottes übernahmen. Die Christen, die über die Unsittlichkeit heidnischer und gnostischer Bünde viel Entrüstetes mitzuteilen hatten, bedienten sich einer ähnlichen Symbolik. St. Hieronymus belehrt die Nonnen auf das genaueste, wie sie den Bräutigam Christus erwarten und das Beilager mit ihm halten sollten. Bei den Valentinianern wurde der Novize, wenn er sich in das Weihegemach zur Unionshandlung begab, aufgefordert, sich zu schmücken als eine Seele, die ihren Gatten erwartet und sich dem Samen des Lichtes zu öffnen, der auf ihn niederfallen werde.

ie Mysten leben in einer Hochzeitsstimmung, weil sie die Hochzeit zwischen Geist und Natur, zwischen Gott und Mensch, ja zwischen allen Gegensätzen im Universum zu begehen und zu erleben wünschen.

In den Bünden der Naturvölker finden wir orgiastische Tänze in phallischen Masken, von obszönen Gebärden und Liedern begleitet. Diese Akte tragen religiösen Charakter und geben unzweideutig dem Bestreben der Teilnehmer Ausdruck, sich mit der Gottheit oder dessen lebendigen oder bildlichen Stellvertretern im Liebesrausch zu einen. Reste dieses Rauschwesens sind in den meisten Mysterienbünden der Kulturvölker nachweisbar, ich erinnere nur an die ausgelassenen Umzüge bei den Lichtfesten der Bünde. Zum eleusinischen Herbstfest gehörte eine Prozession von Athen nach Eleusis, bei der ritualmäßig obszöne Dinge geübt wurden. Das ist der Niederschlag jenes überschwänglichen religiösen Unionsverlangens, das ein Hauptkennzeichen aller echten Bruderbünde ist. Die Mysten leben in einer Hochzeitsstimmung, weil sie die Hochzeit zwischen Geist und Natur, zwischen Gott und Mensch, ja zwischen allen Gegensätzen im Universum zu begehen und zu erleben wünschen.

In den meisten Fällen begnügten sich die Bünde damit, durch Handlungen oder Worte, die nähere oder fernere Beziehungen zum sexuellen Gebiet haben, auf den Liebesakt nur eben hinzudeuten. Den Geschlechtsakt selber vorzuführen war zu anstößig und brachtet die Gefahr mit sich, dass inmitten des geistig-symbolischen Vorgangs die Sinnlichkeit aufloderte und damit der Zweck der Handlung vereitelt wurde. So soll es in manchen Bünden zugegangen sein, zum Beispiel auch in der russischen Sekte der Chlüsten, die zwar von ihren Mitgliedern Keuschheit forderte, aber im Verlauf ihrer nächtlichen Gottesdienste Tänze in verdunkelten Räumen aufführte, die als Orgien geendet haben sollen. Dass diese Chlüstentänze in der dunklen Höhle eigentlich der Unio von Licht und Finsternis galten, erkennt wohl jeder.

▲ *Der Kuss*

Also die Bünde wählen andeutende Handlungen und umschreibende Worte. Da ist vor allem der Kuss zu nennen, eine Liebeshandlung, die von den Bruderbünden fast durchweg als Symbol der geschehenen oder erst zu vollziehenden Verbrüderung verwendet wird. Den Kuss finden wir auch als Anbetungshandlung und als medizinische Maßregel. Man küsst Götterbilder, Idole, Reliquien, heilige Geräte aller Art, namentlich auch die Bibel oder das Schwert, letztere besonders beim Schwur, der Schwur aber ist, wie wir noch sehen werden, eine der wichtigsten Verbrüderungshandlungen. Der leitende Meister oder Priester küsst den aufzunehmenden Novizen oder Täufling oder Firmling. Die Mitglieder religiöser Genossenschaften geben einander den Bruder- und Friedenskuss.

Die ursprüngliche Bedeutung der Kusssymbolik liegt auf der Hand. Durch den Kuss soll eine möglichst enge Verbindung, ein mystischer Austausch des Geistes oder eine Übertragung und Mitteilung des in den Mysterien herrschenden Geistes bewirkt werden. Der Hauch des Küssenden geht in den Mund, also in den Geburtsort des Wortes, des Logos, des Geküssten ein, und im Hauch (Pneuma) befindet sich nach altem Glauben die Seele. So fliegt nach älterer christlicher Vorstellung der heilige Geist in den Mund der Maria ein, und aus dem Munde gebiert sie dann den Logos. Das Tor des Hauches ist neben dem Mund auch die Nase. Daher der Nasengruss bei manchen Völkern. Auch bläst Gott dem ersten Menschen die Seele in die Nase ein. An die Stelle des rituellen Kusses tritt daher vielfach ein Anhauchen oder Anblasen. Da man nun Gottes Hauch gewöhnlich im Wind verkörpert fand, wurden auch die Winde heiliggehalten.

Durch den Kuss soll eine möglichst enge Verbindung, ein mystischer Austausch des Geistes oder eine Übertragung und Mitteilung des in den Mysterien herrschenden Geistes bewirkt werden.

Weitere Beispiele für den Ritus des Küssens oder Anhauchens in den Mysterienbünden brauche ich wohl kaum anzuführen. Dagegen lässt es sich nicht umgehen, mit einem Wort noch der unanständigen Küsse zu gedenken, die angeblich bei der geheimen Aufnahme in den Tempelherrenorden vorgeschrieben waren. Viele Tempelherren haben in ihren erzwungenen Geständnissen ausgesagt, dass sie bei der Aufnahme den Meister auf den Nabel, oder Rücken, oder After hätten küssen müssen. Ob diese Angaben, wie die meisten Zeitgenossen glaubten, der Wahrheit entsprechen, lässt sich nicht mit Bestimmtheit ausmachen, wir fragen hier nur, ob ihre Wahrheit denkbar und möglich ist. Dabei fällt uns zunächst ein, dass die Hexen bei der Teufelsverbrüderung in ähnlicher Weise den Satan geküsst haben sollen, dass ferner auch die Freimaurer nach Meinung einiger böswilliger Phantasten eine derartige unanständige Zeremonie ausüben sollen, sei es nun, dass auf diesen Kuss der Meister oder der in Tiergestalt anwesende Teufel Anspruch erhebt. Oder dass endlich in dem sogenannten Mopsorden – einer anscheinend harmlosen Karikatur des Freimaurerbundes, die sich im 18. Jahrhundert in der guten Gesellschaft einer großen Beliebtheit erfreute – der Aufnahmekandidat genötigt worden sein soll, mit verbundenen Augen das Hinterteil eines aus Wachs, Tuch oder dgl. hergestellten Mopses zu küssen. An letzterer Angabe haben wir, soviel ich sehe, keinen Grund zu zweifeln, so dass eine scherzhafte Anwendung des unanständigen Kussritus erwiesen wäre.

Ist es denkbar, dass eine solche Zeremonie — ob der Meister oder ein Tier oder Idol den Kuss erhält, macht für den Sinn der Symbolik keinen erheblichen Unterschied — in einem ernsthaften Mysterienbund jemals bestanden haben kann, und was mag dieselbe, da wir die Frage bejahen müssen, ursprünglich bedeutet haben? Neuere Historiker des Tempelherrenordens haben diese Küsse als eine symbolische Unterwerfungshandlung erklärt. Um den absoluten Gehorsam des Novizen auf die Probe zu stellen, habe man ihn zu dieser unangenehmsten und verächtlichsten Handlung genötigt. Aber diese Erklärung ist unzureichend. Ethnologische Parallelen machen es vielmehr zweifellos, dass auch der Afterkuss ursprünglich Unionsbedeutung hatte. Nach primitivem Glauben befindet sich nämlich die geheime übertragbare Kraft geistesmächtiger Menschen nicht bloß im Hauch und im Blut, sondern auch in den Ausscheidungen (Speichel, Same, Harn, Kot). Darum ist des Heilands Speichel ein nicht minder kostbares Gut als sein Blut, darum gehören die menschlichen Sekrete und Exkrete zum uralten religiösen Heilmittelschatz, darum glaubten manche Alchemisten im Kot oder Urin die Prima materia gefunden zu haben, aus der man den Stein der Weisen, also die heilige allerlösende Vergottungskraft herausdestillieren könne. Darum muss bei den Weihehandlungen primitiver Völker der in den Verband der Männer aufzunehmende Jüngling den Urin des Häuptlings trinken, und darum kann sehr wohl in einem Mysterienbund, der rohe Bräuche bevorzugt, der Kuss auf den After im Sinne der symbolischen Empfangnahme des Bundesgeistes zu den Aufnahmeriten gehört haben. Man liebte im Mittelalter einen gewissen abergläubischen Zynismus.

Man liebte im Mittelalter einen gewissen abergläubischen Zynismus.

Diese Deutung schließt natürlich nicht aus, dass der genannte Brauch zugleich eine Gehorsamsprobe gewesen sein kann. Ich halte aber den magisch-sexuellen Sinn für ursprünglicher und symbolisch bedeutsamer.

Ein weiterer, die Unio andeutender Brauch der Mysterienbünde ist die Blutmischung. Wenn der Geist im Blut steckt, kann man sich einen anderen Geist nicht besser einverleiben als dadurch, dass man dessen Blut in den eigenen Körper leitet. Der gegenseitige Austausch des ganzen Wesens, der bei der Verbrüderung erstrebt wird, kommt daher aufs treffendste darin zum Ausdruck, dass die Beteiligten etwa ihr Blut in ein gemeinsames Gefäß rinnen lassen und daraus trinken. Wenn der Nachdruck bei der Verbrüderung auf die Vereinigung mit Gott gelegt wird, so streichen die Beteiligten ihr Blut an das Götterbild, besprengen damit den Altar oder dergleichen.

Diese Blutzeremonien verschmelzen leicht mit dem heiligen Blutmahl, bei welchem der im Blut befindliche Gottesgeist oder Bundesgeist gemeinsam verzehrt wird. Für den Gott oder auch für die bundesbedürftigen Menschen tritt dann meist ein Opfertier oder ein Pflanzensaft ein.

Die Blutmischung verschmilzt auch oft mit der im zweiten Kapitel besprochenen Besieglung und Tätowierung. Die beim Blutlassen hervorgebrachte Wunde erhält dann bestimmte rituelle Formen und gilt als Bundeszeichen. So ist der Gezeichnete deutlich als Verbrüderter erkennbar. Er ist nun ein Glied und Stück des Bundes, denn das Gottesmal, das er in seiner Haut trägt und das sich mit seinem Blut gemischt hat, ist ja die Bundesmarke. Im Altertum zeichnete man auf diese Art die Heeresrekruten und die Sklaven, ebenso die Mitglieder derjenigen Mysterienbünde, die sich ausdrücklich als Sklaven und Soldaten Gottes bezeichneten. Das Stirnmal der Milites im Mithraskult erwähnten wir schon. In einer gnostischen Sekte brannte man das Symbol auf das Ohrläppchen.

Die beim Blutlassen hervorgebrachte Wunde erhält dann bestimmte rituelle Formen und gilt als Bundeszeichen.

Auch die Male, die nur lose auf die Haut gezeichnet werden oder am Finger, am Hals, am Kleid getragen werden, deuten die innige Bundesangehörigkeit oder Dienstbarkeit des Trägers an, sie weisen auf eine geistige Blutmischung und Einverleibung hin. Mit diesen Abzeichen geht gleichsam die Kraft und die Seele des Bundes auf den Träger über. Der Geist der Verbrüderung hat nun in ihm seine Wohnung aufgeschlagen, der Bund ist besiegelt. So ist die Signierung des Täuflings durch ein mit dem angefeuchteten Finger auf die Stirn gezeichnetes Kreuz zu verstehen, so auch die Stigmatisierung der Heiligen und Päpste.

Hier ist auch an den Austausch der Ringe bei der Eheschließung zu erinnern. Auch die Bundesaufnahme ist eine Eheschließung, bei der die Ringe gewechselt werden. Der Aufzunehmende legt seine Metalle ab, das heißt er weiht seine bisherigen Götter und Besitztümer dem Bund und Bundesgeiste und empfängt dafür dessen geistige Reichtümer und Abzeichen. So wird sein Ich zum Du und das Du zum Ich.

Der Schlag

Es gibt noch andere körperliche Berührungen, die bei der Mysterienweihe als Stellvertretung und symbolischer Ausdruck der Unio dienen. Vor allem ist da die eigentümliche Zeremonie des Schlagens zu erwähnen. Der Novize wird von den Brüdern oder dem Meister geschlagen. Warum? – um ihm Schmerz zuzufügen und seine Standhaftigkeit zu erproben? Das mag oft genug als Grund angegeben werden, ist aber nicht der einzige und nicht der tiefste Grund. Diesen finden wir, wenn wir fragen, womit der Aufnahmekandidat geschlagen wird. Mit einem heiligen Gegenstand, einem Bundessymbol. Durch die Berührung mit diesem Gegenstand (Schwert, grünes Reis, Riemen usw.) findet die Einswerdung mit dem Bund, die Besitzergreifung des neuen Mitgliedes durch den Bundesgeist statt. In diesem Sinne ist der Ritterschlag und der Lehrlingsschlag zu verstehen, wahrscheinlich auch die Geißelung der spartanischen Epheben. Die spartanische Herrenkaste bildete ebenso wie das mittelalterliche Rittertum und die bürgerliche Zunft und Gilde einen mysterienartigen Verband mit ausgeprägten Unionsriten.

Wie die Religionsgeschichte festgestellt hat, ist das Schlagwerkzeug bei dem Weiheakt zugleich ein männliches Befruchtungssymbol, eine Lebensrute. Der Schlag ist gleichsam eine sinnbildliche

Wie die Religionsgeschichte festgestellt hat, ist das Schlagwerkzeug bei dem Weiheakt zugleich ein männliches Befruchtungssymbol, eine Lebensrute.

Zeugungshandlung. Diese Deutung stützt sich namentlich auf den altdeutschen Brauch der Osterrute, mit der man vornehmlich Frauen in der Gegend der Geschlechtsteile schlug, um sie mit dem Lebensgrün zu befruchten. Auch deutet der orientalische Brauch der Beschneidung darauf hin. Die Beschneidung wurde ursprünglich mit den geschlechtsreifen Jünglingen, die in den religiös-kriegerischen Männerverband eintraten, vorgenommen, und zwar mit einem altertümlichen heiligen Messer. Sie hatte den ausgesprochenen Sinn einer Bundesschließung mit dem durch das Werkzeug symbolisierten Bundesgeist. Eine nähere Ausführung über alle diese eng zusammenhängenden religiös-sexuellen Bräuche muss ich mir hier leider versagen.

▲ *Handauflegung und Handreichung*

Wir kommen zur Handauflegung. Es liegt nahe, dass man den Bundesgeist direkt von Mensch zu Mensch leiten will, wie das schon beim Kuss, bei der rituellen Umarmung und beim Handschlag — der Handwerksmeister schlug den Lehrling mit der Hand frei — geschieht. Daher legt der Vertreter des Bundes dem Aufzunehmenden seine Hand auf den Kopf, auf die Schulter, auf die Hand, auf das Herz. Der Ritus der Handauflegung ist weit verbreitet. Er findet sich fast in allen religiösen Gemeinschaften, zumal werden die Lehrer oder Priester der Gemeinde gern durch die Handauflegung zu ihrem Amt geweiht, aber auch bei der Taufe, Konfirmation, Trauung, bei jeder Erteilung des geistigen Segens hat die Handauflegung ihre Stelle. Sie hat hier keinen anderen Sinn als bei der Mysterienweihe. Immer teilt der Handauflegende seinen Geist oder vielmehr den Bundesgeist, den er vertritt, den anderen mit. Diese Überleitung kann als eine zauberhafte, körperlich wirkende aufgefasst werden. Dann ist sie ein magisch-medizinischer Akt, dem gewöhnlich ein beschwörendes Gebet zugesellt wird, oder eine rein symbolische Aufnahmehandlung.

Immer teilt der Handauflegende seinen Geist oder vielmehr den Bundesgeist, den er vertritt, den anderen mit.

Einst war alle Welt überzeugt, dass die geistig auserwählten Menschen körperlich besessen und von irgendwelchen göttlichen oder dämonischen Wesen buchstäblich erfüllt oder eingenommen seien. Durch einen besonderen Akt hatte der Geist von ihnen Besitz ergriffen und sie zu seiner Wohnung ausersehen. Man erinnere sich etwa an die Taufe Christi, wo der Geist in Gestalt einer Taube auf ihn herabkommt. Von dem so gewonnenen Geist kann dann der Geistträger auf andere Menschen, aber auch auf andere Gegenstände durch Handauflegen übertragen. Christus übertrug den Geist auf Kranke und Tote, besonders auf die Apostel, die ihrerseits den Geist durch Handauflegen an die Vorsteher oder Lehrer der christlichen Gemeinden angeblich weitergaben, was sich von Generation zu Generation forterbte, so dass auch heute noch die Priester (und in den Sekten die bevollmächtigten Prediger) den durch Handauflegung vererbten Geist Christi in sich tragen.

Bei der Handauflegung tritt, wie man sieht, das Verhältnis zu den Brüdern stark zurück. Der Segen kommt von oben und verbindet den Gesegneten in erster Linie mit der segnenden Gottheit, als deren Abgesandter (Apostel) er vor der lauschenden Gemeinde erscheint. Viel schöner wird die Verbrüderung und die gemeinsame Geisterfülltheit der wahrhaft Verbrüderten durch den Ritus der Handreichung zum Ausdruck gebracht. Die Handauflegung ist einseitig, die Handreichung gegenseitig. Selbst wenn der Stellvertreter des Bundes dem Novizen die Hand reicht und ihn dadurch verpflichtet und gleichsam adoptiert, wird doch der Handschlag von dem Novizen zurückgegeben, also seine Reaktion und selbsttätige Mitwirkung herausgefordert. Diese Gegenseitigkeit zeigt sich noch deutlicher bei der gemeinsamen Handreichung, die die Freimaurer als Kette bezeichnen. Die Kette ist eine für die Freimaurerei überaus charakteristische Verbrüderungshandlung. Durch die Kette wird die Gleichheit der Brüder betont und die Segnung durch einen berufsmäßigen Vermittler überflüssig gemacht. Der Bund, der die Kette zum Wahrzeichen wählt, proklamiert damit das allgemeine Priestertum und protestiert gegen die Geistübertra-

Durch die Kette wird die Gleichheit der Brüder betont und die Segnung durch einen berufsmäßigen Vermittler überflüssig gemacht.

gung auf und durch bevorrechtete Einzelpersonen. Damit wird eigentlich erst eine Verbrüderung im tiefsten Sinne des Wortes ermöglicht. Ohne die Gleichheit vor Gott ist die Verbrüderung unvollständig, ebenso wie ohne Freiheit und Toleranz. Die Standesunterschiede und jegliche Vorrechte, außer den rein menschlichen, müssen schwinden. Nur die Stufen der Bundesleiter bestehen zu Recht, und sie zu ersteigen, muss jeder, ob Sklave, ob König, ob Laie, ob Priester, das gleiche Recht haben. Diese Grundsätze prägen sich in der Bevorzugung der Handreichung vor der Handauflegung aus.

Über den Gebrauch der Kette in anderen Mysterienbünden haben wir nur spärliche Nachrichten. Dass er in der urchristlichen Zeit bestand, scheint der berühmte Tanzhymnus in den Johannisakten zu bezeugen. Nach dieser apokryphen Apostelgeschichte versammelte Jesus vor der Gefangennahme noch einmal seine Jünger, befahl ihnen einen Kreis zu schließen und einander die Hände zu reichen, trat selber in die Mitte und sang mit ihnen ein tiefsinniges Mysterienlied, während sie sich anscheinend im Reigen herumbewegten. Hier ist daran zu erinnern, dass vor Zeiten die englischen Freimaurer, wenn sie in der Kette standen, gemeinsam in die Höhe sprangen, welches sie Pfähle rammen nennen, wie ein Bericht sich ausdrückt. Die Kette stellte also einst auch bei den Freimaurern ursprünglich eine Art Reigen dar und brachte das durch die Verbrüderung erzeugte Freudengefühl in gemeinsamen Tanzbewegungen zum Ausdruck. In dem Mysterienlied der Johannisakten fordert Jesus ausdrücklich zum Tanz auf und lädt die Himmelsmächte, ja das ganze All zum Mittanzen ein. Man erkennt daraus den Zusammenhang der Kettenbildung mit dem Lichtkult. Die Tanzkette schlingt sich, um die Gestirne, ist selber ein Abbild des Sternenreigens und bringt den allgewaltigen Rhythmus des kosmischen Geschehens mit der Liebesfeier des heiligen Bruderkreises in eine geheimnisvolle Verbindung. Das ist wiederum ein Beispiel für die merkwürdigen und tiefversteckten Zusammenhänge, in denen scheinbar sehr einfache und naheliegende Gemeinschaftsriten neuerer Vereine mit dem Mysterienwesen und Mysterienglauben des Altertums stehen. Dass die freimaurerische Kette einen magischen

Charakter trägt, weiß jeder Freimaurer. Der Lichtfunke durcheilt sie, der Geist schmiedet die Glieder unlöslich aneinander. Die Kette vermittelt dem Freimaurer das Unionserlebnis mit weit größerer Kraft und Klarheit als alle übrigen Gemeinschaftshandlungen. Das rührt unter anderem: davon her, dass die Kette ein Ring, ein Zirkel ist, und daher als Sinnbild der Ewigkeit wirkt.

▲ *Verpflichtung*

Der Kuss, der Schlag, die Handreichung bilden meist einen Teil der Verpflichtung. Der neue Bruder muss ein Gelübde ablegen. Diese Gelübdeablegung ist selber eine Verbrüderungshandlung. Die zugrundeliegende Vorstellung ist die, dass auf den Novizen, indem er sich dem Bund angelobt, der Bundesgeist übergeht und ein geistiger Unionsakt stattfindet. Daher wird die Verpflichtung verknüpft mit einer Erklärung der Bundesgrundsätze, mit einer Anrufung des Bundesheiligen oder dergleichen. Das Buch liegt auf dem Altar. Der Novize muss es küssen oder anfassen oder eine Vorlesung daraus anhören. An Stelle des Buches kann auch ein Götterbild, ein Symbol, ein Schwert, ein Maurerwerkzeug usw. stehen. Zwischen diesem Buch oder Symbol und dem Menschen, der den Treueid leistet, vollzieht sich während des Gelübdes eine Vereinigung.

Die Kette vermittelt dem Freimaurer das Unionserlebnis mit weit größerer Kraft und Klarheit als alle übrigen Gemeinschaftshandlungen.

So gehört vielfach die Vorlesung aus dem Buch und eine Art Unterricht des Novizen unmittelbar zur Weihehandlung. Das könnte unberechtigt erscheinen, da die gründliche Unterweisung in den Gesetzen, Pflichten und Zeichen des Bundes längere Zeit erfordert und nichts Feierliches an sich hat. Allein die Vergangenheit dachte anders darüber. Die Mysterienbünde haben stets die Unterweisung als einen Teil der Verbrüderungshandlungen aufgefasst und das scheinbar Nüchterne der Pflichtenlehre durch den Vortrag oder andere Umstände, zum Beispiel durch bildliche Darstellungen, zu überwinden gesucht. Besonders hat es sich die Kabbala, deren Mysteriencharakter außer Zweifel steht, angelegen sein lassen, die Gesetzgebung und den Gesetzesunterricht als etwas durchaus Geheimnisvolles hinzustellen und die Erlebnisse des Volkes Israel am Sinai, die als Vorbild dienten, zu einer regelrechten Mysterienweihe mit Feuertaufe, Wiedergeburt und Verbrüderungsschwur auszugestalten. In der Tat ist ja die Gesetzesgebung auf dem Sinai der mystische Geburts- und Bundesakt desjenigen Volkes, das mit seinen Einrichtungen und Schicksalen für die Mysteriensymbolik des europäischen Kulturkreises überaus wichtig geworden ist.

Das heilige Mahl heißt mit Recht Kommunions- oder Brudermahl.

▲ *Das Mahl*

Zu den genannten Verbrüderungshandlungen gesellt sich ferner das gemeinsame Mahl. Das heilige Mahl heißt mit Recht Kommunions- oder Brudermahl. Es ist in manchen Mysterienbünden zum Brennpunkt und Höhepunkt des gesamten Bundeslebens geworden. Was wird bei dem Mahl verzehrt? Dem ursprünglichen Sinne nach der Bundesgeist selber oder ein den ganzen Bund vertretendes Bundesmitglied. Wer nimmt das Mahl ein? Wiederum der Bundesgeist oder der Bund. Das sind Widersprüche, die sich nur dem Geweihten auflösen, der das große Geheimnis der Wiedergeburt und mystischen Unio erlebt hat. Das Mahl ist eine Opferhandlung. Der Bundesgeist, nach dessen Einverleibung die Mysten verlangen, ist das Opfertier, sein heiliges Fleisch und Blut genießen sie. Aber auch der Novize ist das Opfertier: gefesselt und geschmückt wird es dem Bundesgeist dargebracht, wird von ihm getötet und in seiner Vertretung von den Mysten verzehrt, das heißt von der Bundeshöhle gleichsam verschlungen, um dann zu neuem geistigen Leben aus der Höhle wieder hervorzugehen. Man sieht, wie hier das sexuelle Bild mit dem Bild der Nahrungsaufnahme verschmilzt, die Befruchtung durch den Mund ist das vermittelnde Bild.

Die Gottesopferung in Verbindung mit dem kannibalischen Brudermahl ist ein viel erörtertes Kapitel der allgemeinen Religionsgeschichte. Wir können hier das überreiche Tatsachenmaterial nicht anführen und begnügen uns mit der Feststellung, dass wiederum die

Mysterienbünde am meisten dazu beigetragen haben, dass diese religiöse Uridee erhalten, vergeistigt und unter die höchsten Formen der menschlichen Unionssymbolik eingereiht worden ist.

In den primitiven Religionen gipfeln die Bundesfeste meist in einem Schmaus und Gelage, verbunden mit Tanz und Musik. Das war auch bei den Germanen der Fall. Als das Christentum eindrang, fassten die neu bekehrten Germanenvölker die Eucharistie als eine Art Bundesmahlzeit auf und feierten sie in der Weise ihrer bisherigen Gelage. Das war nur möglich, wenn eine innere Verwandschaft vorlag. Überdies war ja das christliche Abendmahl in den ersten Zeiten eine regelrechte sättigende Mahlzeit der Gemeinde gewesen, nicht ein nur andeutender Ritus wie heute*. Daher fanden sich auch die Heiden und Juden der Mittelmeerländer, die an religiöse Opfermahlzeiten gewöhnt waren und die ursprüngliche Bedeutung dieser rituellen Festhandlungen noch nicht vergessen hatten, ohne Schwierigkeit in die christliche Sitte hinein.

Im fränkischen Reich wandte sich im Jahre 852 eine oberhirtliche Verordnung gegen das heidnische und anstößige Treiben bei diesen Opfergelagen und verbot vor allem den Geistlichen die Zugehörigkeit zu den Bünden, die solche Feste veranstalteten. Nur jene Bünde (Gilden, geldoniae, Brüderschaften, confratriae) sollten erlaubt sein, die sich mit Darbringung von Kerzen und anderen Opfern, ferner mit gemeinsamen Gebeten, Totenfeiern, Almosenspenden abgäben. Nach Verrichtung der gottesdienstlichen Handlungen sollten diejenigen, die es verlangten, wohl das geweihte Brot von dem Priester empfangen, auch einen Trunk dazu, aber nicht mehr. Diese Verordnung zeigt, dass die Brüderschaften geneigt waren, an die gottesdienstlichen Zusammenkünfte ein festliches und ausgelassenes Bundesmahl anzuschließen und in diesem Mahl eine Art Eucharistie, eine rituelle Opferhandlung zu erblicken. Trotz der geistlichen Verbote blieb es bei diesen Feiern. Die mittelalterlichen Genossenschaften haben fast

* *Eucharistie und Agape war bei den Urchristen offenbar ein und dasselbe. Die Scheidung vollzog sich erst allmählich.*

stets mit ihren Bundesfesten auch gemeinsame Mahlzeiten verknüpft und haben auch das Bewusstsein nicht ganz verloren, dass diese Mahlzeiten, bei aller Ausgelassenheit, eigentlich einen tieferen Sinn hätten. So wird uns von einigen Bruderschaften Englands überliefert, dass sich die Mitglieder an den drei kirchlichen Hauptfesten zu einem Mahl vereinigten, bei welchem Messen gelesen und Psalmen gesungen wurden. Da tritt der religiöse Charakter des Mahles noch deutlich hervor. Freilich hatte die Kirche inzwischen so viel erreicht, dass der Zusammenhang mit der Eucharistie nicht mehr erkannt wurde. Das Sakramentale war dem Mahl verloren gegangen, es war ein Convivium froher Menschen geworden, die sich ihres treuen Zusammenhaltens versicherten, nicht mehr ein schauerlich-seliges Gottessen und Gottrinken.

So ist es auch in der Freimaurerei. Jedoch ist bemerkenswert, dass die ersten englischen Freimaurer nicht, wie die heutigen, das Bundesmahl von der rituellen Logenfeier zeitlich und örtlich trennten, sondern beides ineinander schoben. Sie saßen — ob immer, wissen wir nicht — bei der Logenfeier an einem Tisch und sprachten in gewissen Abschnitten die rituellen Gesundheiten aus, die man heute an die Tafelloge verweist. Also wurde während der Feier getrunken. Dass die heiligen Mahlzeiten der Mysterienbünde der Verbrüderung dienen und symbolischen Sinn haben, geht schon daraus hervor, dass sie in geschlossenem Kreis stattfinden und kein Fremder teilnehmen oder auch nur zuschauen darf. Auch bei der freimaurerischen Tafelloge ist es so. Der fremde Teilnehmer würde die geheimnisvolle Einigung, die sich durch das Mahl vollzieht, unmöglich machen, er würde den magischen Ring zerreißen. Oder er würde durch den Mitgenuss zum Bruder werden und fortan den Bundesbrüdern als der Ihrige gelten müssen. So waren es hauptsächlich die geschlossenen Bundesmahlzeiten, um deretwillen man die alten Christengemeinden als Mysterienbünde (Thiasoi) bezeichnete. Dem Heiden Lukian erscheint es selbstverständlich, dass das Christentum eine neue Art Geheimkult (Telete) ist. Auch die jüdischen Gemeinden, die sich in allen Teilen des römischen Reiches befanden, wurden von den heidnischen Zeitgenossen für Mysterienvereine gehalten, hauptsächlich wegen der Speiseregeln, durch die die Juden ausschließlich auf die Tischgemeinschaft mit ihren Glaubensbrüdern beschränkt wurden. Dazu kamen freilich noch andere Mysterieneigenschaften der Juden: die Unbetretbarkeit des Tempels in Jerusalem*, die rituellen Waschungen, die Sabbatheiligung, die Beschneidung. Die jüdische Sekte der Essäer feierte überdies ein regelrechtes sakramentales Bundesmahl.

Der Genuss des Blutes bei dem heiligen Mahl erinnert uns an die oben erwähnten Blutmischungsriten. Das Trinken des Blutes bedeutet nichts anderes als das äußere Bestreichen oder Besprengen mit dem Blut. So ist zum Beispiel der Brauch bei der jüdischen Priesterweihe, dass das Blut des Opfertieres nicht wie sonst an den Altar oder gegen das Volk gesprengt wurde, sondern dem Priesterkandidaten an das rechte Ohrläppchen, den rechten Daumen und die rechte Fußzehe gestrichen wurde, eine dem Blutgenuss gleichwertige Verbrüderungshandlung. Auch gehört die Verwendung des Blutes bei den berühmten Teufelspakten hierher. Wer mit seinem eigenen Blut unterzeichnet, schließt in doppeltem Sinn eine Blutsbrüderschaft mit dem Kontrahenten.

Die Mysterienbünde setzen, wenn sie den Ritus des Essens und Trinkens nicht aufgeben wollen, häufig Vegetabilien an die Stelle des Blutes und Fleisches, besonders Rauschstoffe in flüssigem oder festem Zustand. Die Mysteriengötter standen ja mit den Rauschpflanzen in engem Zusammenhang, Wein, Soma (Haoma), aber auch die Getreidearten, aus denen sich alkoholische Getränke brauen lassen, und die Bäume, die Rauschsäfte hergaben, waren den Mysteriengöttern heilig und ursprünglich ihnen wesensgleich. Die Rauschmittel haben bei der Entstehung der menschlichen Bruderbünde eine ausschlaggebende, viel zu wenig gewürdigte Rolle gespielt, ihre erregende, Lust und Freude schaffende Wirkung wurde als Wirkung des Geistes emp-

* *Das Betreten des inneren Tempelhofes war allen Nichtjuden bei Todesstrafe verboten.*

funden und in eine Reihe mit den Wirkungen der übrigen magisch-symbolischen Vergöttlichungs- und Verbrüderungsmittel gesetzt. Die ganze primitive Menschheit ist von der Heiligkeit oder Geistigkeit der anregenden oder berauschenden Genussmittel überzeugt, welche unter größten Mühen gesucht, gewonnen, erobert, erkämpft und auf verschiedene Weise dem Organismus einverleibt werden. Ihre Gewinnung, Bereitung und gemeinsame Verzehrung war eine Hauptarbeit manch geschlossener Bünde, die sich als Diener und Brüder des getöteten, verfaulten und zu neuem geistigeren Dasein erwachten Pflanzengenius fühlten und als solche sich der Gottheit und ihren Geheimnissen besonders nahe wähnten. Das Werden des Rauschgeistes war eines der ältesten und treffendsten Bilder für das Verwandlungserlebnis der Mysterienbünde. Dass die Bünde den Jahreszeiten soviel Aufmerksamkeit schenken und insbesondere im Sommer oder im Herbst ihre Hauptfeste feiern, hängt ebenfalls mit dem Rauschgott zusammen, der zu dieser Zeit geboren wird und dessen Tod und Leben die Bünde festlich begehen und magisch befördern wollen. Die wilden oder ernsten Umzüge gelten ihm, er wird zur Verkörperung des Lichtes und alles höheren Seins. Sein Blut ist Geist und macht zum Geist.

Zu den Gott enthaltenden Stoffen, die von den Bünden als heilige Symbole und Attribute ihrer brüderlichen Gemeinsamkeit verehrt und in irgendeiner Form bei den Zusammenkünften einverleibt wurden, gehörten nicht bloß die Rauschgifte im engeren Sinne, sondern auch die Gewürze, die Heilpflanzen, die Fruchtbäume, kurz alle anregenden und auf den Organismus stark und eigentümlich einwirkenden Vegetabilien. Daher zum Beispiel die Heiligkeit des Lorbeers, des Weihrauchs, der Kassia. Auch sie galten den Mysterienbünden als Leben spendende und Leben erhöhende Wesenheiten, als Mittler, als Befreier. In ihnen, so glaubte man, sei das Leben, das man in allen Organismen fühlte, in gesteiger-

Als der Mithraskult nach Westen drang, bediente er sich des Weines wie das Christentum und erleichterte dadurch die Gleichsetzung seiner Gottheiten mit Dionysos und Liber, den westlichen Rauschgöttern.

tem Maße enthalten, als ein schöpferisch fortwirkendes und alle Lebenshindernisse überwindendes.

Im Mithraskult gab es ein rituelles Kommunionsmahl, das anscheinend den Mitgliedern der höheren Grade vorbehalten war. Es erregte die höchste Entrüstung der Christen, die es für eine teuflische Nachäffung der christlichen Eucharistie erklärten. Aber die Abhängigkeit ist unwahrscheinlich, denn das Mahl im Mithraskult geht vermutlich auf die Göttermahlzeiten der älteren arischen Religionen zurück. Mit den Göttern, zumal mit Mithra zusammen zu speisen und dadurch ihr Bruder zu werden, war des Mithrajüngers heißes Bestreben. Die Himmelstreppe, die er im Bund erstieg, führte ihn zu diesem Glück. Die arische Götterspeise war der Honig, aus dem man einst auch einen Rauschtrank bereitete. Daher der Gebrauch des Honigs im Mithraskult. Der Honig, wie auch die persische Rauschpflanze Haoma wurde mit dem Mond in Beziehung gebracht, ein Hinweis auf den Zusammenhang zwischen Lichtkult, Totenkult, Jahreszeitenkult und Rauschkult. Als der Mithraskult nach Westen drang, bediente er sich des Weines wie das Christentum und erleichterte dadurch die Gleichsetzung seiner Gottheiten mit Dionysos und Liber, den westlichen Rauschgöttern.

Weitere Beispiele für das rituelle Mahl in den Mysterienbünden lassen sich leicht beibringen. In den Eleusinien wurde zur magischen Bestätigung der Bundesschließung ein würziger Saft, Kykeon, dessen Wirkung der der Kassia ähnlich war, getrunken und ein Backwerk, wahrscheinlich von symbolisch bedeutsamer Form, dazu gegessen. Gnostische Sekten verbanden mit der Initiation eine Mahlzeit, bei der Brot und Salz — das Salz gehört zu den gottgeweihten Gewürzen — gegessen wurden.

Wie für die übrigen Mysterienriten suchen die Bünde natürlich auch für das Mahl legendäre Begründungen, da ihnen der psychologische oder magische Zweck anstößig oder nicht mehr bewusst ist. So wird das Mahl vor allem zum Gedächtnismahl an einen wichtigen Augenblick im Leben des göttlichen Bundesstifters. Die mithrische Kommunion sollte an das letzte Mahl erinnern, das Mithra mit

Helios vor seiner Himmelfahrt hielt. Auch das christliche Mahl ist eine Abschiedsfeier. Indessen sind solche historischen oder legendären Begründungen nicht ausreichend. Kein einziger Bundesritus von innerer Lebenskraft ist aus der Erinnerung an ein Ereignis der Vergangenheit zu erklären. Die Erinnerung und die mythische Phantasie schaffen freilich an den Bräuchen mit, aber ihre tiefste Wurzel sind nicht Mythen und Historien, sondern jenes große, uralte und ewig neue Menschenerlebnis, von dem dies ganze Buch handelt. Daher behalten diese Bräuche auch ihre Wahrheit unbeschadet der Ergebnisse kritischer Wissenschaft.

▲ Grenzen der Verbrüderung

Damit haben wir den Kreis der wichtigsten Verbrüderungsriten durchlaufen* und könnten das Kapitel schließen, das die Bundesschließung, ihren Mysteriencharakter und die aus dem Bundesmysterium erwachsene Symbolik behandelt. Das Mahl bildet in der Regel den Abschluss der Bundesweihe, die anderen Verbrüderungshandlungen pflegen ihm vorauszugehen.

Der Bund ist seinem Wesen nach eine Gemeinschaft reifer Menschen, in der Kinder ausgeschlossen sind.

Indessen verlangt die früher schon gestreifte Frage, wie sich der Mysterienbund zu der allgemein menschlichen Bundesschließung verhält, noch eine besondere Betrachtung. Fast alle genannten Verbrüderungshandlungen werden auch in den öffentlichen Religionen geübt. Was unterscheidet die Mysterienverbrüderung von der das ganze Volk oder eine Volkspartei oder die ganze Menschheit umfas-

* *Wie erwähnt, können sämtliche Kulthandlungen Verbrüderungscharakter gewinnen, insonderheit jedes Opfer. Z. B ist die Erlegung eines Geld- oder Naturalopfers beim Eintritt in den Bund deutlich eine Verbrüderungszeremonie. Vgl. die Geldspenden der Branut bei Samter: Familienfeste der Griechen und Römer. Samter verkennt, dass alle symbolischen Handlungen mehrdeutig sind und eine richtig erkannte Deutung eine andere nicht ausschließt.*

senden Gemeinde oder Kirche? Warum zieht der Bund der Verbrüderung einerseits so enge Grenzen, warum strebt er zu anderen Zeiten wiederum ins allgemeine und öffnet seine Pforten weit und immer weiter?

Zunächst fällt uns das Verhältnis der Mysterienbünde zu den Kindern ins Auge. Der Bund ist seinem Wesen nach eine Gemeinschaft reifer Menschen, in der Kinder ausgeschlossen sind. Trotzdem sehen wir in der Blütezeit der Mysterienbünde, also im späten Altertum eine wachsende Neigung, die Verbrüderungshandlungen schon mit den Kindern vorzunehmen. Es geschah das ebenso in den heidnischen wie in den christlichen Bünden. Die Folge war, dass die Handlungen ihren Erlebniswert verloren und entweder zu rein magischen Vorgängen oder zu spielerischen Festakten wurden. Die zweite Folge war, dass die zusammengehörigen Verbrüderungshandlungen getrennt und die Weihe in zwei oder mehrere Abschnitte zerlegt wurde. Als die Christengemeinden noch Bünde der Erwachsenen waren, bildeten Taufe und Abendmahl eine Einheit. Die Kindertaufe führte zur Trennung. Zwar verknüpft man bis zum heutigen Tage mit der Kindertaufe ein Mahl, aber dieses konnte keine Kommunionsbedeutung erlangen. Die Kommunion wurde im Alter der Geschlechtsreife, nach Abschluss des religiösen Unterrichts abgehalten — immer noch zu früh für die wirkliche geistige Einverleibung in die Bundesgemeinschaft. Man könnte sagen, dass die Kinder den ersten Grad, den weitesten und losesten Ring des Christenbundes bilden, die Kommunikanten und Firmlinge den zweiten Grad oder Ring. Es würde das etwa dem Verhältnis der Advenae zu den Mysten im Isiskult, der Auditores zu den Electi im Manichäertum, der Katechumenen zu den Fideles in der alten Kirche entsprechen. Überall sehen wir, wie sich um die engeren Ringe der Mysterienbünde weitere Ringe herumlagern, offenbar kraft eines geistigen Entwicklungsgesetzes. Der Bund muss und will das hohe Gut, das ihm in der Stille geworden ist, ausbreiten und der Allgemeinheit zugänglich machen.

Aber auf welche Art soll die Verallgemeinerung erfolgen? Wenn man das Licht zerstreut, verliert es an Stärke. Wenn man die Verbrüderungsriten den Unmündigen und Ungeistigen preisgibt, verflacht man den Unionsgedanken und ruft schließlich Gleichgültigkeit und Geringschätzung gegen das gesamte geistige Symbol- und Ritenwesen hervor. Die Geschichte des Christentums liefert den Beweis dafür. In den durch allzu reichlichen Gebrauch abgenutzten Gemeinschaftshandlungen des Christentums finden viele der redlichsten Lichtsucher keine Befriedigung mehr. Der Verbrüderungsgedanke verwischt sich mehr und mehr, die Profanierung hat die Handlungen der magischen oder rationalistischen Deutung ausgesetzt. Nur die streng kirchlichen Kreise haben sich das Verständnis für die Wahrheit und Macht der Gemeinschaftssymbolik bewahrt.

Die Beispiele aus der frühchristlichen Zeit lehren, welchen anderen Weg man hätte einschlagen können, um den Verbrüderungsgedanken zu verallgemeinern, ohne die Symbolik zu entwerten. Damals hielt man die Form des geschlossenen Engbundes aufrecht, schuf aber trotzdem einen breiten Unterbau und sicherte sich einen geeigneten Nachwuchs. Der Nachwuchs und die Gemeinde der Hörenden hatte keinen Zutritt zu den rituellen Feiern der engeren Ringe, kannte auch die Verbrüderungshandlungen nicht, durch die die Aufnahme in diese engeren Ringe erfolgte. Aber auch für sie gab es symbolische Feiern, auch ihnen leuchtete das in dunkler Höhle geborene Licht.

Dadurch wurde der Verbrüderungssymbolik die keusche Frische bewahrt, ohne dass der Gemeinde der Segen, der von dieser Symbolik ausgeht, verloren ging und der sich in der Tatsache der brüderlichen Gemeinschaft der engeren Ringe verkörperte. Gegenstand der symbolischen Gemeindefeiern war — so dürfen wir nach den äußerst spärlichen Nachrichten schließen — nicht die Aufnahme in den Engbund, die im Geheimen vor sich ging, sondern die Verkündigung der Menschen- und Allverbrüderung samt den aus ihr sich ergebenden Pflichten und Verheißungen für Zeit und Ewigkeit. Die Einheit des Menschengeschlechts und die Einheit des Menschen mit dem All — das sind die rechten Themata für den öffentlichen und allgemeinen Kult.

Es liegt mir fern zu behaupten, dass die Kirche diese Themata dem religiösen Gemeinschaftsleben nicht ebenfalls zugrunde lege. Sie tut es zweifellos. Allein sie vernachlässigt darüber das engere Bundesleben. Die Kirchengeschichte zeigt uns eine Fülle von Engbundbildungen. Immer von neuem hat sich seit Aufrichtung der allgemeinen Kirche der Drang nach geistiger Verbrüderung und nach reinerer Pflege des großen Mysterienerlebnisses geregt, das ausgelaugte, den Kindern preisgegebene Symbolwesen genügte nicht. Die Kirche hat diese Engbünde zum Teil begünstigt oder doch geduldet, soweit sie sich nämlich der Leitung des Klerus unterwarfen und in der Symbolik dem dogmatischen Schema anschlossen. Das sind die kirchlichen Orden und Brüderschaften. Man darf behaupten, dass diese Orden und Brüderschaften wesentlich dazu beitrugen, das kirchliche Leben vor dem Versanden zu bewahren.

Aber auch die kirchlichen Engbünde befriedigten die Sehnsucht nach geistiger Verbrüderung nicht völlig. Neben ihnen tauchten die häretischen Bünde auf, und auch in den kirchlichen Engbünden machten sich immer wieder Richtungen geltend, die der Kirche unerwünscht waren. Die Geschichte der freien Bundesbildung in Europa seit Begründung der römischen Weltkirche bis zum heutigen Tage ist ein fortdauerndes Ringen um die Bewahrung und Neueroberung des echten Verbrüderungserlebnisses, das im späten Altertum so mächtig und rein der Welt geschenkt worden war. Die als Sekten verfolgten Brüderschaften legten, wie wir früher erwähnten, auf die Erwachsenentaufe großes Gewicht, sie kämpften um die Gestalt des Abendmahls, suchten in ihrer Verfassung den Charakter als freie Verbindungen der Mündigen zum Ausdruck zu bringen und waren unermüdlich, den ersten und letzten Zweck alles geistigen Gemeinschaftswesens, nämlich die große Unio, in den Vordergrund zu rükken. Einige dieser freien Verbände gingen noch einen Schritt weiter. Es genügte ihnen nicht, die christlichen Symbole und Riten lebendig zu erhalten, sie griffen auf den vorchristlichen Symbolschatz zurück und bauten das Verbrüderungserlebnis unabhängig von alledem, was das Christentum als Religion zu bezeichnen sich gewöhnt hatte, neu auf, als ein rein menschliches, ja als ein wissenschaftliches oder praktisch-ethisches Faktum. Diese Verbände schotteten sich wiederum streng gegen die Allgemeinheit ab und schufen Stufenleitern von Graden und Gradritualen. Aus ihnen ging die Freimaurerei hervor, der bedeutendste Bruderbund der Neuzeit.

Die Freimaurerei ist wie die alten Mysterienkulte eine freie Vereinigung Mündiger und strebt, obwohl sie den Charakter der Geschlossenheit wahrt, wie jene alten Kulte, nach Verallgemeinerung und Toleranz. Sie braucht einen breiten Unterbau und einen geregelten Nachwuchs. Möge sie den rechten Weg einschlagen, um sich beides zu schaffen! Nicht den Weg der Kirche, sondern den Weg der alten christlichen Gemeinden und der gleichzeitigen brüderschaftlichen Organisationen des Heidentums und des häretischen Christentums.

▲ *Familienkult und Männerbund*

Der Mysterienbund ist ein Menschheitsbund, er hebt alle Schranken zwischen den Menschen auf. Zugleich aber ist er eine enge Lebensgemeinschaft ausgewählter Personen, die sich Brüder nennen. Er ist eine geistige Familie. Wir sahen schon, wie ähnlich die Verbrüderungshandlungen den festlichen Riten des Familienkults sind. Die uralten, über die ganze Erde verbreiteten Familienkulte feiern vier Hauptfeste: Geburtsfest, Jugendweihe, Eheschließung, Totenfeier. Jedesmal findet eine Aufnahme, eine Einführung eines neuen Mitglieds in die Familiengemeinschaft statt, und zwar durch magische und symbolische Begehungen, die nach Inhalt und Zweck den Verbrüderungsriten der Mysterienbünde, wie wir sie vorher kennen gelernt haben, genau gleichen. Am auffallendsten ist die Übereinstimmung mit den Gebräuchen der Jugendweihe und mit den Hochzeitsbräuchen. Der Mysterienkandidat entspricht dem Firmling, dem Epheben, dem in den Kreis der Erwachsenen eingeführten Jüngling. Er entspricht aber auch der Braut, die dem Gatten angetraut und damit in den neuen Familienkult aufgenommen wird. In den Mysterienbünden erscheint der Vorgang in das Geistige übertragen und verinnerlicht,

Obwohl der Bund ein Abbild der Familie zu sein scheint, tritt er oft in Gegensatz zu ihr, denn die geistige Familie wendet sich von dem natürlichen Familienwesen ab.

womit aber nicht gesagt ist, dass die Riten weniger ausführlich seien. Im Gegenteil, die Mysterienbünde bewahren das Verbrüderungserlebnis in seiner ganzen Gewalt und Ursprünglichkeit. Das Bewusstsein, dass nicht die gemeinsame Abstammung, nicht die sexuelle Anziehung und der Fortpflanzungstrieb die Mitglieder des Mysterienbundes zusammenführt und zusammenhält, lässt ihn um so fester an den sinnlichen Zeichen der Verbrüderung festhalten.

Obwohl der Bund ein Abbild der Familie zu sein scheint, tritt er oft in Gegensatz zu ihr, denn die geistige Familie wendet sich von dem natürlichen Familienwesen ab. Die Sehnsucht, von der Knechtschaft der sinnlichen Triebe und von den natürlichen Abhängigkeiten frei zu werden, führt leicht zur Feindschaft gegen die Sinne und zur Verachtung der natürlichen Herrschaftsverhältnisse. Daher das Gebot der Keuschheit und Ehelosigkeit in manchen dieser geistigen Familien, daher auch die große Zahl eingeschlechtlicher Mysterienbünde. Die politischen und wirtschaftlichen Gründe und Folgen der familienfeindlichen Haltung der Bünde können wir hier nicht untersuchen. Nur auf die Gefahr der Unnatur und Widernatur, die sich aus dieser Haltung und aus der Vornahme sinnlicher Unionsriten mit übersinnlicher Bedeutung ergibt, sei noch einmal aufmerksam gemacht.

Eine Hauptaufgabe der Familien ist von jeher der Totenkult gewesen. Auch die geistigen Familien haben sich dem Tolenkult mit besonderem Eifer gewidmet. Nicht selten erscheinen die Bünde der Öffentlichkeit gegenüber geradezu als Begräbnisvereine. Wir sahen im ersten Kapitel, dass Tod und Wiedergeburt das Geheimnis der Bünde ausmachten. Wer Bundesbruder wird, muss sterben, um als ein neues Wesen, als ein Kind der Unsterblichkeit wieder aufzustehen. Ebenso ist der Zweck des Totenkultes, den die Familie übt, die Verewigung des Verstorbenen. Durch die Riten des Totenkults wird der Verstorbene der Familie auf eine neue unvergängliche Weise einverleibt, nämlich als Schutzgeist, als Bundesdämon. Er verschmilzt mit dem göttlichen Ahnherrn, dem die Familie ihr Dasein zu verdanken glaubt. Ebenso ist es mit dem Totenkult der Mysterienbünde.

Der tote Bruder vertritt, wie der symbolisch getötete Novize, den Bundesgeist, in dessen Namen der Bund lebt und wirkt. Vielleicht ist mancher Bruderbund auf dem Grabe eines gefallenen Freundes geschlossen worden. Über ihre Toten, ihre Blutzeugen und heiligen Opfer hinweg reichen die Feinde einander die Hände. Das Begräbnis wird zum Symbol und Vorbild des Bundes. Der Versöhner Tod verkörpert sich in dem einzelnen Mitglied, das die große Brücke zu betreten gerufen worden ist.

Als die Gentilverfassung der politischen Organisation weichen musste, ging es mit den Familien und Geschlechtskulten naturgemäß abwärts. Da traten die freien Kultvereine, die Gilden und Brüderschaften, in die Lücke und übernahmen die Pflege des religiösen Einheitsgedankens. Diese Männervereine wurden zum Bindeglied zwischen dem Einzelleben, dem Staatsleben und dem großen kosmischen Leben. Während die Frauen meist an die Familie gebannt blieben und sich nur schwer zum Ideal der freien Verbrüderung bekehrten, sorgte der Kultverein der Männer für die Erhaltung und Vertiefung des Familienkults, für die Vergeistigung der Stufenfeiern des Einzellebens und damit für die Verewigung dieses Einzellebens. Der Bruderbund schuf eine unzerreißbare Kette, die Geschlecht mit Geschlecht verband und den Menschen in einem höheren und schöneren Sinne, als der natürliche Familienzusammenhang es vermochte, an das Allleben knüpfte.

Fünftes Kapitel

DIE ARBEIT

Die Tätigkeit der Mysterienbunde

Den Schlussstein des Wunderbaues der Mysteriensymbolik bildet die Symbolik der Arbeit. Ohne diesen Schlussstein bleibt das Symbolwesen trümmerhaft, erst der Gedanke der heiligen Arbeit fügt die einzelnen Baustücke und Bauglieder, die wir bisher kennen gelernt haben, zu einem sinnvollen und überschaubaren Ganzen zusammen. Alle Mysterienbünde, wes Namens sie auch seien, kennen und üben die Arbeitssymbolik, keiner aber hat sie so in den Mittelpunkt des Bundeslebens gestellt wie die Freimaurerei.

Man könnte meinen, die Arbeitssymbolik sei am leichtesten verständlich, sie sei gleichsam die Eingangspforte in das Innere des Mysterientempels. Aber das ist keineswegs der Fall. An nichts haben sich soviel falsche Vorstellungen vom Wesen und Zweck der Bruderbünde geknüpft wie an die Arbeit oder die Kunst, die diese Bünde treiben. An nichts stößt sich die Öffentlichkeit so sehr wie an dem Namen Freimaurerei, mit dem man keinen oder einen irreführenden Begriff verbindet.

Worin besteht die Tätigkeit der Mysterienbünde? Was ist es mit ihrer Kunst, von der sie so geheimnisvoll reden? Um der Kunst willen, behaupten sie, wird der Bund geschlossen, um der Kunst willen unterziehen sie sich den Einweihungs- und Reinigungsmaßregeln und um der Kunst willen suchen und gewinnen sie das Licht. Die Kunst ist Sinn und Ziel ihres ganzen wunderlichen Treibens. Was für eine Kunst ist das?

Die Antwort ist deshalb nicht leicht, weil jeder Mysterienbund anscheinend etwas Anderes treibt. Der eine beschäftigt sich mit religiösen Veranstaltungen, der andere mit charitativen Dingen, der dritte mit kriegerischen Unternehmungen, der vierte mit Philosophie oder Sternkunde oder was es sonst sein mag. Die Begriffsbestimmung der Kunst wird daher sehr verschieden lauten, je nachdem wir diesen oder jenen Bund zugrunde legen. Wie finden wir das Gemeinsame und die geheime Kunst, die sich hinter diesen Tätigkeiten verbirgt? Denn die Tätigkeiten selber können wohl nicht die verborgene königliche Kunst sein, da sie auch von Profanen gelernt und geübt werden. Die Kunst muss etwas hinter oder an diesen Tätigkeiten sein.

Um dies Etwas zu finden, wollen wir zunächst die Mysterienbünde in Gruppen teilen und diese Gruppen der Reihe nach durchgehen. So wird es uns gelingen, die Betätigungen der Bünde in klare, einfache Formeln zu bringen.

▲ *Kultvereine*

Wir beginnen mit den Kultvereinen im engeren Sinn, das heißt mit denjenigen mysterienartigen Gemeinschaften, deren Tätigkeit ausschließlich oder fast ausschließlich auf dem Gebiet der religiösen Kultpflege liegt. Wir können zwei Arten Kultvereine unterscheiden: amtliche Priestergenossenschaften und freie religiöse Verbrüderungen. Beide treffen wir in allen älteren und neueren Kulturländern nebeneinander und oft gegeneinander wirkend an. Die Priestergenossenschaften sind oft erblich und werden dann zu Priesterstämmen oder Kasten. Wo den Priestern Ehelosigkeit vorgeschrieben ist, fällt natürlich die Erblichkeit weg. Um so fester pflegt aber der geistige Zusammenhang zu sein, der die Glieder des Priesterbundes über Jahrhunderte und Jahrtausende hinweg verbindet. Die Tätigkeit dieser so dauerhaften und mächtigen Organisationen besteht darin, für den Kreis von Menschen, dessen angestellte Diener oder anerkannte Herrscher sie sind, den regelmäßigen Verkehr mit der Gottheit zu besorgen. Sie ver-

Die freien Kultvereine treten hauptsächlich in solchen Zeiten auf, wo die Laienwelt tiefe, religiöse Bedürfnisse hat, die die Priester nicht zu befriedigen vermögen.

sorgen den öffentlichen Kult, halten den Mythen- und Glaubensschatz in Verwahrung und vermitteln den Laien die Kenntnis und den Willen Gottes.

Für uns hier ist an diesen öffentlichen Priesterverbänden nur das eine wichtig, dass sie Mysteriencharakter tragen. Ihre Mitglieder betrachten sich untereinander als Brüder und Väter (Schwestern und Mütter), sie haben rituelle Einweihungs-, Reinigungs- und Erleuchtungsbräuche und sie halten ihre inneren Angelegenheiten und oft auch einzelne Kulthandlungen geheim. Vor allem aber haben sie — wenn sie nicht entartet sind — das Bewusstsein, dass ihr ganzes Tun und Treiben etwas Geheimnisvolles, mit dem Verstand nicht Fassbares und über alle Maßen Notwendiges sei. Ihre Arbeit geht ihnen über alle andere menschliche Arbeit. Daher fühlen sie sich als Auserwählte und hängen mit unüberwindlicher Treue an der heiligen Gemeinschaft, der sie sich verpflichtet haben.

Weniger deutlich, aber nicht weniger mächtig, ist die Wirksamkeit der freien Kultvereine. Ihre Aufgabe war von jeher, die Tätigkeit der amtlichen Priesterschaften zu ergänzen oder zu ersetzen. Die freien Kultvereine treten hauptsächlich in solchen Zeiten auf, wo die Laienwelt tiefe, religiöse Bedürfnisse hat, die die Priester nicht zu befriedigen vermögen. Ihr Wesen ist, dass sie, obwohl aus Laien bestehend, doch eine rein religiöse Tätigkeit ausüben, also gemeinsame Kulthandlungen, Opfer, Umzüge, Gebete usw. veranstalten. Manchmal ordnen sie sich den Priesterorganisationen als helfende und dienende Brüderschaften unter, in ihrer typischen Form aber sind sie unabhängig und suchen ein unmittelbares Verhältnis zur Gottheit zu gewinnen. Reiner als in jenen lebt in diesen freien Kultvereinen der Mysterienglaube an die Einheit allen Lebens und an die Größe und Schönheit ihrer kultischen Betätigung. Sie suchen fast immer die Verborgenheit, ihre Spur verliert sich daher leicht. Wer freilich gut zu horchen vermag, vernimmt das Rauschen in der Tiefe und wird inne, dass allein die unterirdische Arbeit dieser freien Kultbünde die Welt vor dem religiösen Versanden und ebenso vor dem religiösen Versteinern bewahrt.

Medizingesellschaften

Die Priesterbünde und religiösen Laienbünde beschränken sich meist nicht auf die religiöse Tätigkeit. Sie treiben außerdem andere Dinge, die in näherer oder fernerer Beziehung zur religiösen, das heißt kultischen und mythischen (dogmatischen) Arbeit stehen. In primitiveren Zeiten war die Arbeitsteilung noch nicht so ausgeprägt wie heute, jeder konnte und musste vieles oder alles tun. Vielleicht hat sich das religiöse Handwerk zuallererst abgetrennt und selbstständig gemacht. Der Priester ist vielleicht der älteste Fachmann, der ausschließlich seinem Sonderberuf lebt. Aber gegen den handwerksmäßigen Religionsbetrieb haben sich die Menschen anderseits heftiger und hartnäckiger gewehrt als gegen jede andere Arbeitsteilung. Die freien Kultbünde waren (und sind) die Hauptträger dieses Widerstandes gegen die Monopolisierung der religiösen Tätigkeit in der Hand eines einzelnen Standes. Sie erklären die Religion für eine Sache aller und halten es für verderblich, wenn Menschen ihr Leben lang nur Religion treiben.

Wenn die Kultvereine die außerreligiöse Tätigkeit nebenher abmachen, so gibt es andere Gemeinschaften, die sich zwar auch kultisch betätigen, aber ihre Haupttätigkeit auf anderen, sogenannten weltlichen Gebieten suchen. Diese haben wir nunmehr ins Auge zu fassen, wobei aber zu beachten ist, dass die Grenze zwischen religiösen und weltlichen Bünden so unbestimmt ist wie zwischen weltlich und religiös (geistlich) überhaupt. Es gehört zu den Grundsätzen der Mysterienverbrüderung, dass alles echte und wertvolle Tun des Menschen zugleich geistlich und weltlich ist.

An erster Stelle sind hier die Medizingesellschaften zu nennen, das heißt die Bünde, die ihren Hauptzweck in der Heilung Kranker erblicken. Einst war jeder Priester ein Arzt, und wer Arzt sein wollte, suchte nach Gefährten, nach Meistern und Jüngern, mit denen er einen engen, mysterienartigen Bruderbund schloss. Solche ärztlichen Organisationen finden wir schon bei den Naturvölkern, namentlich in Amerika und in der Südsee. Sie üben innerhalb und außerhalb ihres Bundes eine umfassende Heiltätigkeit aus, beschäftigen sich außerdem auch mit öffentlicher und privater Kultpflege: Totenkult, Vegetationskult und allerhand Zauberei. Das liegt nahe beieinander, weil die Heilmittel meist geistiger, das heißt religiös-magischer Art sind und in Umzügen, Tänzen, Beschwörungen und mannigfachen Unionsriten (Kuss, Saugen, Schlagen, rituellem Essen und Trinken) und Reinigungsriten (Bäder, Haarscheren, Bekleidung, Schmuck usw.) bestehen. Auch die verabreichten Medikamente haben in allen primitiven Kulturen Zauberbedeutung, weshalb sie mitunter vom Arzt, nicht vom Patienten genommen werden müssen.

Bekannt sind auch die ärztlichen Bünde des Altertums, die teils zur offiziellen Priesterschaft gerechnet wurden, teils, wie die griechischen Asklepiaden, unabhängige Eidgenossenschaften mit strengen Geheimhaltungspflichten waren. Die Heilmittel waren auch hier meist psychischer Art (Tempelschlaf), jedoch ging aus dem Asklepiadenbund die rationelle Medizin eines Hippokrates hervor.

Im 17. und 18. Jahrhundert tauchten noch einmal Bestrebungen auf, die ärztliche Tätigkeit mit dem geistigen Verbrüderungswesen zu verbinden. Der sagenhafte Christian Rosenkreuz legte seinen Jüngern unter anderem die Verpflichtung auf, keine andere Profession zu treiben als Kranke zu heilen und dies umsonst zu tun. Die freimaurerischen Rosenkreuzer des 18. Jahrhunderts erinnerten sich dieser Verpflichtung, blieben aber in der Praxis in einem heillosen, nicht immer ehrlichen Dilettantismus stecken. Ihre Hauptheilmittel waren das Aurum potabile und die Prima materia, die man in der Sternschnuppensubstanz und in anderen, noch seltsameren Stoffen zu besitzen glaubte.

▲ *Ritterschaften*

Der traurige Ausgang des medizinischen Engbundwesens darf uns nicht verführen, die große Wahrheit der zugrundeliegenden Idee zu verkennen, dass die ärztliche Tätigkeit eine heilige, Geheimnisse bergende Arbeit sei. Mit vollem Recht haben die Mysterienbünde ihre gottmenschlichen Stifter als Heilande und das Ziel ihres Wirkens als ein Gesundmachen bezeichnet. Auch darin hatten sie Recht, dass, wer die Seelen heilen will, sich auch um die Leibesheilkunde kümmern muss, und umgekehrt! Sie vergaßen nur, dass die Arbeitsteilung auch auf diesem Gebiet den Sieg davontragen musste.

Die Krankenheilung gehört zu einer größeren Gruppe von Tätigkeiten, die wir als helfende oder als ritterliche Tätigkeiten zusammenfassen können. Weitere Zweige dieses Ritterdienstes sind die Seelsorge, das Samariterwesen, die Armenpflege, kurz alle Arten von Hilfe und Pflege, die man den Schwachen, Leidenden, Unterdrückten, Gefährdeten zuteilwerden lässt. Dieses ganze Hilfswesen war früher in der Form fester, mysterienartiger Verbände organisiert. Die heutigen karitativen Orden und Vereine sind Reste solcher ritterlichen Brüderschaften älterer Zeit. Wie eng diese Brüderschaften mit der Religion zusammenhingen, brauche ich nicht näher auszuführen. Wie stark und machtvoll sie sich entwickeln konnten, beweisen die Ritterorden des Mittelalters. Der anfängliche Zweck dieser Ritterorden war, die Pilger, die nach Jerusalem kamen, zu verpflegen und sicher zu geleiten. Man glaubte für diesen Zweck feste geistliche Organisationen mit Gelübden, Einweihungsriten, Verfassungen und gesonderten Kultübungen schaffen zu müssen. Neben den geistlichen Rittern widmeten sich aber auch die weltlichen Ritter der Aufgabe des Schützens und Geleitens. Die Tafelrunde des Königs Artus und andere Sagengebilde des Mittelalters lassen uns das ritterliche Ideal erkennen, nämlich der bedrängten Unschuld zu Hilfe zu kommen und dieses Ideals in Form von Schwurgenossenschaften sowie mystischen Runden zu verkörpern.

Waren es hier die herrschenden Schichten, so sehen wir auch die unteren Stände im Mittelalter Wohltätigkeitsbrüderschaften verschiedener Art begründen. Wie der Tempelherrenorden, wurden auch sie mitunter häretischer Ideen beschuldigt, so zum Beispiel die Begharden und Beghinen. Im übrigen hatten sie mit den Ritterorden wenig Ähnlichkeit, weil ihnen der kriegerische Zug fehlte. Sie wollten nur dienen, nur liebend und sorgend sich hingeben, während die ritterlichen Bünde für ihre Schützlinge mit der Waffe kämpfen wollten und sich mehr als ihre Herrscher, denn als ihre Diener fühlten. In dem Begriff des Hirten liegen diese beiden auseinanderstrebenden Formen der Hilfstätigkeit ungetrennt beschlossen. Der Hirte (lat. Pastor) ist Herr und Diener seiner Herde, daher ist das Symbol des Hirten in den christlichen Engbünden so viel und in so verschiedenem Sinne benutzt worden. Das Symbol stammt aus der Spätantike und ist nicht ursprünglich christlich, wie die Mysteriengemeinde der Poimandres-Verehrer beweist. Auch Hermes wird mit dem Widder auf der Schulter dargestellt.

▲ *Kriegerbünde*

Der Hirte ist ein Kriegsmann. Er lässt kämpfend sein Leben für die Schafe. Die Symbolik des Krieges und des Kriegslebens ist mit der heiligen Arbeit der Mysterienbünde so eng verwachsen, dass wir der Erscheinung der Kriegerbünde oder Kriegerschaften (Militiae) eine besondere Betrachtung widmen müssen. Bei vielen Völkern bildete die kriegerische Jungmannschaft eine heilige Genossenschaft mit Verbrüderungsriten (Blutmischung), Gelübden (der Fahneneid heißt im Lateinischen Sacramentum), heiligen Abzeichen und Bundeskleidung, Losungsworten, Schutzpatronen und Heeresgöttern. Sie haben ihren eigenen Bundeskult, der oft sehr altertümlich und düster ist: Schwertweihe, Menschenopfer, rituelle Zweikämpfe und Kriegstänze. Sie verlangen von ihren Mitgliedern mitunter Ehelosigkeit, Besitzlosigkeit und andere Entsagungen und legen ihnen vor der Aufnahme schwere und grausame Prüfungen auf. Ihr heiligster Grundsatz ist: Treue gegen die Brüder, gegen die Heiligtümer und gegen die Götter ihres Bundes, bis zum Tode. Ihre Arbeit besteht in dem Kampf gegen die Finsternis oder das Böse oder die Ungläubigen, oder wie sie ihre und ihrer Auftraggeber Feinde sonst bezeichnen. Ihre Kriege nennen sie heilige Kriege.

Der Mysteriencharakter solcher Kriegerbünde verstärkt sich noch, wenn sich die Mitglieder nicht aus Angehörigen desselben Stammes oder Volkes zusammensetzen, sondern aus Fremden und Unbekannten. Die Idee der Freundschaft und Zusammengehörigkeit steigert sich dann ins Mystische, der Kult löst sich von der nationalen Überlieferung los und wird rein menschlich. So haben in der frühchristlichen Zeit die Soldatengötter und Soldatenkulte außerordentlich viel dazu beigetragen, die durcheinander gewürfelte Welt, die sich ihren Stammesreligionen entfremdet hatte, geistig-menschlich zu einigen. Der heidnische Mithraskult und das Christentum als eine heilige Militia Christi haben gemeinsam für dies Ideal gewirkt.

Was die Kriegerbünde den Mysterienbünden, also den Geistesarmeen, vielleicht am nächsten rückt, das ist, dass beide bei ihrer Arbeit beständig den Tod vor Augen haben und die endlichen Güter geringschätzen lernen. Das alltägliche Leben mit seinen kleinen Sorgen und Wünschen, seinen Freuden und Leiden ist ihnen entrückt. Dem drohenden und doch lockenden Todesrätsel sehen sie sich gegenüber. Um sich ihren Gleichmut und ihre Tapferkeit zu bewahren, brauchen sie eine feste Bürgschaft, dass auch der Tod Leben in sich schließt und dass die Einheit in aller Zwietracht kein Wahn ist. Daher die symbolische und mystische Vergöttlichung der Treue, daher überhaupt das große Symbolbedürfnis. Daher aber auch die Neigung zu abergläubischen, aus den Kindheitsträumen der Menschheit entnommenen Heilsriten neben der heißen Liebe zur Freiheit und zum Licht.

▲ *Landsmannschaften*

Krieg und Wanderung gehören zusammen. Der Kriegerbund zieht hinaus in das fremde Land, mit ihm zieht sein Schutzgott. Diesem wird in der Fremde ein heiliges Haus gebaut, die Heiligtümer des Bundes werden darin geborgen und die wandernden Scharen sehen dieses Haus — meist wird es eine Halle (Laube, Zelt) sein, die sich leicht aufbauen und wieder abtragen lässt — als den geistigen Ruhepunkt in ihrem ruhelosen Leben, als ihre geistige Heimat an. Das beste Beispiel haben wir in der Stiftshütte, das heißt dem Bundeszelt der wandernden Juden. Aber auch die griechischen Kolonisten und die Kreuzfahrer und Ritterschaften des Mittelalters schufen sich in der Fremde heilige Häuser als Wahrzeichen ihrer Zusammen-

Kolonisten, kriegerische wie friedliche, haben stets das Bedürfnis nach Bundesschließung empfunden.

gehörigkeit und ihres treuen Festhaltens an den Heiligtümern ihrer Heimat inmitten des Elends, wie die Deutschen das Fremdland nannten (Elsaß, Fremdsitz).

Kolonisten, kriegerische wie friedliche, haben stets das Bedürfnis nach Bundesschließung empfunden. Waren sie doch auf treues Zusammenhalten angewiesen und konnten keinen Schutz von den Göttern und Geistern des Koloniallandes erwarten. Wenn sie als Werber und Prediger ihrer heimischen Götter auftreten wollten, war auch dazu eine feste, geistige Organisation und ein heiliger Ort zur Einweihung der Proselyten und zur Abhaltung der Bundesfeiern erforderlich. Dabei pflegt dann aber, vorausgesetzt, dass auch das Kolonialland wertvolle geistige Besitztümer hat, eine gegenseitige geistige Beeinflussung stattzufinden. Der in der Fremde aufgerichtete oder in die Fremde getragene Bund nimmt die Heiligtümer der Fremden in seinen Schoß auf und verbindet sie mit den heimischen zu etwas durchaus Neuem. Das berühmteste Beispiel sind die jüdischen Diasporagemeinden, die Jüdisches mit Heidnischem zu einer wunderbaren Einheit zusammenschweißten und den Grund zu welterobernden Mysterienbünden legten.

Die Kaufleute der deutschen Hansa schufen sich im Ausland regelrechte Engbünde mit Einweihungsbräuchen, die zwar etwas roh waren, aber den Verbrüderungszweck deutlich erkennen lassen. Die noch heute üblichen rohen Scherze, mit denen die Seeleute die Neulinge bei der ersten Ausreise oder beim erstmaligen Passieren des Äquators quälen und hänseln (der Ausdruck kommt von Hansa her) sind Reste echter Mysterienbräuche, die die Einweihung oder Taufe, das heißt die Aufnahme in den Bund der ins Elend ziehenden Landsmannschaften zum Ziel hatten. Jedes Schiff ist ja eine Art Engbund mit einem Heiligtum, das als Bild oder Name am Vorderteil angebracht wird. Daher die Arche als Mysteriensymbol. Daher auch die merkwürdige Sage von dem Wunderschiff Argo, auf dem der Geisterbund der

Es steht fest, dass diese akademischen Vereine große Bedeutung innerhalb des europäischen Engbundwesens der letzten Jahrhunderte gehabt haben.

Argonauten nach Kolchis fährt, um das goldene Vlies, das Sonnentierfell, heimzubringen. Im 18. Jahrhundert gab es auch eine der Freimaurerei nachgebildete Gesellschaft, die sich Argonauten nannten und ihre Arbeitssymbole dem Seewesen entlehnten.
Was die Freimaurerei betrifft, so hat sie sich als Landsmannschaft in der Fremde von jeher bewährt. Die Freimaurerlogen bilden im Kolonialleben in den fernen Weltteilen eine Macht, von der wir uns in Europa kaum eine Vorstellung machen können.

Auch die Studenten sind Wanderer und waren es früher, als das Universitätswesen und die Lehrsprache noch international war, in noch höherem Grade. Daher schlossen sich die Scholasten der einzelnen Länder zusammen und schufen sich in der Fremde eine geistige Heimat. Die Namen vieler Studentenverbindungen deuten noch heute auf diese Landsmannschaften hin. Der Jugend ist eine schwärmerische Auffassung der Freundschaft und der Ausdruck dieser Freundschaft in sinnlichen Zeichen in besonderem Maße zu eigen. Die Studentenvereine und -orden besitzen oder besaßen daher eine reiche Mysteriensymbolik mit Einweihungen, Prüfungen, Verpflichtungen und Unionsriten mannigfacher Art. Es steht fest, dass diese akademischen Vereine große Bedeutung innerhalb des europäischen Engbundwesens der letzten Jahrhunderte gehabt haben.

Endlich wandern auch die Werkleute in die Fremde. Kein Geselle konnte früher Meister werden, ohne auf die Wanderschaft gegangen und in fremder Lehre und Luft zu einem festen und heimatsliebenden Manne herangereift zu sein. Draußen suchten sich natürlich die Landes- und Werkgenossen. Durch geheimgehaltene Grüße und Zeichen erkannten sich die Brüder mitten unter Fremden und Missgünstigen. Waren ihrer genug beisammen, so schufen sie sich ein Heim, eine Hütte, in die nur solche eingelassen wurden, die auf die rechte Art anzuklopfen wussten.

Außer den wandernden Werkleuten und den Scholasten gab es noch eine Gruppe von Wandernden, die nicht übersehen werden darf, das sind die Fahrenden: die Spielleute, Gaukler und Tausendkünstler. Auch sie hatten regelrechte, mitunter sehr mächtige Berufsgenossenschaften, sie waren überdies im Besitz uralter Zaubergeheimnisse und nahmen mitunter die Stelle von Volkspriestern, Volksärzten, lebendigen Chroniken und prophetischen Weisheitsverkündern ein. Leider ist über ihre Bundessymbolik wenig bekannt. Ihre vielseitige und wunderbare Kunst steht jedenfalls in enger Verbindung mit den Bestrebungen und vor allem auch mit der Geheimsymbolik der Okkultisten. Figuren wie der wandernde Volksmann und Weisheitslehrer Paracelsus sind nur im Zusammenhang mit dem Treiben des fahrenden Volkes verständlich. Von diesen Gauklerbünden heben sich Paracelsus und seine sagenhaften oder historischen Genossen, vor allem Faust, ebenso ab, wie etwa der wunderliche Prophet Empedokles von den wandernden Gauklerbünden der orphischen Telesten, oder wie die großen jüdischen Propheten von den wandernden Scharen der Nebiim. Auch an Simon Magus und andere Wundermänner der Spätantike ist hier zu erinnern. Stets müssen wir uns dieselben als Mitglieder oder Begründer und lebendige Symbole wandernder Bünde denken, die eine große Ähnlichkeit mit den Bünden der Fahrenden im Mittelalter haben. Diese Bünde können natürlich geistig und sittlich auf einem sehr verschieden hohen Standpunkt stehen, können sich auch mit anderen Bünden, seien das nun Werkvereine oder Kultvereine oder Gelehrtenvereine, verbinden oder vermischen, wodurch ihr Charakter Veränderung erleidet.

Krieger, Kolonisten, Pilger, Werkleute, Künstler und manche anderen wandernden Berufe vollführen ihre Wanderungen meist in Gruppen, nicht einzeln. Der Grund des gemeinsamen Wanderns ist außer dem Geselligkeitsbedürfnis natürlich der, dass diese Tätigkeiten nicht oder nur schlecht von einem einzelnen Menschen ausgeübt werden können. Es sind Gemeinschaftsarbeiten. Und für Gemeinschaftsarbeiten braucht man Arbeitsvereinigungen, das heißt Vereinigungen, die um der Arbeit willen, zur Bewerkstelligung und Ausführung bestimmter Aufgaben geschlossen werden.

Gemeinsame Arbeiten geraten nur, wenn sie nach einem Rhythmus, auf Grund eines künstlerischen Einverständnisses von Mensch zu Mensch vollführt werden.

Einer allein kann nicht Krieg führen, nicht Häuser bauen, nicht den Acker bestellen und die Frucht einbringen. Auch zur Jagd, zur Seefahrt, zum Vortrag von Kunstwerken und zu vielen anderen Betätigungen gehören meist mehrere Ausübende, und diese Ausübende müssen, damit das gemeinsame Werk gerät, einander gut verstehen, einander zugetan sein, müssen einem einheitlichen Plan gehorchen. Gemeinsame Arbeiten geraten nur, wenn sie nach einem Rhythmus, auf Grund eines künstlerischen Einverständnisses von Mensch zu Mensch vollführt werden. Daher haben von jeher die Arbeitsvereinigungen die Gestalt von Verbrüderungen, von kultischen Bünden angenommen, die ihre Gemeinschaftskunst als ein Mysterium pflegten und sie in das Symbolische und Mystische, in das Religiöse, steigerten.

▲ *Weisheitsbünde*

Auch die Gelehrtenbünde sind Arbeitsvereinigungen, weil die meisten Wissenschaften, theoretische wie praktische, die gemeinschaftliche Arbeit vieler verlangen. Heutzutage bleibt die Gemeinschaftlichkeit der Gelehrten allerdings meist auf das rein sachliche Ineinandergreifen der benachbarten Arbeiten und Arbeitszweige beschränkt, ehedem aber kam sie in der Schließung fester Geistes- und Herzensbünde zum Ausdruck, in denen sich nicht nur die Vertreter bestimmter Forschungsgebiete, sondern alle Freunde und Förderer der Weisheit zusammenfanden. Weisheit, nicht Wissen war das Ziel dieser Bünde, Philosophen oder Theosophen nannten sie sich. Die Weisheit, die sie suchten, verdichtete sich ihnen zu leuchtenden Bildern und Gestalten. Ihre Lehrer wurden ihnen zu gottmenschlichen Stiftern und Meistern, denen die Nachstrebenden einen ins Geistige gewendeten Familienkult widmeten. Gegenüber allem, was sie stören und auseinanderreißen konnte, hielten diese Weisheitsbünde fest zusammen, sie bildeten eine nur ihnen verständliche symbolische Fachsprache aus, in der die Ausdrücke der Profanen und besonders die Bilder und Begriffe der Volksreligion eine veränderte Mysterienbedeutung erhielten.

Der hervorragendste und fruchtbarste aller uns bekannten Weisheitsbünde ist der Verein der Pythagoräer. Dieser Pythagoräerbund, dem die platonische Akademie und andere Philosophenbünde bis in die Renaissancezeit hinein ihr Dasein oder mindestens entscheidende Anregungen verdanken, zeigt sowohl die Züge einer gelehrten Gesellschaft wie einer Kultgemeinde. Er befruchtete alle Wissenschaften: die Natur- und Menschenkunde, die Mathematik, Musik und Staatswissenschaft, übte aber zugleich uralte Bräuche aus, die teils aus der Volksüberlieferung, teils aus dem Osten stammten. Er wusste die größten Widersprüche zur Einheit zu verbinden: Zauberreligion und Philosophie, klösterliche Abgeschlossenheit und Wirkung auf die Gesamtkultur, wunderliche Diätgesetze und vergeistigte Ethik, forschende Betrachtung und kraftvolle Tat. Das Rätsel dieses Bundes hat die Zeitgenossen und die Nachwelt aufs höchste gefesselt und die Kenner immer wieder mit scheuer Bewunderung erfüllt. Was Europas Kultur den Pythagoräern verdankt, ist unermesslich. Ihre Wirkung erstreckte sich in gleicher Weise auf das öffentliche Leben wie auf die Engbundbildung.

Es ist bemerkenswert, dass nicht nur religiös gerichtete Geister wie die Pythagoräer und Platoniker sich als Kultbund konstituierten. Auch ihre Gegner, die antireligiösen Epikureer, konnten nicht umhin, sich zu einer Symbolgemeinde zusammenzuschließen. In dieser Gemeinde brachte man dem Epikur als Soter (Retter, Heiliger, Stifter) an jedem 20. im Monat und an seinem Geburtstag Opfer dar. Die Anhänger Epikurs fühlten sich also, wie jeder echte Mysterienbund, als eine geistige Familie und vergegenständlichten die Ziele und Grundsätze ihres Bundes in der Person des zum Symbol erhobenen Vaters und Meisters dieser Familie.

Im Mittelalter und den folgenden Jahrhunderten verdienen vor allem die Bünde der Astrologen, Alchemisten und sonstigen Naturphilosophen unsere Aufmerksamkeit. Sie konnten sich zwar nicht in dem Sinne wie die antiken Weisheitsbünde zu Kultgemeinden entwickeln, auch nicht die gleiche Vielseitigkeit entfalten, aber an dem Grundgedanken jener älteren Bünde hielten sie fest, nämlich dass ihre

Arbeit eine Kunst, und zwar eine geheimnisvolle, königliche Kunst sei, nicht ein bloßes Anhäufen von Kenntnissen. Ob ihre wissenschaftlichen Ergebnisse heute noch Wert haben oder nicht, kommt für uns hier nicht in Betracht. Dass sie für Mit- und Nachwelt mehr geleistet haben als die nur konservierenden und aufspeichernden Kirchen- und Universitätsgelehrten, weiß jeder Kenner des 16. und 17. Jahrhunderts.

▲ *Spielvereine*

Wir müssen endlich auch die Vergnügungs- und Spielvereine in unsere Betrachtung einschließen. Scheinbar haben solche Vereine, also die Gesang-, Tanz-, Kegel-, Stammtischklubs und was sonst in die Kategorie der Spielvereine gehört, mit den Mysterienbünden und ihrer Symbolik nicht das Geringste gemein. In Wirklichkeit ist aber doch ein Zusammenhang vorhanden, ja sie stehen gerade den rein religiösen Verbindungen nahe und fielen früher oft mit diesen zusammen. Es fehlt ihnen nämlich ebenso wie den Kultvereinen der äußere Nützlichkeitszweck, sie dienen nicht, wie die Berufsvereine, der Vermehrung und Ausnützung materieller Güter oder wenden wenigstens keine materiellen Mittel, nur ideale, kultische, künstlerische Mittel an.

Die Dichtkunst und Bildkunst und erst recht die Musik wurden von religiösen Personen oder Vereinen gepflegt, die weltliche Kunstpflege kam daneben kaum in Betracht.

Jeder Kult ist ein Spiel, sein Hauptzweck liegt also in der Betätigung an sich. Alles symbolische Tun gewährt Befreiung und Erleichterung, ganz abgesehen von den damit etwa erzielten oder bezweckten äußeren Folgen. Ebenso ist umgekehrt jedes Spiel ein Kult, vorausgesetzt, dass es mit Ernst und reiner Hingabe betrieben wird. Daher stand das Spielwesen früher im Dienst der Religion. Die Umzüge und Tänze, die Wettspiele jeder Art waren heilige Angelegenheiten, die Gelage und Schmause waren Opferhandlungen. Die Dichtkunst und Bildkunst und erst recht die Musik wurden von religiösen Personen oder Vereinen gepflegt, die weltliche Kunstpflege kam daneben kaum in Betracht. Alle großen Kunstwerke der Vergangenheit sind religiös und verdanken mysterienartigen Genossenschaften ihr Dasein.

Gar manches Kinderspiel und Glücksspiel der Gegenwart ist aus den Kultriten verschollener Gemeinschaften erwachsen. Dieselben Bewegungen und Spielzeuge, die heute den Kleinen oder den Zerstreuung Suchenden Lust und Selbstvergessen bringen, haben diesen Dienst schon unseren Urvätern geleistet, aber unter dem heiligen Gewande von Gott entstammten, Gott versöhnenden, zaubergewaltigen Unionshandlungen*.

▲ *Arbeit und Egoismus*

Heilige Arbeit ist unegoistische Arbeit.

Nach dieser Übersicht über die Hauptgruppen der religiösen, geistigen, künstlerischen und werktätigen Vereine der Menschheit gehen wir nun wieder an die Beantwortung unserer Frage nach dem Wesen der heiligen Arbeit und nach dem Sinn des Ausdrucks Kunst, dessen sich die Mysterienbünde in so auffallender und geheimnisvoller Weise bedienen.

Heilig ist die Arbeit, bei der ein unmittelbarer Nutzen für den Tätigen weder ersichtlich noch beabsichtigt ist.

Die Tätigkeiten der genannten Vereine haben bei aller Verschiedenheit das eine Gemeinsame, dass sie nicht unmittelbar egoistisch sind. Am deutlichsten ist das bei der letzten und der ersten Gruppe. Kult und Spiel sind ideale Tätigkeiten, von denen kein materieller, geschäftlicher Gewinn zu erhoffen ist. Vielleicht gelangen wir also zum Ziele, wenn wir unsere Frage versuchsweise mit dem Satz beantworten: Heilige Arbeit ist unegoistische Arbeit.

Hier kommen freilich die Utilitaristen und erklären uns, dass es gar kein unegoistisches Tun gäbe, dass der Mensch stets um des Nutzens willen handle und dass insbesondere in der Religion die materiellen und geschäftlichen Interessen von jeher ihre Befrie-

* *Als Beispiel seien nur die Kugel- und Würfelspiele genannt. Die Kugel (Ball, Kegel- und Marmelkugel, Scheibe, Reifen) ist ein Sonnensymbol und gehört dem Naturkult an. Der Würfel ist ein Zahl- und Maßsymbol und entstammt dem Chaldäischen* Kultkreis.*

digung gesucht und gefunden hätten. Wir können uns hier mit der philosophischen Widerlegung dieses Einwandes nicht aufhalten. Die Utilitaristen mögen unseren Satz folgendermaßen ändern: Heilig ist die Arbeit, bei der ein unmittelbarer Nutzen für den Tätigen weder ersichtlich noch beabsichtigt ist. Dass die Religion zum Geschäft erniedrigt werden kann, geht uns hier nichts an, denn wir haben es nicht mit Missbräuchen und Entartungserscheinungen zu tun, sondern mit der Erklärung des Arbeitssymbols als solche.

Also heilige Arbeit ist Arbeit, die der Mensch nicht um seines persönlichen Nutzens willen tut. Für wen tut er sie, wenn nicht für sich? Offenbar für andere. Wer sind diese anderen? Zunächst die eigenen Angehörigen, die Kinder und Verwandten, kurz die Familie, in die er hineingeboren ist. Diese Arbeit für die Familie wird aber den geringsten Anspruch auf die Bezeichnung heilig haben, weil mit den Familieninteressen die persönlichen zu eng verknüpft sind und daher das Hinausgreifen über das Ego sich instinktiv vollzieht wie bei den Tieren. Heiliger, weil weiterreichend und dem unmittelbaren Nutzen nicht sichtbar dienend, ist schon die Arbeit für den größeren politisch-wirtschaftlichen Verband, für Staat und Volk. Im vollen Sinne heilig aber kann die Arbeit erst heißen, die auch diese Grenze überschreitet und der ganzen Menschheit gilt, besser ausgedrückt, die keine bestimmten Personen und Empfänger im Auge hat, sondern um Gottes willen geschieht, wie die Bibel es ausdrückt.

Von dieser Art ist jedes künstlerische Schaffen, jedes rein sittliche Wirken. Der Mensch als Künstler und als Heiliger — so dürfen wir wohl den idealen sittlichen Menschen nennen — fragt nicht: wem nütze ich? Zu welchem Zweck schaffe und wirke ich? Er handelt aus einem inneren Zwang, er lässt seine Liebeskraft ausströmen und weiß sich als Schaffender und Wirkender eins mit der Liebeskraft im All. Und dies selbst vergessende Wirken für ein Allgemeines, ein Unbestimmtes und Unsagbares ist nun zugleich ein Wirken für die Persönlichkeit des Wirkenden selber, aber in einem ganz anderen Sinne, als das gewöhnliche Handeln um des Nutzens willen. Wer um Gottes willen handelt, handelt zugleich um seines Höheren Selbst willen, handelt um seiner eigenen Steigerung, Erhöhung und Vergöttlichung willen.

Damit stehen wir wieder an der Pforte des Geheimnisses, von dem unser ganzes Buch ausging. Heilige Arbeit — das ist Arbeit an der eigenen Wiedergeburt und Heiligung! Diese Arbeit vollzieht sich aber nicht so, dass der Mensch das Seine sucht und Familie, Volk, Menschheit für sich ausnutzt, sondern so, dass er das des anderen sucht und den Gott in seiner Brust ins All hineinprojiziert, um ihm dort draußen im All und in jeder Teilerscheinung des Alls zu dienen.

Und nun verstehen wir auch, warum die heilige Arbeit von den Mysterienbünden gepflegt wird und warum die Bünde der heiligen Arbeit innerhalb der menschlichen Gemeinschaften eine so eigentümliche Stellung einnehmen. Die Arbeit der Mysterienbünde bildet die geistige Ergänzung zur Arbeit der Familien, Klassen, Staaten. Mit der Familie verbindet den Mysterienbund der instinktive, gefühlsmäßige Charakter des Arbeitens, jedoch tritt an die Stelle des natürlichen Bruders und Verwandten, für den man arbeitet, der fremde Wahlbruder, an die Stelle der materiellen Fürsorge die Seelsorge. Und mit dem Staat verbindet den Mysterienbund die gerechte, durch die klare Vernunft geregelte Arbeit für die vielen, deren Interessen oft widerstreiten. Aber die beiden Namen Bürger und Krieger haben im Mysterienbund einen höheren Sinn, und das sogenannte Allgemeinwohl erweitert sich zum religiösen und sittlichen Erlösungswerk an allem, was Menschenantlitz trägt.

Wenn aber die heilige Arbeit unegoistische Arbeit ist — wie erklärt es sich dann, dass den Mysterienbünden so oft Egoismus vorgeworfen werden konnte? — Dies hat einesteils darin seinen Grund, dass in der Tat der Mysterienbund seine Mitglieder auf das eigene Selbst zurückführt und sie zur Selbsterkenntnis und Selbstarbeit ermahnt. Dadurch kann unter Umständen ein geistiger Egoismus, wie wir ihn bei manchen Heiligen der Religionsgeschichte sehen, gezüchtet werden, wenn nämlich der Bund vergisst, dass die Selbstarbeit nur in und mit der Weltarbeit geleistet werden kann. Anderseits bilden die materiellen Unterstützungseinrichtungen der Mysterienbünde eine schwere Gefahr für die Reinerhaltung ihrer heiligen Arbeit. Jeder Bund nämlich ist genötigt, für sein materielles Fortbestehen zu sorgen. Er muss für sich selber und für seine Mitglieder arbeiten, sie vor Not bewahren, sich eine Wohnstätte bauen und vieles mehr. Auch die Verteidigung gegen Angriffe und die Durchführung idealer Aufgaben erfordert materielle Mittel. Dadurch wird der Bund zu einer Besitzgesellschaft. Er wird in das Getriebe des Erwerbslebens hineingezogen und tritt in Wettbewerb mit den mannigfachen Interessengruppen, die ihn umgeben. Da kann es sich wohl ereignen, dass er sein wahres Ziel aus dem Auge verliert und irrtümlich glaubt, die heilige Arbeit bestehe in der Unterstützung der Brüder untereinander, in der Abwendung materieller Schäden, in der Durchsetzung des Bundes gegenüber anderen Bestrebungen, kurz der Bund sei eine Versicherungsgesellschaft auf Gegenseitigkeit.

Der Bund als Wirklichkeit ist ein anderer denn der Bund als Idee. Strebt jener nur ehrlich diesem nach, so hat kein Mensch das Recht, ihn zu verurteilen, weil er ihn nicht erreicht.

Dies ist eine Schwierigkeit, mit der alles Ideale auf Erden zu kämpfen hat, sobald es sich in sichtbaren und vererbbaren Einrichtungen verkörpert. Überall, wo der Geist Leib werden soll und muss, droht ihm die Entartung. Es ist so, und niemand kann es ändern! Der Bund als Wirklichkeit ist ein anderer denn der Bund als Idee. Strebt jener nur ehrlich diesem nach, so hat kein Mensch das Recht, ihn zu verurteilen, weil er ihn nicht erreicht.

Zwei Wege haben die Mysterienbünde eingeschlagen, um ihre heilige Arbeit vor der Verunreinigung durch den Egoismus zu bewahren. Der eine Weg ist, dass die Mitglieder sich von aller profanen Arbeit fernhielten und als heilige Bettler und Schmarotzer lebten, der andere, dass sie die profane Arbeit zu adeln und der heiligen immer mehr anzunähern suchten. Welcher der beiden Wege uns modernen Menschen der rechte dünkt, brauche ich nicht zu sagen. Wie aber adelt man die profane Arbeit und macht sie der heiligen ähnlich? Das lässt sich nur durch eine genauere Zergliederung des Begriffes Arbeit beantworten, der wir uns nunmehr zuwenden.

Die Arbeit als Mysterium

Das Arbeiten ruft Veränderungen in der Außenwelt hervor. Es gestaltet ein (größeres oder kleineres) Stück der Welt um. Diese Umgestaltung durch die Arbeit geht auf andere Weise und mit anderen Mitteln vor sich als die durch das natürliche Wachstum verursachte Umgestaltung. Beständig verändert und entwickelt sich alles in uns und um uns, aber, wenn wir arbeiten, scheint es uns, als griffen wir willkürlich und selbstherrlich in diese Entwicklungsvorgänge ein, um sie nach unserem Plane zu ändern und zu beeinflussen. Zum Beispiel wächst ein Samenkorn zum Baum heran — eine gewaltige Veränderung! — aber, wenn die Menschen den Baum fällen und aus seinem Stamm einen Kahn oder einen Hauspfeiler machen, so ist die Veränderung noch weit größer und von grundsätzlich anderer Art.

Der naive Mensch hat deshalb von jeher die Arbeit als einen geheimnisvollen Vorgang empfunden, bei dem verborgene magische Kräfte tätig sind. In allen primitiven Kulturen gilt die Arbeit als Zauberei; sie wird unter religiösen Zeremonien vorgenommen und mit geistigen oder geistähnlichen Kräften in Zusammenhang gebracht, die man in der Welt vermutet. Diese zauberhaften Arbeitskräfte (Fluida, Dämonen) glaubt man in den Tieren, in den Menschen, besonders in einzelnen Gliedern, ferner in den Werkzeugen und Waffen, aber unter Umständen auch in anderen unbelebten Gegenständen (Amuletten, Fetischen, Bildern, Reliquien) endlich in den Elementen und Gestirnen wirksam. Diese Kräfte vollführen nach Meinung unserer Vorfahren eigentlich die Arbeit, sie gelten als schöpferische Umgestalter der Welt, müssen daher sorgfältig beachtet und kultisch gepflegt werden. Insbesondere schrieb man auch den Lauten der Tiere und Menschen, den Worten und Tönen eine solche zauberische Macht zu. Daher sang man zur Arbeit, also zum Beispiel zum Kahnbau oder Hausbau Zauberlieder und sprach Zauberworte und Gebete dabei. Alles das ist durch die Religionswissenschaft der jüngsten Zeit klargelegt und an zahllosen Beispielen aus den verschiedensten Weltteilen erhärtet worden.

Wer erfolgreich arbeiten will, wer aus dem gegebenen Stoff das im Geiste erschaute, sinnvolle Gebilde herausgestalten will, der muss daher — so ist die Überzeugung der primitiven Menschheit — auf die Stärkung seiner eigenen Zauberkraft bedacht sein. Das geschieht einerseits durch den Gebrauch der Werkzeuge, in denen man, wie gesagt, selbständige Kräfte oder Wesenheiten sah. Es geschieht ferner durch die Anlegung eines zaubermächtigen Kleides (besonders gelten Tierfelle und mit heiligen Zeichen versehene oder in heiligen Farben hergestellte Kleider für zauberkräftig) und geheimnisvoller Schmuckstücke sowie durch die Einleitung und Begleitung der Arbeit mit Musik, mit Zaubersprüchen, Anrufungen, Gesängen. Durch all dies werden fremde geistige Kräfte herbeigezogen und in den Dienst des Arbeitenden gestellt. Mächtiger noch als diese Hilfen ist aber die Mitarbeit von Genossen. Gemeinsames Arbeiten vervielfacht die Zauberkraft und macht den Menschen zum Herrn über jeden Stoff, über die ganze Welt! Die Arbeit in der Gemeinschaft ist potenzierte Arbeit, ist schöpferische Freiheit und Herrschaft; sie ist der Weg zur Einswerdung und Gleichsetzung mit der göttlichen Zentralkraft, der Weg zur Sohnschaft.

Die Arbeit in der Gemeinschaft ist potenzierte Arbeit, ist schöpferische Freiheit und Herrschaft; sie ist der Weg zur Einswerdung und Gleichsetzung mit der göttlichen Zentralkraft, der Weg zur Sohnschaft.

Nur wenn wir uns diesen Glauben an den Zaubercharakter der Arbeit vor Augen halten, können wir verstehen, wie Arbeitsgemeinschaften sich als Mysterienbünde konstituieren konnten und wie unsere Vorfahren die Ausübung irgendwelcher Künste mit dem geistigen Unionsakt in so nahe Verbindung bringen konnten, dass sie die Begriffe Verbrüderung und Kunst als gleichbedeutend empfanden. Die Arbeit selber war ihnen — und ist auch uns Heutigen noch — ein Mysterium. Die gemeinsame Arbeit, die im Rhythmus des brüderlichen Wetteifers vollzogen wird und daher Ergebnisse erzielt, die der Einzelarbeit versagt bleiben müssen, erschien als ein Wunder, durch das die Arbeitenden in eine höhere Sphäre gerückt und in eine Gemeinschaft von geisterhaften Mitarbeitern, Kindern und Werkzeugen des Schöpfers verwandelt schienen. Mit solchen Gefühlen erfochten die Kriegerbünde ihre Siege, bauten die Maurer ihre Dome, bildeten die Weisheitsbünde ihre Systeme und taten alle anderen religiösen und weltlichen Menschenbünde ihr Werk.

Die Gemeinsamkeit, wenn man sie nur tief genug fasst, adelt auch die Arbeit und nimmt ihr den egoistischen Charakter. In der Gemeinsamkeit arbeitet der eine für den anderen und jeder für alle, das Bewusstsein, mit seiner Teilarbeit einem Ganzen zu dienen, geht über in das Bewusstsein, zum Ganzen zu gehören und mit dem Ganzen die Früchte seiner Arbeit zu ernten. Der Gedanke des Zwanges und des Lohnes, überhaupt der Gedanke an den Einzelvorteil und -nachteil tritt ganz zurück. Die Freude am Tun selber und an der im Tun vollzogenen Einswerdung und Befreiung erfüllt den Menschen ganz. So wird ihm die Arbeit heilig, die Welt und sein Leib werden ihm zum Tempel, das Leben zum Kultspiel, die Werkzeuge zu Heiligtümern.

▲ *Kultische Arbeit*

Die primitive Menschheit kennt keinen Unterschied zwischen Kult und Arbeit. Beides ist ihr gleichbedeutend. Daher kann eines für das andere eintreten, eines das andere fördern und in seiner Wirkung erhöhen. Das klingt dem heutigen Menschen zwar seltsam und ungereimt, aber man muss sich in diese Denkweise hineinleben, wenn man das gesamte Symbolwesen und zumal, wenn man den Mysterienkult verstehen will. Heilige Arbeit, königliche Kunst — das heißt kultische Arbeit oder Arbeitskult.

Wir haben oben die verschiedenen Gruppen der Mysterienbünde an unseren Augen vorüberziehen lassen. Was haben sie miteinander gemein? Den Glauben an den Kultwert (das heißt den Heilswert, den sittlich und religiös befreienden vergöttlichenden Wert) der Arbeit und umgekehrt an den Arbeitswert (das heißt die reale Kraft) des Kultes. Nehmen wir zunächst die religiösen Vereine im engeren

Sinne, also diejenigen teils beamteten, teils frei gebildeten Bünde, deren Betätigung ausschließlich oder vorwiegend in der Ausführung sogenannter heiliger Handlungen (Gebeten, Opfern, Umzügen, heiligen Schaustellungen und anderen gottesdienstlichen Verrichtungen) und zweitens in der Ausbildung und Aufbewahrung religiöser Gedanken und Werke (Mythen, Hymnen, Offenbarungsbücher, heiligen Kunstschöpfungen aller Art) besteht. Diese Vereine sind von jeher der festen Überzeugung gewesen, dass sie mit ihrer Tätigkeit vollgültige und notwendige Arbeit leisteten, Arbeit von gewaltigen realen Folgen, Arbeit, die Mensch und Welt im tiefsten zu beeinflussen und schöpferisch umzugestalten vermögen. Und ist diese Überzeugung falsch? Haben wir das Recht, die gigantische Kultarbeit von Millionen Geschlechtern als nutzlosen Tand und Zeitverderb zu verurteilen? O nein, der Mensch verdankt dem Kultwesen gewiss nicht weniger als der profanen Arbeit, die unsägliche auf jenes verwendete Mühe, Geisteskraft und Qual ist nicht vergebens gewesen.

Es kann sich für uns hier natürlich nicht darum handeln, die Meinung der Kultvereine über Art und Ursprung der Kultwirkung zu prüfen. Ob die indianische Tanzgesellschaft mit ihrem Regenzauber oder Jagd- oder Kriegszauber wirklich den Regen und die Jagdtiere herbeilockt und den Krieg gewinnen hilft, ob der Jahreszeiten-Festzug griechischer oder germanischer Kultvereine wirklich das Kommen des Frühlings und das Gedeihen der Ernte befördert hat, ob die Opfer und Gebete, die von zahllosen Bundesaltären den Weg zu den Göttern gesucht haben, wirklich an ihr Ziel gelangt sind und den Willen der Götter gelenkt haben — das lassen wir hier auf sich beruhen. Wir haben es nur mit der Wirkung des Kultes auf die Ausübenden selber zu tun. Der Segen der Kultarbeit ist geistiger Art, er ist ein Mysterium und deshalb Gegenstand und Anlass geistiger Verbrüderung. Die kultische Betätigung befreit und erhebt wie die künstlerische Betätigung. Sie dient dem Gott in uns und dadurch indirekt der Vergottung der Welt.

Die Bünde haben daher auch ganz Recht, ihre Riten der Wiedergeburt, Reinigung, Erleuchtung als ernste Arbeit aufzufassen und, wie es die Freimaurer tun, ihre Andachten geradezu als Arbeiten zu bezeichnen. Damit bekennen sie sich zu der urältesten und natürlichsten Auffassung der Menschheit vom Wesen des Gemeinschaftsritus.

Weil Kult Arbeit ist, haben sich sämtliche Brüderbünde zum religiösen Kultwesen hingezogen gefühlt. Gewerkschaften, Ritterschaften, Philosophen- und Kriegerbünde, alle haben das Bedürfnis gefühlt, sich kultisch zu betätigen. Die Gottesdienste der jeweils herrschenden öffentlichen Religionen genügten ihnen meist nicht, sie veranstalteten eigene Kultfeiern, bauten eigene Kapellen, verehrten eigene Götter, oder symbolische Stifter, schufen eigene Bundeslegenden und Weltsysteme, stellten oft auch eigene religiöse Beamte an. Und die Zeit und Kraft, die sie diesem Kultwesen widmeten, sahen sie mit Recht als unverloren an. Sie fühlten, dass es ernste, nutzbringende Arbeit war.

▲ *Magie*

Kult und Magie gehen ohne sichtbare Grenze ineinander über. Der Begriff der Magie oder Zauberei ist sehr verschieden erklärt worden. Man hat eine göttliche (weiße) und eine teuflische (schwarze) Magie unterschieden. Die meisten sprechen heute das Wort Magie nur noch mit Spott oder Verachtung aus. Aber Schelling hat die Magie als den Gipfel des antiken geistigen Lebens gefeiert, und ein neuerer Gelehrter hat die methodisch erlernte und ausgeübte Magie als einen Zweig der experimentellen Naturwissenschaft wieder zu Ehren gebracht. Im Mittelalter wurde die Magie auf Universitäten (z. B. in Salamanka) gelehrt. Die größten Geister des Hellenismus und der Renaissance bekannten sich zu ihr. Das größte Werk der deutschen Dichtkunst, Goethes Faust, ist mit magischen Vorstellungen und Lehren durchtränkt. Alle Mysterienbünde, auch die Freimaurerei, verdanken der Magie entscheidende Anregungen. Die Magie wurde im Altertum und zum Teil bis in die Neuzeit hinein schlechtweg als Kunst und wer sie beherrscht, als Meister (Magister) bezeichnet.

Wir haben uns schon mehrfach mit dieser eigentümlichen Kunst und ihrer Symbolik beschäftigt. Hier erst wird uns ihr Wesen und ihr

Verhältnis zur heiligen Arbeit der Mysterienbünde ganz klarwerden. Magie ist der Glaube, dass der Mensch durch geistige Kraft sich und die Umwelt verändern kann, sowie die Anwendung der auf diesem Glauben beruhenden Methoden. Magie ist also die praktische Seite der Weisheit im okkulten Sinne. Der Philosoph oder Theosoph strebt nach der Erkenntnis aller Dinge und ihres Zusammenhangs, der Magier strebt nach Macht über alle Dinge, jener will Gott (als Inbegriff alles Seins) erkennen und schauen, dieser will Gott (göttlich) sein oder werden. Beide Ziele ergänzen sich gegenseitig. Man mag sie beide für unerreichbar, ja für gotteslästerlich oder für wahnsinnig erklären, fest steht aber, dass die Auserwählten zu allen Zeiten für diese beiden Ziele ihr Glück und Leben eingesetzt und zu ihrer Erreichung sich in Form von Mysterienbünden zusammengeschlossen haben.

Wie erwirbt man nun die magische Kraft, vermöge derer man die Geister oder den Geist in seinen Dienst zwingen kann, und wenn viele Magier zusammenwirken, das Reich Gottes auf die Erde verpflanzen, aus den Menschen Götter und aus der Welt ein Paradies machen kann? — Die magische Kraft ist bald für angeboren, bald für übertragbar, bald für ein Gnadengeschenk von oben, bald für das Ergebnis eines geheimnisvollen Unterrichts oder sittlicher und ritueller Übungen erklärt worden. Kleinliche und äußerliche Magier haben kleinliche Mittel angewandt und angeraten, tiefe Geister haben erkannt, dass die magische Kraft auf der Einswerdung des Ich mit dem Du beruht, auf der Übereinstimmung unseres Willens mit dem göttlichen Willen, wie die Mystikerin Jeane Leade sich ausdrückte. Ein solcher Wille kann alles bewirken, kann binden und lösen, heilen und verderben, ihm widersteht nichts. Eben das hat Jakob Böhme bekundet und vor ihm Paracelsus, der die magische Kraft als Imagination (Willensanspannung, Sammlung aller Kräfte und Ausstrahlung in die Peripherie) bezeichnete. Mit Hilfe der Imagination, meinte Paracelsus, könne der Mensch die Gestirne herabziehen, Geister zitieren und jede andere Wirkung ausüben. Nicht anders dachten

Gebet und Versenkung in Gott galten den Magiern als die Hauptmittel zur Erwerbung und Stärkung der magischen Kraft.

im Prinzip Pico und Reuchlin, Agrippa und Fludd, Bruno und Comenius, um von den antiken Philosophen und Theurgen abzusehen.

Sie alle und mit ihnen die Zauberer geringeren Ranges waren von der Hilfe und Zustimmung Gottes bei den Taten der weißen Magie überzeugt und hielten sich für gute Christen. Gebet und Versenkung in Gott galten den Magiern als die Hauptmittel zur Erwerbung und Stärkung der magischen Kraft. Der christliche Gott und seine Scharen waren ihre Verbündeten; in ihrem Namen wurden die Geister beschworen, ja die Beschwörungen wurden als regelrechte Gottesdienste ausgestaltet. Man konnte ja die Lehre von den Zwischenwesen aufs Beste aus der Bibel beweisen und rechtfertigen. In der Bibel las man von Engel- und Teufeldynastien, und es war nicht schwer, mit Hilfe der gnostischen und kabbalistischen Spekulationen diese Andeutungen zu einem gewaltigen stufenförmigen System von Geistern (Intelligenzen, Emanationen) zu erweitern, die die Kluft zwischen dem höchsten Gott und den kurzlebigen, von der Sinnenwelt abhängigen Menschen ausfüllten. Mit diesem Geisterreich in Verkehr zu treten, sich zu ihm emporzuheben und die Kräfte immer mächtigerer Geister für sich zu gewinnen, schien ein des Christen und Gottesfreundes durchaus würdiges Bestreben. Die Kirche widersprach freilich, und den Magiern selber, z. B. dem Cornelius Agrippa, kamen Bedenken, ob die Anrufungen an die Mittelgeister wohl auch mit dem christlichen Glauben zu vereinigen seien. Aber diese Bedenken wurden durch den faustischen Drang, der jene Männer erfüllte, erstickt. Ein schöpferischer Machtwille durchwogte das 16. und 17. Jahrhundert, der vor keiner Schranke Halt machte. Näher zu Gott wollte man, teilhaben an seinem Schaffenswerk, eingereiht werden in die Bruderspähren der von Gott ausgestrahlten, in seinem Dienst bauenden und wirkenden Geister. Dass man in dieser schaffensfrohen Gottestrunkenheit die Achtung vor den Kirchenlehren vergaß, dass man die Welt- und Lebensanschauung der christlichen Urkunden zu verlassen und das Wesen Gottes selber umzudenken und umzufühlen begann, das merkte man nicht, oder wenn man es merkte, verbarg man es vor der Öffentlichkeit.

Wir brauchen nur Goethes Faust aufzuschlagen; da ist das Träumen und Schaffen, das Irren und Sehnen, das Unterliegen und Siegen des neueuropäischen Zauberer- und Übermenschentums mit aller Klarheit und Ausführlichkeit abgeschildert. Faust ist der Urtypus, der Heros und Heilige der modernen Magie. Die magische Gotteskraft zu gewinnen, verbindet er sich mit dem Teufel. Er durchläuft alle Wege, die den Menschen zur Freiheit und zum Licht zu führen versprechen, er durchforscht alle Geheimnisse, die das Leben und die Weisheit vergangener Geschlechter dem Menschen aufschließt. Er durchdringt alle Höhen und Tiefen, alle Himmel und Höllen, und am Ende seines Lebens gelangt er wirklich in den Besitz der heiß begehrten Wunderkraft des Schaffens, freilich in einem ganz anderen Sinne, als er es geträumt hatte. Faust (wie Goethe) endet mit der Selbstüberwindung der Magie. Darauf werden wir bei Besprechung des maurerischen Werkideals zurückkommen.

Die Kunst der Magie ist für unsere Betrachtung vornehmlich durch die Mittel wichtig, die sie anwendet. Diese magischen Mittel sind nämlich ebenso wie das gesamte Kultwesen symbolischer Art. Sie sind die Mittler, sind die Flügel oder Leitern, mit deren Hilfe der Magier sich in die Geistersphären aufschwingt und übermenschliche Taten vollbringt. Die Zahl der magischen Werkzeuge und Hilfsmittel ist sehr groß. Wir sind ihnen zum Teil schon früher in anderem Zusammenhang begegnet. Sie kennen und richtig gebrauchen zu lernen, war das Hauptbestreben der Zauberlehrlinge. Unterweisung in den Zeichen und Charakteren (Synthemata) suchte man in den heiligen Büchern und Schulen der Kunst, die überall zu finden waren, leider aber mehr versprachen als sie hielten.

Zuerst hatte der Schüler die Vorbereitungsmaßregeln durchzumachen: Fasten, Enthaltsamkeit, fromme Übungen. Alle Magier versichern, dass nur der Reine und Gute zum Ziel gelangen könne. König Salomo, das Ideal aller Magie, hatte nur so lange die Geister in seiner Gewalt, als er nicht gesündigt hatte. Die Sünde und Unreinheit zerstört die Zauberkraft, Buße und Reinigung stellen sie wieder her. Die Maßregeln im Einzelnen richten sich natürlich nach den jeweiligen religiösen und moralischen Grundsätzen. Psychologisch ist das Vorbereitungsgebot von größter Bedeutung. Es besagt nichts Andres, als dass die Kraft, Außerordentliches zu tun, den sittlich außerordentlichen Menschen vorbehalten ist. Wer ein Magier werden will, muss auf Genuss und Behagen verzichten und den Geist in sich zur Herrschaft bringen. Nach innen muss er sich kehren. Manche verlangten eine dauernde Abwendung von jedem Sinnengenuss, andernfalls werde man von den bösen Geistern überwältigt oder überlistet werden. So ist es unter anderem dem Faust der Sage ergangen, der des gerufenen und als Diener gewonnenen Teufels nicht Herr zu bleiben vermochte, weil er egoistische Lust und Macht suchte, statt die verliehene Wunderkraft edlen, welterlösenden Werken zugute kommen zu lassen. Also wer die Magie als ein Unwürdiger und Unreiner treibt, sinkt, falls ihm die Zauberkraft überhaupt treu bleibt, in das Reich der bösen Gewalten hinab, er wird ein Bruder des Bösen, ein Zauberer (maleficus) im üblen Sinne des Wortes. Auch diese Zauberer haben, wie man glaubte, einen Bruderbund mit Einweihungsriten und Bundesfesten, mit denen sich die Phantasie des Volkes und seiner geistigen Führer mit Vorliebe beschäftigte. Wie man sich die Arbeit und den Kult dieser Bünde dachte, lehren uns die Hexenprozesse und die Sagen von der Walpurgisnacht. Die Freimaurerei steht bei manchen ihrer Gegner in dem Ruf, die Erbschaft dieser Zauberbünde und ihrer Arbeits- und Kultriten übernommen zu haben.

Wer ein Magier werden will, muss auf Genuss und Behagen verzichten und den Geist in sich zur Herrschaft bringen.

Auf die Vorbereitung zum Magierberuf folgt die eigentliche magische Tätigkeit. Sie hat ihren Mittelpunkt in der Beschwörung, das heißt in der Anrufung und Herbeiziehung geistiger Kräfte, mit denen der Magier eine mystische Verbindung eingehen und die er als Arbeitskräfte seinem Schaffenswillen unterordnen will. Diese Beschwörungen kennen wir fast nur in der entarteten Gestalt, wie sie die Zauberbücher älterer und neuerer Zeit uns überliefert haben. Da handelt es sich immer um kleinliche oder bösartige Ziele, um Schatzgräberei und allerhand Schadenzauber. In ihrer reinen und idealen Form sind die Beschwörungen etwas ganz Anderes, sie sind, wie gesagt, regelrechte Gottesdienste. Die beschworenen Geister sind ja Teilkräfte Gottes oder des finsteren Gegengottes. Indem der Magier sie zitiert und sich mit ihnen verbündet, wird er selber ein Mitarbeiter Gottes im Kampf gegen die Mächte des Bösen, die wider ihren Willen zum Sieg des Guten mithelfen müssen. Und das Ganze spiegelt ja Vorgänge im Innern des Magiers selber ab. Aus der Tiefe seiner Seele ruft er die Geister des Guten und Bösen herauf. In ihm selber geht der Kampf vor sich, und der Gott in seiner Brust ist es, der die guten Geister zu Herren, die bösen zu Dienern macht.

Die Beschwörungen beginnen mit Gebeten, mit Lichtentzündung und Räucherung. Ein Zauberkreis wird als schützender Ring um den Beschwörenden und seine Gesellen geschlossen, mathematische Figuren, namentlich das Pentagramm, ferner Gestirnbilder, namentlich Sonne und Mond, Zaubercharaktere und geheimnisvolle Namen werden auf den Boden gezeichnet.

Der Magier trägt ein heiliges Kleid, Amulette schützen ihn und stärken seine Kräfte. Zauberspiegel, Glocke, Zauberhut und Zauberstab vervollständigen seine Ausrüstung. Der tiefere Sinn dieser Gegenstände und Werkzeuge ist uns schon früher klar geworden. Nur über den Zauberstab, die Virgula divina, sei einiges bemerkt. Dieser Zauberstab hat die Form der Wünschelrute, also eines gegabelten Zweiges, oder eines Winkelmessers oder geöffneten Zirkels mit Stiel. Das Merkwürdige ist, dass ein Zeichen von dieser Form in älteren Mysterienbünden, besonders bei den Pythagoräern, eine große Bedeutung hatte. Es versinnlichte den Weg des Menschen, der sich an einem entscheidenden Punkt in zwei auseinanderstrebende Wege spaltet. Der eine führt zum wahren Leben, der andere zum Tode. Ob das die ursprüngliche Bedeutung des Symbols ist, dessen Form dem lateinischen Buchstaben Y gleicht, erscheint zweifelhaft. Ich bin geneigt, die magische Bedeutung für älter zu halten, kann hier jedoch den ethnologischen und psychologischen Nachweis dafür nicht erbringen. Die Wünschelrute (Zauberstab) war bei sehr vielen

Völkern, schon bei den alten Babyloniern, im Gebrauch. In jüngster Zeit scheint sie eine unerwartete wissenschaftliche Rechtfertigung zu finden. Das höchste Ansehen genoß sie im 17. Jahrhundert, wo alle mystischen Wahrheits- und Glückssucher sich dieses eigentümlichen Werkzeuges in verehrungsvollem Glauben bedienten. Je nach dem Zweck musste die Rute aus verschiedenem Holz hergestellt sein, wobei die astrologischen und hermetischen Sympathien und Antipathien berücksichtigt wurden. Das Holz zur Rute schnitt man in der ersten Morgenfrühe eines Sonntags oder in der Christnacht. Noch besser war die Johannisnacht, die in der Magie auch sonst bevorzugt wird. In dieser lichtesten Nacht des Jahres glaubte man die Geister besonders rege und willig zu finden*.

Die Akte, die der Magier vornimmt, werden in der Regel dreimal wiederholt. Die heilige Dreizahl beherrscht den magischen Arbeitskult durchaus. Daneben kommen auch die anderen Mysterienzahlen, insbesondere die Sieben, zu ihrem Recht.

Am meisten Aufmerksamkeit verdienen wohl die heiligen Worte und Namen, die in der Magie Verwendung finden. Es sind Götter- und Geisternamen. In den Zauberbüchern finden wir am meisten die Namen: Jesus, Jehova (ersterer hat fünf Buchstaben, letzterer hat sechs, daher konnte das Fünfeck für Jesus, das Sechseck für Jehova eintreten), Adonai, Alphaomega, Agla, Elohim, Sabaoth, Tetragrammaton. Daneben eine Menge Engelnamen und Namen von mythischen Zauberern und Göttern fremder Religionen. Dass der Magier eine so große Auswahl von Namen in den Anrufungen hin-

Im Bund der Auserwählten wird der Geheimname Gottes als kostbarstes Heiligtum gehütet.

* *Oben machten wir schon auf die nahen Beziehungen des Johannes zur magischen Kunst aufmerksam. Dazu wären noch die spätantiken Zeugnisse über den großen Zauberer Joannes, angeblich Schüler des Hermes, und über den Priesterkönig Johannes in der mittelalterlichen Sage zu stellen. Übrigens gehört das Johanniskraut zu den berühmtesten Mitteln der Geisterzitierung.*

tereinander reiht oder um den Zauberkreis herumschreibt, bedarf einer Erklärung. Der Grund ist der Glaube, dass jeder Name eine ihm eigentümliche Zauberkraft in sich trägt, mit der Häufung der Namen erhöht sich also die Kraft der Beschwörung, ebenso wie sich mit der Häufung der Taufnamen der Segen für den Täufling vermehrt. Dazu kommt ein zweiter Grund: die Gottheit, die der Magier in und hinter all den Geisterscharen zu erreichen, zu fesseln und sich zu verbinden strebt, hat viele Gestalten und demgemäß viele Namen. Einer aber ist nur der rechte und eigentliche. Wer ihn weiß und ausspricht, hat sich der Bundesgenossenschaft und Sohnschaft Gottes für immer bemächtigt. Leider hält jedoch Gott aus begreiflichen Gründen diesen seinen mächtigsten Namen geheim. Nur seine nächsten Vertrauten kennen ihn. Im Bund der Auserwählten wird der Geheimname Gottes als kostbarstes Heiligtum gehütet. Er bildet dort das Kenn- und Losungswort und wird unter besonderen Vorsichtsmaßregeln an die würdigen Erben weitergegeben. Für gewöhnlich benutzt der Bund andere, weniger mächtige und weniger gefährliche Gottesnamen. Das sind die Namen, die die Urkunden der öffentlichen Religionen enthalten und die alles Volk kennt. Sie sind nur Decknamen, nur andeutende, einen Teil oder ein Attribut Gottes bezeichnende Worte. In der Tat finden wir in den Religionen für die Gottheit meist nur umschreibende Namen, die den Gottsucher wohl locken, aber nicht befriedigen können. In der jüdischen Religion ist die Geheimhaltung des eigentlichen Gottesnamens am weitesten getrieben worden.

Die Weltschöpfung ist nach der Kabbala so vor sich gegangen, dass Gott das Licht auf bestimmte Punkte konzentrierte und zunächst ein mysteriöses Lichtalphabet schuf.

Der Magier zählt daher möglichst viele Gottesnamen auf, in der Hoffnung, dass sich unter ihnen der Gott bewegende Geheimname befinden möge. Er fügt mathematische Figuren und Zahlen hinzu, weil der Geheimname eine bestimmte Zahl von Buchstaben und außerdem einen kabbalistisch zu berechnenden Zahlenwert hat. Nach der jüdischen Mystik steckt dieser Name in dem sogenannten Schemhamphorasch, er hat 12 oder 42 oder 72 Buchstaben. Jesus hat ihn gekannt und mit seiner Hilfe die Wunder verrichtet. Bei der Zerstörung des Tempels aber ist er verloren gegangen. Nun sucht ihn die Kabbala, um die Wunderkraft der alten Zeit zurückzugewinnen und sich dem Schöpfergott gleichzustellen. Die Weltschöpfung ist nach der Kabbala so vor sich gegangen, dass Gott das Licht auf bestimmte Punkte konzentrierte und zunächst ein mysteriöses Lichtalphabet schuf. Diese Lichtbuchstaben setzte Gott zu Worten zusammen, die durch ihre bloße Aussprache oder Aufzeichnung Kraft ausströmend wirkten und zu Realitäten wurden.

Nur wenn man diese Wort- und Namensspekulationen der Okkultisten und Magier berücksichtigt, kann man die Logoslehre der Mysterienbünde und anderseits ihre große Verehrung für heilige Formeln, rituelle Aussprüche und Erkennungsworte verstehen.

Die Magier gebrauchen aus demselben Grunde auch völlig unverständliche und sinnlose Worte und Silben, die durch ihr Alter und durch den Glauben, dass sie Erzeugnisse prophetischen Zungenredens seien und vielleicht der Engels- oder Göttersprache entstammten, geheiligt erscheinen. Schon fremde Sprachen erwecken dem Magier das Gefühl, zauberkräftiger zu sein und göttliche Dinge besser auszudrücken als die eigene Sprache. Namentlich genoss die hebräische Sprache Verehrung. Sogar ein Cornelius Agrippa meinte, Gott selber habe Adam im Hebräischen unterwiesen, und die hebräischen Buchstaben ähnelten den himmlischen Charakteren. Dass eine ungeheure Macht den Charakteren, das heißt den magischen Schnörkeln und Bildern innewohnt, hat uns unter anderen auch Giordano Bruno versichert.

Überschauen wir unsere Bemerkungen über die Magie, so erhalten wir als Werkzeuge der magischen Arbeit: Reinigungs- und Schutzgegenstände aller Art, Zirkel, Stab, Zeichen, Wort, kurz lauter Bestandteile der Mysteriensymbolik. Diese Symbole und die mit ihnen vorgenommenen Handlungen sollen dem Magier Helfer und Mittler sein, sich die geheimen Kräfte in der Welt dienstbar zu machen. Mit ihnen arbeitet er daran, die menschliche Beschränktheit und Schwäche für sich und seine Gefährten zu überwinden und in der Sphäre der übermenschlichen Wesen das Bürgerrecht zu gewinnen. Die magischen Werkzeuge und Vorrichtungen fasst er also als Mittler auf, als Flügel oder Leitern, wie ich oben sagte. Dabei verrät sich deutlich — was bei dem Gebrauch von Symbolen und heiligen Handlungen stets zu beachten, aber oft schwer festzustellen ist — dass die magischen Mittel und Zeichen eben nur Zeichen sind, das heißt, dass sie auf Kräfte, auf geheime Realitäten hindeuten sollen, die in und mit ihnen wirksam sind. An die Schaffenskräfte im All und in der eigenen Seele wendet sich der Magier, wenn er Zaubernamen ausspricht, Charaktere zeichnet und den Zauberstab schwingt. Seine wunderliche Arbeit gilt der höchsten Aufgabe des Menschen, sein Spiel ist höchster Ernst, sein Kampf ist Kampf um Gott.

Daher auch der strenge Grundsatz in der Magie, dass die Handlungen mit größter Genauigkeit ausgeführt werden müssen. Immer wieder wird die Vorschrift eingeschärft, jedes Zeichen getreu nachzubilden und jedes Wort deutlich auszusprechen, andernfalls verfehle der Magier sein Ziel und bringe sich in Lebensgefahr. Dieses treue Festhalten an den Vorschriften finden wir in allen Symbolbünden, denen man infolgedessen den Vorwurf eines starren Formalismus gemacht hat.

▲ *Rosenkreuzer*

Magie wurde auch von den Rosenkreuzern getrieben, jedoch richtete sich die rätselreiche rosenkreuzerische Bewegung wohl eigentlich auf etwas Anderes. Des Magiers Arbeit bestand in der Herstellung des direkten Verkehrs mit der Geisterwelt, über die er Macht gewinnen und in die er sich als Übermensch oder Gottmensch einreihen wollte. Des Rosenkreuzers Arbeit bestand in der Verwandlung und Veredlung der Natur, als deren Folge er eine General-Reformation der ganzen Welt erhoffte. Die Rosenkreuzerei wollte eine Wissenschaft sein und bediente sich in der Tat des ganzen naturwissenschaftlichen

Des Rosenkreuzers Arbeit bestand in der Verwandlung und Veredlung der Natur, als deren Folge er eine General-Reformation der ganzen Welt erhoffte.

Rüstzeuges ihrer Zeit. Sie war eine Vorläuferin und erste Blüte der induktiv- experimentellen Forschungsmethode, eine Blüte allerdings, die in dem Erdreich überschwänglicher Hoffnungen und heißer Ungeduld zu schnell emporschoss, um die gewünschten Früchte zeitigen zu können.

Roger Bacon, der bahnbrechende Forscher des 13. Jahrhunderts, der die Magie bekämpfte, war doch ein Anhänger der Alchemie und arbeitete experimentell an der Umwandlung der angeblichen Erscheinungsformen der aristotelischen Urmaterie. Noch Leibniz, der alle Wissenschaften beherrschende Philosoph, hatte für die chymische Verwandlungskunst das größte Interesse, und Sömmering, der große Anatom und Physiolog, gestorben 1830, hat in seiner Jugend als ein begeisterter Rosenkreuzer an der Gewinnung des Steines aus der Sternschnuppensubstanz gearbeitet.

Der Unterschied zwischen der magischen, der rosenkreuzerischen und der freimaurerischen Arbeit ist mehr stofflicher und methodischer als grundsätzlicher Art.

Man nannte seit dem 16. Jahrhundert die Alchemie auch die spagirische Kunst, das heißt die Kunst des Trennens und Zusammenfügens. Damit ist das Wesen der rosenkreuzerischen Arbeit und überhaupt aller menschlichen Schaffenstätigkeit aufs Treffendste zum Ausdruck gebracht. Da die Welt, wie der Mensch sie vorfindet, schon kosmisch geordnet ist und jedes Ding seinen berechtigten Platz im Ganzen hat, wird durch die Arbeit die Ordnung gestört und aufgelöst. Der heilige Arbeiter scheidet, was zusammengehört, er spaltet die Welt in ihre Elemente auf, er tötet Lebendiges und macht durch seinen Eingriff aus dem Kosmos ein Chaos. So der Kahnbauer, der Bäume fällt, so der Alchemist, der Metalle einschmelzt oder die Prima materia aus einem Naturgegenstand herauszieht, so der Maurer, der das Gestein im Berge zertrümmert, um es zu Steinen zu verarbeiten. Aus dem Chaos schafft er dann eine neue Ordnung und Schönheit, und er fügt das Getrennte und Zerstörte neu zusammen zu einer höheren, planvolleren, göttlicheren Einheit. So ist der Dom ein Kosmos höherer Art als der Steinbruch, der Kahn ein höherer als der Baum, der Stein der Weisen ein höherer als jeder andere Natur- und Kunstgegenstand, der bei seiner Bereitung verwendet wird.

Alle Arbeit also ist spagirische Kunst. Der Unterschied zwischen der magischen, der rosenkreuzerischen und der freimaurerischen Arbeit ist mehr stofflicher und methodischer als grundsätzlicher Art. Die Magie hat es, wie wir sahen, mit den verborgenen Kräften im All und im Menschen zu tun; auf diese will sie durch Beschwörung, das heißt durch psychische Mittel, durch Suggestion, Konzentration und andere, den Willen und Geist anspannende Methoden einwirken. Die alchemistische Rosenkreuzerei hat es mit der Natur zu tun, sie will die natürlichen Wachstums- und Wandlungsvorgänge in der großen und kleinen Welt belauschen und sie experimentell beschleunigen oder abändern. Insbesondere will sie ein vollkommenes, alle Naturdinge in sich begreifendes Präparat herstellen und mit Hilfe dieses kosmischen Extraktes in die Entwicklung aller Dinge eingreifen, Unedles veredeln, Krankes heilen, Feindliches befreunden, Geschiedenes vereinigen. Die Freimaurerei endlich hat es mit dem Menschen und seinem bewussten Einzel- und Gesellschaftsleben zu tun, sie will ihn Steine behauen und mit ihnen bauen lehren, will ihn und die Dinge, die ihn umgeben, zu Baugliedern machen und aus diesen Baugliedern einen Tempel errichten.

Man begreift, dass Rosenkreuzerei und Freimaurerei symbolisch viel Gemeinsames besitzen und sich von jeher zueinander hingezogen gefühlt haben.

Wir können demnach sagen, die rosenkreuzerische Arbeit symbolisiert das unbewusste Wachsen in der Natur, das vegetative Hinstreben alles Werdens zu größerer Vollkommenheit. Die freimaurerische Arbeit symbolisiert das vernünftige, planvolle Wirken des Menschen, die bewusste sittliche und soziale Schaffenstätigkeit, die ebenfalls die Vollkommenheit zum Ziele hat. Beides ergänzt sich also gegenseitig. Man begreift, dass Rosenkreuzerei und Freimaurerei symbolisch viel Gemeinsames besitzen und sich von jeher zueinander hingezogen gefühlt haben.

Es ist üblich, die Rosenkreuzer des 17. Jahrhunderts in Gegensatz zu denen des 18. Jahrhunderts zu stellen und über letztere ebenso viel Böses wie über erstere Gutes zu sagen. Die Gold- und Rosenkreuzer des 18. Jahrhunderts seien Scharlatane gewesen und hätten sich unberechtigt in die Freimaurerei eingedrängt, die Rosenkreuzer der Fama Fraternitatis dagegen seien ideale Männer von hohen Absichten gewesen und hätten direkt oder indirekt die Entstehung der Freimaurerei gefördert. Dies Urteil ist aber doch wohl zu allgemein gehalten. Im Grunde war der Unterschied nicht so erheblich, das ausgesprochene Ziel war hier und dort das gleiche. Dass die Rosenkreuzerei im 18. Jahrhundert mehr Anlass zu Missbrauch, Heuchelei, Unfreiheit und Betrügerei gegeben hat als im 17. Jahrhundert, lag vornehmlich an den inzwischen erzielten Fortschritten der Naturwissenschaften. Was früher als ernsthafte Forscherarbeit gelten konnte, war jetzt ein dilettantisches Hantieren mit veralteten Begriffen und Methoden. Hätten die Jünger der spagirischen Kunst sich auf die rein symbolische Ausübung zurückgezogen, wie die Freimaurer, die ja auch keine wirklichen Häuser mehr bauen, so hätte es nicht zu den beklagenswerten Ausartungen kommen können. Aber es gab leider zu viele unwürdige Jünger, die der Goldglanz blendete, so dass sie das Parergon, nämlich die Vermehrung irdischer Güter, für die Hauptsache hielten und mit einem Schwall von mystischen, nur halb verdauten Phrasen den nackten Egoismus und die lächerlichste Unwissenheit zuzudecken suchten. Es wäre aber falsch, dies zu verallgemeinern. Es gab auch Männer, die von dem wahren Sinn der heiligen Transmutationsarbeit ganz durchdrungen waren, ebenso wie es auch in den früheren Jahrhunderten alchemistische und theosophische Ignoranten und Hochstapler gegeben hatte.

Die Werkzeuge der Rosenkreuzerei sind reichhaltig. Vor allem gehören dazu der Ofen und der Tiegel, beides Symbole des Bundes und seines Heiligtums, in welchem der große Prozess vor sich geht. Ferner sind es die beim Einschmelzen und den weiteren Prozeduren erforderlichen Instrumente, die den freimaurerischen Werkzeugen ziemlich nahekommen, wie auch den magischen. Das Hauptarbeitsmittel bildet natürlich der Stein selber.

▲ Werkkult

Der Rosenkreuzer will, wie wir sagten, die unbewussten Wachstumsvorgänge in der Natur beschleunigen, er will arbeiten wie die Natur, nur konzentrierter und unter Zuhilfenahme der geheimen Schaffenskräfte in der Natur. Daher wiegen in der rosenkreuzerischen Symbolik Naturvorgänge (Verbrennung, Fäulnis, Metamorphose) und Naturgegenstände vor, wie Mineralien, Gestirne, Pflanzen, Tiere. Die Freimaurerei will die bewusste Schaffenstätigkeit des Menschen anregen und organisieren, daher wählt sie als Symbole vorwiegend die Hilfsmittel und Erzeugnisse menschlichen Kunstfleißes. In einem prägnanteren Sinne als bei allen anderen Mysterienbünden kann man daher von der Freimaurerei sagen, dass sie ein Arbeitsbund und ihr Kult ein Werkkult ist. Dem Freimaurer ist die Werktätigkeit alles, der Mensch ist ihm ein Maurer, das heißt ein planmäßig und unermüdlich Arbeitender.

Wenn wir die verschiedenen Gruppen der Mysterienbünde noch einmal an unserem Auge vorüberziehen lassen, so fällt uns auf, dass die Zweige menschlicher Tätigkeit, denen sie sich widmen, meist idealer oder geistiger Art sind. Ihre Arbeit dient nicht der einfachen Lebensnotdurft, nicht der Sorge um das tägliche Brot, wenigstens nicht direkt. Sie treiben Kultpflege, Armen- und Krankenhilfe, sie suchen Weisheit, Reinheit, Licht, sie beschwören Geister und kochen Tinkturen, sie führen heilige Kriege, veranstalten Aufzüge und Spiele, kurz, sie treiben Dinge, die über die materielle Erhaltung des Daseins, über das unmittelbar Nützliche und Gewinn bringende hinausgehen und sich oft gegen dieses richten. Dem gemäß bewegt sich die Symbolik dieser Bünde von vornherein in einer höheren Sphäre, sie lässt das sinnliche Dasein unberücksichtigt und betrachtet den Menschen lediglich als Bürger einer geistigen Welt.

Die Gefahr liegt nahe, dass ein Maurerbund im Materiellen, im Nüchternen und Kleinlichen stecken bleibt, denn seine Symbole scheinen eher Gewichten zu gleichen, die ihn am Staube festhalten, als Flügeln, die ihn aufwärts ins Licht tragen.

Ganz anders die Freimaurerei! Die Freimaurerei stellt die körperliche Arbeit und das nüchterne Berufsleben in den Vordergrund. Steine behauen und Häuser errichten hat gar nichts Mystisches an sich, es ist keine Tätigkeit für Schwärmer und sehnsüchtige Geistesfreunde. Die freimaurerische Symbolik vermeidet religiöse Wendungen und Bilder, sie hält sich möglichst in der Sphäre des Handwerksmäßigen und rein Weltlichen. Infolgedessen nimmt die Freimaurerei einen ganz besonderen Platz innerhalb der Mysterienbünde ein. Ihr ist es viel schwerer gemacht als den anderen Bünden, ihre Arbeit zu einer heiligen, zu einer königlichen Kunst zu erheben und das Ziel aller Bünde zu erreichen, also die Vervollkommnung und Vergottung des Menschen. Die Gefahr liegt nahe, dass ein Maurerbund im Materiellen, im Nüchternen und Kleinlichen stecken bleibt, denn seine Symbole scheinen eher Gewichten zu gleichen, die ihn am Staube festhalten, als Flügeln, die ihn aufwärts ins Licht tragen.

Die Freimaurerei macht mit dem Gedanken der heiligen Arbeit ernst. Sie wagt es, jede Arbeit für heilig zu erklären und den ganzen ungeteilten Menschen, nicht bloß den geistigen, ja die ganze sinnliche und geistige Welt heilig zu sprechen. Das Maurereisymbol drückt aus, dass die Arbeit das allgemeinste Lebens- und Weltphänomen ist.

Damit tritt erst das Problem der Arbeit oder der Kunst in seiner ganzen Größe und Schwierigkeit hervor. Wir wollen ohne weiteres zugeben, dass die Freimaurerei das Problem zwar gestellt, aber nicht restlos gelöst hat. Jedoch die anderen Mysterienbünde, die sich mit einer viel bescheideneren Auffassung von der Arbeit begnügen, haben nicht minder die Lösung verfehlt. Vielleicht ist eine vollständige Lösung unmöglich. Wer nur die geistige Arbeit, nur das ideale oder religiöse Tun heiligspricht, gerät in Gefahr, den Wert der einfachen irdischen Arbeit zu verkennen und das leibliche Sein zu verachten. Wir haben gesehen, dass viele Mysterienbünde dieser Gefahr erlegen sind. Sie richteten ihren Blick starr nach oben, lösten sich aus dem wirtschaftlichen Gemeinschaftsleben ihres Volkes heraus und meinten, die höchste, wirkungsvollste, einzig notwendige

Wer nur die geistige Arbeit, nur das ideale oder religiöse Tun heiligspricht, gerät in Gefahr, den Wert der einfachen irdischen Arbeit zu verkennen und das leibliche Sein zu verachten.

Arbeit sei Beten und Opfern, Geister beschwören und Schätze graben, Baden und Amulette herstellen, kurz kultisch-magische Betätigung. Man kann diese ganze Betätigung als eine Gebetstätigkeit im weiteren Sinne bezeichnen. Gebetsbünde sind alle diese Bünde, und über dem Beten haben sie das Arbeiten vergessen und vernachlässigt. Auch die Rosenkreuzer haben zuviel gebetet und zu wenig gearbeitet, sie wollten sich den langen und beschwerlichen Weg zur Umgestaltung und Veredlung der Welt erleichtern und abkürzen. Der Glaube sollte die hemmenden Berge wegschaffen. Aber der Glaube versetzt nur dann Berge, wenn er zur Tat wird, das heißt, wenn der Glaubende seine Hände regt und im Schweiße seines Angesichtes geduldig und unermüdlich arbeitet.

Die Freimaurerei hat das Mysterienwesen von dem ausschweifenden Gebetskult befreit und die schwärmenden Mysten in den Werkstätten des derben, gesunden Lebens heimisch gemacht. Wie nötig das war, sehen wir an den krampfhaften Versuchen der Theosophen, Spiritisten und anderer Mysterienfreunde, die alte, einseitige Auffassung des Mysterienwesens wieder zum Sieg zu führen. Die heutigen Theosophengesellschaften sind typische Gebetsbünde, vom Werkkult ahnen sie nichts.

Man würde indessen irren, wenn man die freimaurerische Arbeitsheiligung für etwas durchaus Neues hielte. Sie ist vielmehr die Rückkehr zu der ältesten und natürlichsten Kultidee der Menschen. Wir sagten es schon, der Urmensch fasst alle Arbeit als etwas Heiliges auf. Er kennt noch nicht die grundsätzliche Trennung von kultischer und profaner Arbeit, die später zu der Verachtung des sinnlichen Daseins führte. Die Verehrung der Werkzeuge, die wir in der Freimaurerei finden, hat ihre Vorbilder in dem Kult der Naturvölker. Um nur zwei Beispiele zu nennen: Der Stamm der Eweer in Togo verehrt neben Naturerscheinungen und anderen Gegenständen auch den Schmiedehammer, die Feldhacke, die Axt, das Buschmesser. Und von den Skythen berichtet Herodot, dass sie gewissen, aus Gold gearbeiteten Geräten einen Kult widmen, wie Pflug, Joch, Streitaxt, Schale, die nach der heiligen Sage vom Himmel herabgefallen sein sollten.

Jährlich widmen sie diesen Heiligtümern ein großes Fest. Ferner erinnere ich an die kultische Verehrung, die dem Schwert in vielen kriegerischen Völkern zuteilwird.

Also die Werkzeuge der friedlichen und kriegerischen Arbeit, zumal der Gemeinschaftsarbeit, sind von jeher zu Sinnbildern des Mysterienerlebnisses gewählt worden. Daraus folgt, dass den Menschen von jeher die Werk- und Waffentätigkeit als eine heilige, Ehrfurcht gebietende Angelegenheit erschien. Das Evangelium der Arbeit, das die Freimaurerei predigt, ist uralt. Dennoch ist es ein neues Evangelium, weil es lange Zeiträume hindurch vergessen und verleugnet worden ist. Arbeit schändet! — so haben die geistigen Führer, die Gott suchenden Kultbünde allzu lange gepredigt und gedacht. Zu Gott kommt man, wenn man die Hände in den Schoß legt und nur mit dem Geist (mit der Imagination des Paracelsus) arbeitet! — Vielleicht war diese Abkehr von dem handwerklichen Tun nötig, um den zu tief in die Weltlichkeit verstrickten Menschen empor zu reißen; er musste erst einmal den robusten Drang nach Gewinn und Genuss überwinden lernen. Aber die Neuzeit hat dann mit Recht Einhalt geboten und ist zu dem Erlebnis der Arbeit zurückgekehrt. Die Rosenkreuzerei mit ihrem Ideal der experimentellen Naturforschung und Naturveredlung brach die Bahn, die Freimaurerei mit ihrem schlichten Werkideal entschied den Sieg.

Der Freimaurer will nicht Lohn, sondern will Tat, will ein ordnendes, Schönheit schaffendes Glied in der ungeheuren Allbewegung sein.

Kernpunkt der freimaurerischen Werksymbolik ist die Ablehnung des Lohngedankens. Das freimaurerische Evangelium verkündet die Seligkeit des Schaffens aus reinem Schaffensdrang, mit dem Arbeitssklaventum hat es nichts zu tun. Nur derjenige Arbeiter ist ein Jünger der königlichen Kunst und ist selber ein König und ein Gott, der schaffend sich opfert und für sein Werk, so klein oder so groß es sei, sein Alles einsetzt, ohne den Gedanken an Entschädigung und an künftiges Nichtstun. Der Freimaurer will nicht Lohn, sondern will Tat, will ein ordnendes, Schönheit schaffendes Glied in der ungeheuren Allbewegung sein. Daher ist ihm die Arbeit zugleich Kult und zugleich Spiel. Das freimaurerische Erlebnis der Arbeit, wenn man es in seiner Tiefe erfasst, schließt die Gesamtheit der Mysterienbetätigungen von der kultischen über die kriegerische und wissenschaftliche bis hin zur spielenden und künstlerischen Betätigung ein. Und das Wort, das über dem Eingang aller Mysterientempel steht: *Sei getreu bis in den Tod, so will ich dir den Kranz des Lebens geben!* – leuchtet unsichtbar auch über der Pforte des Maurertempels.

▲ *Das Meisterstück*

Die Freimaurerei hat die Handwerksarbeit, im besonderen die Steinmetzen- und Bauarbeit, ihrer Symbolik zugrunde gelegt. Ihre Bundeslegende ist eine Geschichte des Bauwesens, ihre Pflichten sind Handwerkerregeln, ihre Kleidung ist eine Maurerkleidung. Aber wir haben gesehen, dass die Maurerkleidung zugleich eine tiefere Mysterienbedeutung hat und dass die Bauhütte mit ihren Werkzeugen und Einrichtungen zugleich ein mysteriöser Kultraum ist. Ebenso tragen die Pflichten und Verordnungen Mysteriencharakter, und die Bundeslegende ist von Anfang bis zu Ende mit gnostischen, häretischen, magisch-rosenkreuzerischen Vorstellungen, Überlieferungen und Geschichtskonstruktionen durchsetzt.

Der Mensch ist der Tempel, der Meister ist Mittel und Ziel, die formende Kraft im All ist dieselbe wie in jedem Teil des Alls, kurz die Menschwerdung Gottes ist zugleich die Gottwerdung des Menschen.

Ganz besonders aber zeigt sich die tiefe und durchaus religiöse Bedeutung des freimaurerischen Arbeitssymbols in dem Ziel, das die Freimaurer ihrer Werktätigkeit setzen. Die Freimaurer wollen den Tempel bauen, zielen damit aber nicht auf ein beliebiges, der Andacht dienendes Architekturwerk, sondern meinen jenes große, allumfassende und allerlösende Werk, dem die Arbeit aller Mysterienbünde gilt. Dieses Werk lässt sich mit einem einzigen Wort nicht ausdrükken, Tempel ist nur eine Umschreibung, Meisterstück (Magisterium) ist eine andere, ebenfalls dem Werkkult entnommene Umschreibung.

Die anderen Mysterienbünde haben mythologische Umschreibungen bevorzugt. Alle waren einig, dass sie um dieses Werkes willen den Bund geschlossen und das ganze Kultwesen auf sich genommen hätten, dass dies Werk das Herz ihres Bundes und der Ausgangs- und Zielpunkt aller ihrer Geheimnisse sei. Es ziemt sich daher, dass wir mit der Bestimmung dieses Werkes unsere Betrachtung über den Werkkult abschließen.

Das Werk besteht in der Erschaffung (Aufbauung) des Menschen und des Kosmos, jedoch des Menschen im Mysteriensinne, also des erhöhten, verwandelten Gottmenschen oder Übermenschen, und des Kosmos im Sinne der erneuerten, erlösten, vergotteten Welt. Beides hängt unlöslich zusammen und ist ein und dasselbe. Der Mensch ist der Tempel, der Meister ist Mittel und Ziel, die formende Kraft im All ist dieselbe wie in jedem Teil des Alls, kurz die Menschwerdung Gottes ist zugleich die Gottwerdung des Menschen.

Nur aus Trümmern kann der Tempel gebaut werden, nur durch Tod kann der Menschensohn zum wahren Leben gelangen, nur aus der vernichteten Welt kann ein neuer Kosmos erblühen.

Wir sprachen von der spagirischen Kunst. Diese Kunst trennt und tötet zuerst, sie schafft ein Chaos und bildet dann aus den Elementen eine neue Synthese. Die neue Synthese ist nichts anderes als der vervollkommnete Makro- und Mikrokosmos. Das ist es, was die Alchemisten unter dem Stein, die Freimaurer unter dem Tempel, die älteren Mysterienbünde unter dem Urmenschen, dem Menschensohn verstehen. Dieser Menschensohn (Homunculus) soll in der heiligen Gemeinschaft der Brüder gezeugt und geboren werden, dieser Stein soll herausdestilliert, diese Säule gemeißelt, dieser Tempel errichtet werden. Daran arbeiten die heiligen Werkleute mit Zagen und Hoffen, mit Trauer und mit Jubel. Die Trauer hat darin ihren Grund, dass die spagirische Kunst zuerst töten und zerstören muss. Nur aus Trümmern kann der Tempel gebaut werden, nur durch Tod kann der Menschensohn zum wahren Leben gelangen, nur aus der vernichteten Welt kann ein neuer Kosmos erblühen.

Fast in allen antiken Mysterienbünden treffen wir Spuren dieser Lehre von dem Menschen als dem Ziel der Bundesarbeit an. Der Mythos von einem Gottmenschen ist uralt, er taucht im Märchen auf und schlägt sich im Zauberkult aller Weltteile nieder. Im Grunde ist die Gleichung Gott = Mensch und Mensch = Gott der sowohl der Anfang als auch der Gipfel aller Religionen; derjenige hat Religion verinnerlicht, dem diese Gleichung zu einer erlebten Wahrheit geworden ist. Um diese Wahrheit in die Tat umzusetzen und als dauernden Besitz festzuhalten, schließen sich die Menschen zu Mysterienbünden zusammen. Bei den Manichäern war der Urmensch der Angelpunkt ihres ganzen Systems, bei den Christen ist es, richtig verstanden, nicht anders.

Das ausgehende Altertum hatte, wohl durch indische und babylonische Lehren beeinflusst, die Idee der Menschwerdung mit der Seelenwanderung verknüpft. Der Urmensch erlebt eine Reihe von Inkarnationen nacheinander. In den großen Propheten und göttlichen Bundesstiftern erscheint immer wieder der erste Gottmensch, der gnostische Adam, auf Erden, um unseresgleichen zu werden und uns dadurch zu seinesgleichen zu erheben. In der mittelalterlichen Kabbala wirkte diese Lehre fort. Von den Kabbalisten übernahmen sie die Humanisten und Philosophen der Neuzeit.

Im Grunde ist die Gleichung Gott = Mensch und Mensch = Gott der sowohl der Anfang als auch der Gipfel aller Religionen; derjenige hat Religion verinnerlicht, dem diese Gleichung zu einer erlebten Wahrheit geworden ist.

Man pflegt von dem Humanismus als einem Kunst- und Lebensideal zu sprechen. Was bedeutet eigentlich der Ausdruck Humanismus? Was versteht man unter dem sogenannten Humanitätsideal? — Der Worterklärung nach ist Humanismus oder Humanitas gleich Menschheit oder Menschlichkeit. Ein Humanist oder Humanitätsjünger ist ein Mensch, der die Menschlichkeit oder den Menschen sucht. Was heißt das? Es kann in ethischem oder karitativem Sinne gemeint sein. Dann ist der Humanist eine Art Samariter oder ein guter Hirte. Oder es kann im Sinne der Erforschung gemeint sein, danach wäre der Humanist ein Anthropologe, das heißt ein Gelehrter, der die geistigen und körperlichen Eigenschaften der Menschen wissenschaftlich untersucht. Zur Anthropologie in dieser allgemeinen Bedeutung gehören alle Wissenschaften, die sich irgendwie mit dem Menschen beschäftigen, also Philologie, Geschichte, Rechts- und Wirtschaftslehre, Kriegs- und Kunstwissenschaft, kurz sämtliche Zweige des praktischen und theoretischen Wissens, außer den Naturwissenschaften im engeren Sinne und der Theologie. Endlich kann aber der Ausdruck Humanismus noch eine dritte Bedeutung haben: Er kann eine Welt- und Lebensanschauung bezeichnen, nach der der Mensch Inhalt und Ziel unseres Strebens, vielleicht sogar Inhalt und Ziel alles Geschehens, Herz und Maß aller Dinge ist.

Die Mysterienbünde sind des Glaubens, dass der wahre Mensch ein noch ungelöstes Rätsel, ein noch ungefundener Schatz, ein noch verschleiertes Geheimnis sei.

Richten wir nun unsere Augen auf die Mysterienbünde, so gewahren wir, dass sie den Humanismus in allen drei Gestalten gepflegt haben und daher in jedem Sinne den Namen Humanitätsbünde verdienen. Als Medizingesellschaften und Hilfsbünde betätigen sie die ethisch-karitative Humanität, als Weisheitsbünde und Arbeitsvereinigungen treiben sie die erkennende und praktisch verwirklichende Humanitätslehre. Und als Kultbünde, als Pfleger des Mysterienerlebnisses, sind sie die Träger einer uralten und ewig jungen Religion der Humanität. Die Mysterienbünde sind des Glaubens, dass der wahre Mensch ein noch ungelöstes Rätsel, ein noch ungefundener Schatz, ein noch verschleiertes Geheimnis sei. Und das Ziel der heiligen Gemeinschaftsarbeit ist, dies Rätsel zu lösen — nicht durch Verstandesschärfe, sondern durch die Weisheit des Herzens — diesen Schatz zu heben — nicht durch gewinnsüchtigen Egoismus, sondern durch rückhaltslose Hingabe an die Brüder — und dies geheimnisvolle Bild zu entschleiern — nicht durch die vorwitzige Gewaltsamkeit des Jünglings zu Sais, sondern durch geduldige Arbeit an der Erkenntnis, Beherrschung und Veredlung des eigenen Seins.

Dabei ergibt sich folgender Unterschied in der Auffassung der genannten Aufgabe. Ein Teil der Mysterienbünde nimmt an, dass der gesuchte Mensch, der Gottmensch oder Übermensch, irgendwann und irgendwo bereits auf Erden erschienen sei. In grauer Vergangenheit, am Anfang aller Tage habe er gelebt, habe sich dann in ferne Welten zurückgezogen, sei von Zeit zu Zeit wieder herniedergestiegen und habe in Menschen, die ihm am ähnlichsten waren, Wohnung genommen. Diese Begnadigten seien die Stifter der Bünde geworden und an sie und ihre Worte müssten die Menschen glauben, damit auch sie Anteil an dem Gottmenschen gewännen. Diese Lehre ist, wie wir früher erörtert haben, kosmologisch weiter ausgesponnen und zu großartigen Dogmensystemen ausgebaut worden. Hier geht uns nur die praktische Seite dieser Lehre an. Wenn der Gottmensch als schon vorhanden und die Vollkommenheit als schon errungen, ja als Urtatsache alles Seins angenommen wird, richtet sich die heilige Arbeit des Bundes hauptsächlich darauf, diese Vollkommenheit preisend anzubeten und den Gottmenschen durch gläubige Riten sich einzuverleiben. Da die Vollkommenheit der Gestaltung und Begrenzung entbehrt, wird sich unter Umständen auch die Anschauung entwickeln, dass der nach Vollkommenheit strebende Mensch sich den begrenzten Lebenspflichten entziehen und seine menschliche Sonderart preisgeben und bekämpfen müsse, um in der bestimmungslosen Vollkommenheit unterzugehen.

Die Aufgabe, den Menschen zu suchen, kann aber auch anders gefasst werden. Der Bund kann von der Überzeugung durchdrungen sein, dass der wahre Mensch noch niemals und nirgends vorhanden gewesen sei, und die wahre Humanität, wenn überhaupt, so erst in der Zukunft verwirklicht werden könne. Der Gottmensch oder Übermensch soll erst gezeugt, gepflanzt, gezüchtet, geschaffen werden. Die Vergangenheit hat wohl den Samen ausgestreut, und manche köstliche Frucht des göttlichen Samens ist auch aufgegangen, aber doch ist alles, was die Geschichte und die Natur an Vollkommenheit gezeitigt hat, nur Verheißung und Ansporn für den Bund der Menschensucher. Der Bund

Der wahre Humanus ist hiernach also nicht der unbestimmte, verblasste Mensch, der seine Anlagen, Kräfte, Triebe auf dem Altar der Allliebe geopfert hat, sondern der charaktervolle, selbstbestimmte Mensch.

ist bei dieser Auffassung an keine Person und kein Buch durch Glaubensverpflichtung gebunden. Die Symbole sind nicht zu Dogmen erstarrt, sondern flüssig geblieben, und dadurch ist der Bund selber eine ewig flüssige, Wachstums- und wandlungsfähige Masse geblieben. Jeder neu Aufgenommene wirkt als eine verändernde und schöpferisch neugestaltende Macht auf den Bund ein, jeder trägt einen Stein zum Tempel herbei und ist selber ein Stein, das heißt ein Symbol, eine Verheißung des zu schaffenden Menschen. Dieser lebendige Stein wird vom Bund weiter bearbeitet und muss an sich selber arbeiten, damit er sich in den Bau einfüge, und zwar — das ist die tiefe, unausgesprochene Hoffnung des Bundes — nicht als ein den andern gleiches, einförmiges, schematisches Gebilde, sondern womöglich als kunstvoller Freistein, als Eckstein, als krönendes Standbild, als Bild des Gottesmenschen oder Menschensohnes, dem der ganze Tempelbau gewidmet ist!

Man sieht, wie anders hier das Humanitätsideal aufgefasst ist; zur wahren Menschlichkeit gelangt man nach dieser Auffassung nicht dadurch, dass man sich seiner persönlichen Eigenschaften entkleidet und sich in die gestaltlose Vollkommenheit (in Gott oder das Nirvana) betrachtend oder betend versenkt, sondern dadurch, dass man seine Persönlichkeit immer schärfer ausprägt und den Menschen aus sich herausmeißelt, wie der Steinmetz das Menschenbild aus dem formlosen Klotz. Der wahre Humanus ist hiernach also nicht der unbestimmte, verblasste Mensch, der seine Anlagen, Kräfte, Triebe auf dem Altar der Allliebe geopfert hat, sondern der charaktervolle, selbstbestimmte Mensch. Der Maurer, der Baumeister, der sich und die Welt zu einem reich gegliederten Kunstwerk gestalten will. Es ist von Ausschlag gebender Bedeutung, dass in der Freimaurerei die Gottheit als ein Werkmeister, also als eine gestaltende, Widerstand überwindende Kraft, nicht als ein die Gestaltung fliehendes, die Bewegung stilllegendes Allwesen symbolisiert wird. Damit hat das Ideal der heiligen Arbeit ihren denkbar kraftvollsten Ausdruck gefunden. Der Gedanke

Denn was ist das Geheimnis der Bünde im Grunde anderes als die Kunst des Menschenmachens?

der Menschwerdung Gottes und Gottwerdung des Menschen ist damit ganz in das Gebiet der Tat und Kunst verwiesen. Humanitätsübung ist nun gleichbedeutend mit Kunstübung und Tatwille geworden.

Man kann diese Auffassung den klassischen Humanismus, jene erstgenannte, mehr in die Vergangenheit gerichtete Auffassung den romantischen Humanismus nennen. Der Gegensatz, der zwischen diesem und jenem besteht, ist jedoch eines Ausgleichs fähig, man darf behaupten, dass alle Mysterienbünde nach diesem Ausgleich gestrebt haben, wenn auch mit verschiedenem Erfolg.

Wie dem auch sei — die königliche Kunst aller echten Mysterienbünde, wie sie auch heißen mögen und welcher Religion sie angehören mögen, hat dasselbe, eine, höchste, unverrückbare Ziel, das in dem Schöpferwort ausgedrückt ist: Lasset uns Menschen machen! Das Menschenmachen war das Meisterstück Gottes. So ist es auch das Meisterstück aller derer, die Gottes Geist und Willen in sich tragen. Vom Menschenmachen gingen wir im ersten Kapitel unseres Buches aus. Denn was ist das Geheimnis der Bünde im Grunde anderes als die Kunst des Menschenmachens? Mit dem Menschenmachen endigen wir, denn es ist Krone und Schlussakt des heiligen Werkes, das die Bünde wirken wollen.

Schlussbemerkung

Schlussbemerkung

Nachweise

Es gibt eine Riesenliteratur über das Mysterienwesen. Trotz der Geheimhaltungspflicht haben viele Mysterienjünger das Bedürfnis gefühlt, sich und anderen über ihre Bundeserlebnisse Rechenschaft abzulegen. Diese Zeugnisse leiden aber meist an dem Mangel, dass sie das Wichtigste verschweigen, und, sei es absichtlich oder unabsichtlich, den Leser im Vorhof festhalten, nämlich bei den mythologischen oder philosophischen Lehren oder bei den praktischen Tätigkeiten der Bünde. In allen Epochen der Mysterienentwicklung hat es solche Schriften in großer Zahl gegeben. Oft haben sie einen apologetischen Zweck. Oft handeln sie von den Stiftern und Heroen der Bünde oder wollen von ihnen verfasst sein.

Nicht weniger haben sich die Feinde des Mysterienwesens und die Wettbewerber einzelner Bünde veranlasst gefühlt, zur Feder zu greifen. Ihre Schriften sind aber noch bedenklicher als die der Anhänger, denn wenn die Liebe blind macht oder blind sein will, so ist sie doch noch eine bessere Darstellerin als der argwöhnische und neidische Hass. Wir besitzen solche anklagenden und verdammenden Schriftstücke über einzelne oder alle Mysterienbünde ebenfalls aus allen Epochen, vom Altertum bis in die jüngste Gegenwart.

Trotzdem hat diese wie jene Literatur einen großen Wert, weil sie uns einen Einblick in die Meinungen und Gefühle der Menschen gegenüber dem Mysterienwesen gewährt. Sie klärt uns über den Seelenzustand der Anhänger und Gegner, also über das auf, was die Menschheit von der symbolischen Verbrüderung erhofft und fürchtet, was sie in und hinter den Bünden sucht und zu finden glaubt.

Außerdem enthalten diese Schriften natürlich auch Angaben über die Symbolik und Ritualistik, und was sie an mythologischen, philosophischen und sonstigen Aufschlüssen bringen, gestattet Rückschlüsse auf das Symbol- und Ritenwesen.

Viel kleiner ist die Zahl der rein wissenschaftlichen Untersuchungen über das Mysterienwesen. Die objektive Mysterienforschung ist noch jung, man kann fast sagen, sie hat noch gar nicht begonnen, weil das Mysterienwesen noch gar nicht als ein besonderer Zweig der Kulturgeschichte (oder Soziologie) erkannt worden ist. Die Mysterienwissenschaft muss wie die nah verwandte Symbolwissenschaft abwechselnd in der Theologie, der Philologie, der Ethnologie, der Rechtslehre und der Ästhetik Unterschlupf suchen.

Es ist daher nicht ganz leicht, Literaturangaben zu dem vorliegenden Buch zu machen. Meine Ausführungen stützen sich auf weithin verstreute Bemerkungen in den Werken aller soeben genannten Wissenschaften sowie auf die ganze verteidigende und bekämpfende Literatur. Jeder Satz ließe sich durch Zitate belegen, dem Leser wäre damit aber wenig gedient, weil es bei einem derartigen Versuch auf den Zusammenhang ankommt, in den die Bemerkungen von mir gestellt, und auf die Beleuchtung, in die sie gerückt sind. Ein vollständiges Verzeichnis der Stellen würde den Umfang meines Buches erreichen, ohne das Problem der Grundwahrheiten zu fördern.

Wir wollen uns daher beschränken und nur auf diejenigen Arbeiten und Männer hinweisen, die sich mit der Frage des geistigen Bundeswesens als solchen oder wenigstens mit einzelnen Bünden beschäftigen, also nicht nur von Mythen, Lehren, Tätigkeiten, Symbolen handeln, die irgendwie an unser Thema grenzen. Von allgemeineren Werken nenne ich: H. Schurtz, Altersklassen und Männerbünde, und G. Schuster, Die geheimen Gesellschaften, Verbindungen und Orden. Für das griechische Engbundwesen : E. Ziebarth, Das griechische Vereinswesen, und E. Rohde, Psyche. Die zahllosen Einzelarbeiten findet man in der Realenzyklopädie der klassischen Altertumswissenschaft verzeichnet, vgl. außerdem Stengel, Kultusaltertümer, Gruppe, Mythologie und Religionsgeschichte, über die Philosophenbünde: Zeller, Griech. Philosophie.

Die hellenistischen und christlichen Bünde sind hauptsächlich behandelt worden von: Cumont (Mithraskult und Manichäer) Hepding (Attis), Anrich, Wobbermin, Usener, A. Dieterich, R. Reitzenstein, W. Brand, A. Harnack, J. B. Smith, S. Lublinski, W. Bousset, Flügel, Chwohlsohn, de Yonk, Moret und vielen anderen.

Über die Sekten des Mittelalters handeln die Kirchengeschichten, gerechter L. Keller: Die Reformation und die älteren Reformparteien. Die Ritterorden, zumal der Templerorden, haben eine reiche Literatur hervorgerufen, insbesondere sind die Arbeiten von Prutz und Schottmüller zu erwähnen. Die Kabbala lernt man am besten aus den Kabbalisten selber kennen, die Jellinek zugänglich gemacht hat, ebenso die Alchemie, deren Erzeugnisse sorgfältig aufgezählt worden sind bei Hermann Kopp: Die Alchemie in älterer und neuerer Zeit. In die anderen Geheimwissenschaften kann man sich, bevor man sich an die Originale wagt, durch Carl Kiesewetters Geschichte des neueren Okkultismus einführen lassen. Unentbehrlich ist auch der alte G. C. Horst mit seiner Zauberbibliothek (1821 ff.). Der moderne Erwecker der Magie ist Ludwig Staudenmaier (Die Magie als experimentelle Naturwissenschaft). Die Psychologie S. Freuds ist in einem jüngst erschienen Werk von Herbert Silberer (Probleme der Mystik und ihrer Symbolik 1914) mit dem Mysterienwesen in Verbindung gebracht worden. Auf das symbolische Problem im Ganzen hat zuletzt M. Schlesinger: Geschichte des Symbols (1912) und H. Vaihinger (Die Philosophie des Als Ob, 2. Auflage 1913) hingewiesen.

Was endlich die freimaurerische Literatur anlangt, so sind hier nur solche Arbeiten zu nennen, die die Freimaurerei im Zusammenhang mit anderen Bünden und Bundessymboliken behandeln. Von jeher haben die Freimaurer über die Herkunft ihrer Symbolik nachgedacht und mit großem, wenn auch nicht immer erfolgreichem Eifer nach Beweisen für das in Urkunden behauptete hohe Alter der Freimaurerei gesucht. Da sich der Freimaurerbund selber nicht weit in die Vergangenheit zurückverfolgen ließ (Näheres in meinem Buch,

Der Bund der Freimaurer 1913), musste er unter dem Namen der älteren Engbünde versteckt sein. Fast jede Schrift über die Geschichte und die Symbolik des Bundes enthält daher Bemerkungen — entweder zustimmende oder ablehnende — über die Beziehungen der Freimaurerei zu den Bauhütten, zu den Ritterorden, zu den Rosenkreuzern, zu den antiken Mysterien und zu anderen älteren oder neueren Gesellschaften. Die Herkunft der Freimaurerei ist zum Gegenstand heftiger Streitigkeiten und zur Ursache von Parteibildungen geworden. Dabei hat man vielfach vergessen, dass die Frage nach dem historischen Zusammenhang mit der Frage nach der inneren Verwandtschaft keineswegs zusammenfällt, und dass die letztere doch eigentlich wichtiger ist. Die Herstellung eines Stammbaumes ist nicht die Hauptsache, überdies kommen wir dabei niemals über Vermutungen hinaus. Von größerer Bedeutung ist die Feststellung wirklicher Ähnlichkeiten auf Grund der Wesensgleichheit, und die Verwertung dieser Ähnlichkeiten zur Erklärung der freimaurerischen Symbolik und Ritualistik. In der Religionswissenschaft sind die besonnenen Forscher längst zu der Einsicht gekommen, dass man die Abstammungs- und Abhängigkeitsfrage grundsätzlich von der Erforschung und Verwertung sachlicher Analogien trennen muss. Damit sind alle Gefahren der sogenannten vergleichenden Methode beseitigt und die Tore zum wahren, entwicklungsgeschichtlichen Verständnis der menschlichen Religion geöffnet. Möge die freimaurerische Forschung sich diese wissenschaftliche Errungenschaft für ihr Gebiet zunutze machen!

An erster Stelle muss hier Joseph Schauberg: Vergleichendes Handbuch der Symbolik der Freimaurerei (1861 bis 1863) erwähnt werden. Es ist das ausführlichste und inhaltreichste Werk, das bisher über den Gegenstand erschienen ist. Leider stellt Schauberg das Mythologische zu sehr in den Vordergrund und lässt es an kritischer Vorsicht fehlen. Wahllos häuft er den Stoff und die Hypothesen. Trotzdem hat sein Werk große Verdienste. Ähnlich ist es mit dem Werk des mehr spekulativ als historisch angelegten M. S. Polak: Enzyklopädie für Bb. Freimaurer, Band I: Die Tapis in ihrer historisch-pädagogischen, wissenschaftlichen und moralischen Bedeutung. Oder: Geschichte der Urreligion als Basis der Freimaurerei (1855). Den Charakter und die Richtung dieses Buches (ein 2. Band ist meines Wissens nicht erschienen) kann man schon aus dem wunderlichen Titel entnehmen. Polak verliert sich in uferlosen Betrachtungen und geht über die Schwierigkeiten zu leicht hinweg. Dasselbe gilt für das Werk: Die Freimaurerei in ihrem Zusammenhang mit den Religionen der alten Ägypter, der Inder und der Christen, Nach dem Französischen bearbeitet von R. S. Acerrellos (1835). Dazu kommen noch kleinere Arbeiten ähnlicher Richtung, die mit der historischen Wahrheit und Wahrscheinlichkeit umso mehr in Konflikt zu stehen pflegen, je weiter ihre Abfassungszeit ins 18. Jahrhundert zurückreicht. Man findet die ältere Literatur dieser Art in Lennings Enzyklopädie, zum Teil auch in dem Buch: Das Ganze aller geheimen Ordensverbindungen – Aus echten Quellen und den besten Schriften gezogen von einem Freunde der Menschenveredelung (1805).

Über die gesamte freimaurerische Literatur gewährt den besten Überblick: Wolfstiegs Bibliographie (3 Bde.).

Hier ist auch das Buch des Theologen August Kestner: Die Agape oder der geheime Weltbund der Christen, von Klemens in Rom unter Domitians Regierung gestiftet, Jena 1819, zu erwähnen. Bei aller Phantastik gibt dies von den Fachgenossen verachtete Werk manchen richtigen Ahnungen Ausdruck. Es sucht dem ungelösten Problem der christlichen Arcandisziplin auf die Spur zu kommen, für das die moderne Theologie leider so wenig Verständnis hat. Ebenso halten sich die heutigen Philologen dem antiken Mysterienwesen meist ängstlich fern, aus Furcht, in zu nahe Berührung mit den viel geschmähten Romantikern Creuzer und Schelling zu geraten, die doch trotz aller Irrtümer tiefer in das Wesen der Sache eingedrungen sind als ihre antiromantischen Nachfolger.

Den Hauptanstoß zu den freimaurerischen Ursprungs- und Herkunftshypothesen haben außer dem Konstitutionenbuch und dem Freimaurerverhör die beiden viel besprochenen Schriften vom Jahre 1738: Die Relation apologique und der Ramsaysche Discours gegeben. In der zweiten Hälfte des 18. Jahrhunderts war der Streit über die Herkunft des Freimaurerbundes am eifrigsten und leidenschaftlichsten. Die darüber erschienenen amtlichen und nichtamtlichen Schriften gehören fast durchweg zur apologetischen oder polemischen, nicht zur wissenschaftlichen Literatur. Von den wenigen Ausnahmen seien erwähnt, Buhle Über den Ursprung und die vornehmsten Schicksale des Ordens der Rosenkreuzer und Freimaurer (1804), und Nicolai, Versuch über die Beschuldigung gegen den Tempelherrenorden (1781/82) und Bemerkungen über den Ursprung der Rosenkreuzer und Freimaurer (1806).

Im 19. Jahrhundert war das Hauptinteresse den Bauhütten zugewendet. Man findet die Literatur darüber in Findels Geschichte der Freimaurerei verzeichnet. Hier seien nur die Namen Krause, Kloß, Fallou, Gould genannt. In der Gegenwart hat eine lebhaftere Symbolforschung eingesetzt, die sich wiederum von der Bauhüttentheorie — die symbolisch nicht sehr ergiebig ist — entfernt hat. Am bedeutendsten sind da wohl die Untersuchungen L. Kellers, die meist in den Monatsheften der Comeniusgesellschaft erschienen sind. Ferner nenne ich F. Katsch Die Entstehung und der wahre Endzweck der Freimaurerei (1897), W. Höhler: Hermetische Philosophie und Freimaurerei (1905) und den französischen Freimaurer Oscar Wirth, der eine Zeitschrift Le symbolisme herausgibt. Auch das Werk von Gloede, Die Ordenswissenschaft, ist wertvoll.

Das freimaurerische Werkideal hat neuerdings geistvolle Darstellung gefunden durch Paul Wagler, Die Freimaurerei als Erlebnis der Arbeit (1912) und durch J. Tiedje, Die Religion der Arbeit (Der freimaurerische Gedanke, Heft 4).

Nachwort

Durch ein heiliges Gelöbnis von Treue
sind alle sehenden, erkennenden und
gottesliebenden Seelen in
der hermetischen Bruderschaft vom
Rosenkreuz engverbunden.
Alle Würdigen beseelen die Gedanken,
mitzuarbeiten, mitzulieben und mitzuleiden an
dem Tempelbau der Menschheit,
festzuhalten an den grundlegenden Prinzipien
und zu der restlosen Erfüllung
des göttlichen Weltenplanes mit allen Kräften
beizutragen sowie ebenso die
Macht des Geistes und seiner Offenbarungen
im Leben durch sinnvolle Mittel
zu fördern und zu unterstützen.

Collegium Pansophicum, 1924

Vielleicht konnte die Lektüre dieses anspruchsvollen Werkes ein Licht in Ihnen entzünden, das Sie, verehrte Leserin und verehrter Leser, zu den Pforten traditioneller Mysterienbünde hinführen möchte. Deshalb seien Ihnen hier noch einige hilfreiche Einblicke an das Herz gelegt und Ihnen Mut zugesprochen, sich eines Tages zu den hohen Zielen einer initiatischen Gemeinschaft zu bekennen. Gibt es doch Dimensionen der Erkenntnis, die allein nicht zu erlangen sind und sich nur innerhalb von brüderlichen Banden einstellen können. Das obige Zitat stammt aus der Lebenszeit des August Horneffer. Es beschreibt die Gesinnung von Brüdern und Schwestern, die nach höherer Erkenntnis streben, und steht dem Gedankengut nahe, das der Initiierte im Laufe der Jahre durch die Grade seiner Einweihung erreichen kann. In der Tradition solcher Mysterienbünde, die mit Gradstufen in ihren Tempeln arbeiten, gibt es neun Weihegrade. Die ersten sieben Grade verwandeln den Menschen in den Berufenen, gleichsam in den Pfortenwächter, der vor den Tempelpforten von Suchenden angesprochen wird. Vom achten Grad an wird er vielleicht Ritualbeamter sein, der dem Werk an seiner Station treuherzig dient. Der neunte Grad verpflichtet den Geistmenschen, im Amt des Himmels anzukommen und auf verborgenen Ebenen seines Bewusstseins für kosmische Belange einzustehen. Selten gelingt dies bei einem Initianden schon nach dem ersten Durchlauf dieser neun Grade, wozu ungefähr sieben Jahre vonnöten sind. In den meisten Fällen ist eine Wiederholung dieses Ablaufs als Zeuge in den Initiationen erforderlich, um schließlich das Geheimnis in sich selbst zu erkennen; dies meint, einen erfahrbaren Kontakt zu den Kosmischen Meistern zu erlangen. Jedoch darf sich keiner in eine Erwartungshaltung versetzen, in der er diesen kosmischen Mächten konkret zu begegnen wünscht. Kompetente überirdische Wesenheiten schreiten weder sichtbar in menschlicher Gestalt noch als durchsichtiges Gespenst auf den Geweihten zu. Vielmehr inspirieren sie ihn von innen heraus. Erkennbar wird diese angestrebte Vereinigung in erster Linie dadurch, dass man das Suchen nach dem Sinn des Daseins aufgibt und auf den weiteren Fortgang seines Erwachens vertraut, da man sich deutlich als ein Gefundener wahrnimmt und dies durch seine geistige Schaffenskraft auch unter Beweis stellt. In dem gebräuchlichen Begriff *Initiatische Unerschütterlichkeit*, den die Mysterien geprägt haben, schwingt die Aufmunterung mit, sich selbst als Mensch nicht herabzuwürdigen und dem Himmel zu vertrauen. Die Opferung des Erden-Ich, wie sie die Tempelweihe an einigen Stationen empfiehlt, darf keine Zerstörung der Ich-Natur hervorbringen. Vielmehr soll eine Erhöhung des eigenen Willens vollzogen werden. Der Mysterienbund unterscheidet zwischen einer äußeren Welt, in die man hinein geboren ist, und einer inneren, deren Einzigartigkeit durch Arbeit und Verehrung erlangt wird. Obwohl die irdischen Pflichten in Familie und Beruf von dem Bundesbruder nach bestem Gewissen ausgeübt werden, verschiebt sich im geistigen Bereich die Priorität zugunsten der oberen Welten. Wer seine innere Wesensnatur von seiner persönlichen Wunschnatur abzieht und gänzlich auf die Ewigkeit ausrichtet, freut sich über andere Dinge als derjenige, der sein Augenmerk immer nur auf das Gelingen des alltäglichen Lebens oder auf seine Besitztümer heftet. Eine persönliche Rückbindung an den Gott des Herzens vermehrt die Zuversicht und verbindet mit der inneren Stimme, welche wie im Corpus Hermeticum als Poimander, als Menschenhirte, in die geistige Berufung führt. Das Ego desjenigen, der sich in die Nachfolge des Sonnenlogos begeben hat, wird stark und belastbar. Aus freien Stücken und aus vollem Herzen am Altar zu dienen, das ist okkultes Priestertum. Selbst Salz und Licht zu sein, so lauten die geheimnisvollen Anforderungen der Bergpredigt, die zur Unterstützung des Adepten den neun Seligpreisungen folgen.

Ihr seid das Salz der Erde.
Wenn nun das Salz nicht mehr salzt,
womit soll man salzen?
Es ist zu nichts mehr nütze,
als dass man es wegschüttet
und lässt es von den Leuten zertreten.

Mt 5, 12

Salz erzeugt Durst und zieht Wasser an. Wer im biblischen Sinne gleichsam wie Salz geworden ist, verfügt über einen Sympathiequotienten, der ohne erkennbare Leistung andere Seelen anzieht. Wenn die Schriftgelehrten das Volk nicht mehr erheben, wenn sie der Herzlichkeit entbehren und in kalter Klugheit erstarrt sind, dann fehlt der Erde der symbolische Salzbund, der die Menschheit an den Himmel bindet. Wir erkennen an den Salz-Sätzen, wen Christus hier anspricht: Nicht das Volk, der Gesalbte redet zu seinen Jüngern von ihrer Mission, die bald beginnen wird. Und natürlich sollen sie nicht nur um ihr Licht wissen, sondern dieses auch anderen Strebenden offenbaren.

Ihr seid das Licht der Welt.
Es kann die Stadt, die auf einem Berge liegt,
nicht verborgen sein.
Man zündet auch nicht ein Licht an
und setzt es unter einen Scheffel,
sondern auf einen Leuchter;
so leuchtet es allen, die im Hause sind.

Mt 5, 14-15

Wer in sich selbst schon Licht trägt, muss dieses leuchten lassen und sich nicht unsichtbar machen. Das Licht der Gottesfindung ist es, das hier leuchten soll. Die Gefährten der Mysterien erfahren, wie sehr sich Gottesfreuden vermehren, wann immer man sie mit anderen teilt.

Gabriele Quinque
Templum C.R.C.
Frankfurt am Main, 2017